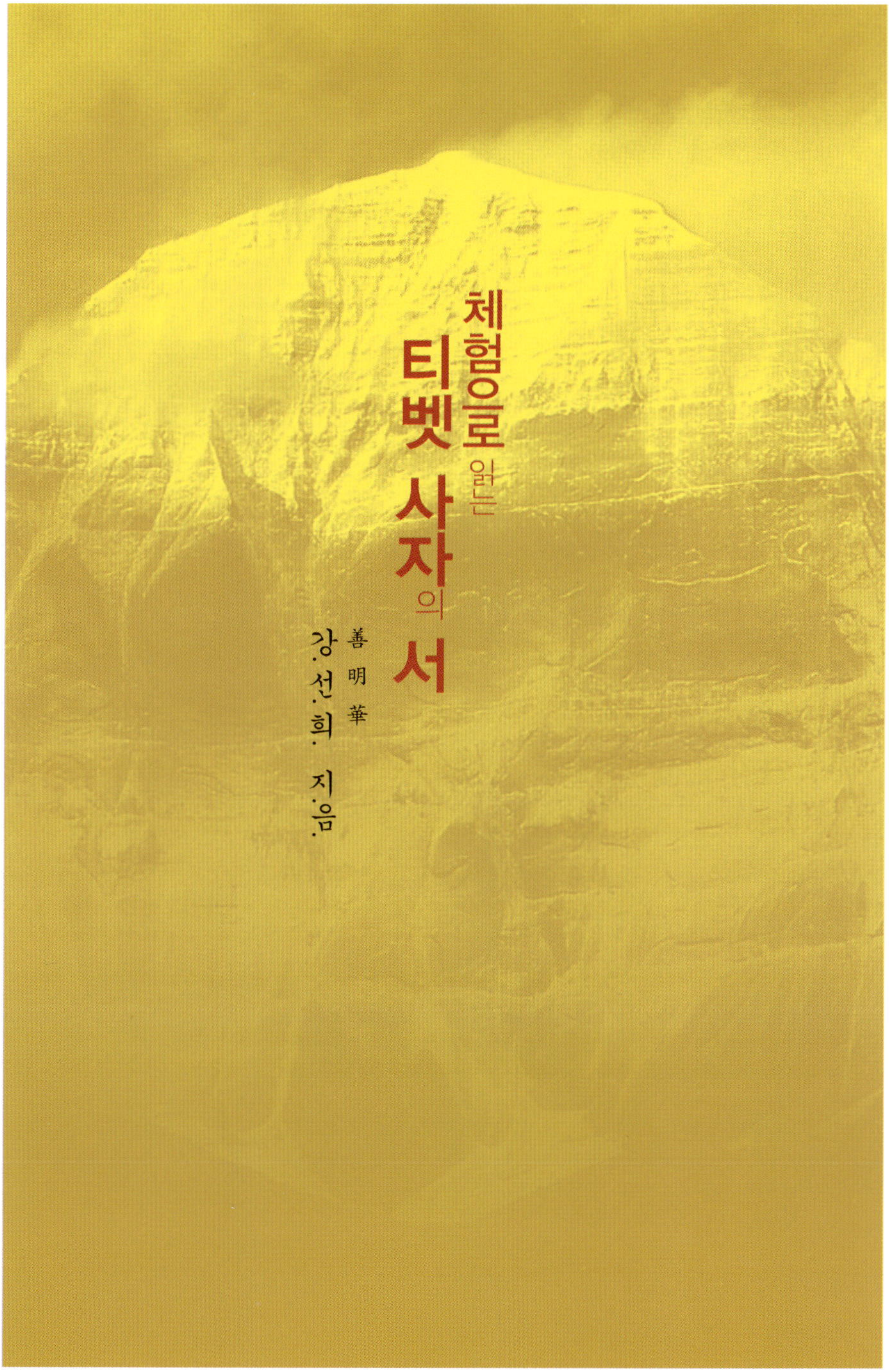

체험으로 읽는
티벳 사자의 서

善明華
강·선·희·지·음

불광출판사

체험으로 읽는
티벳 사자의 서
ⓒ 강선희, 2008

2008년 12월 13일 초판 1쇄 발행
2024년 1월 8일 초판 13쇄 발행

지은이 善明華 강선희
발행인 박상근(至弘) • 편집인 류지호 • 상무이사 김상기 • 편집이사 양동민
편집 김재호, 양민호, 김소영, 최호승, 하다해 • 표지디자인 이유신 • 본문디자인 김소현, 최진연
제작 김명환 • 마케팅 김대현, 이선호 • 관리 윤정안
콘텐츠국 유권준, 정승채, 김희준
펴낸 곳 불광출판사 (03169) 서울시 종로구 사직로10길 17 인왕빌딩 301호
　　　 대표전화 02) 420-3200 편집부 02) 420-3300 팩시밀리 02) 420-3400
　　　 출판등록 제300-2009-130호(1979. 10. 10.)

ISBN 978-89-7479-555-9 (03220)

값 18,000원

잘못된 책은 구입하신 서점에서 바꾸어 드립니다.
독자의 의견을 기다립니다. www.bulkwang.co.kr
불광출판사는 (주)불광미디어의 단행본 브랜드입니다.

체험으로 읽는
티벳 사자의 서

善明華
강선희 지음

일러두기

◉
독자들의 편의를 위해 각주를 따로 달지 않고 괄호 안에 삽입하여
바로 한눈에 볼 수 있게 하였다. 예를 들어 포와(의식 전이) 등으로 표기하였다.

◉
인용문은 활자를 줄여 표기하였지만 너무 긴 경우 따옴표(" ")로 표기하였으며
이 또한 독자의 편의를 위해 이와 같이 정리하였다.

◉
인용문은 사투리나 어투를 그대로 사용하였다.

차 례

일러두기 ··· 2
추천사 _ 혜거 스님 ··· 8
머리말 ··· 12

삶. 그리고. 죽음. ··· 21

1. 임종에서부터 다시 태어나기까지 ··· 28
1) 임종(여행준비) ··· 28
2) 죽음의 여행에서 일어나는 현상들 ··· 35
3) 환생(다시 태어나기) ··· 47

2. 빙의된 영가 천도 ··· 58
1) 빙의 ··· 63
2) 천도하기 ··· 69

삶과. 죽음에서. 의식의. 흐름. ··· 77

1. 임사체험과 증언 ··· 78
1) 임사체험 ··· 78
2) 임사체험에 관한 증언 ··· 79
   (1) 정진화 씨의 증언 ··· 79
   (2) 김영국 씨의 증언 ··· 81
   (3) 상륜 스님의 증언 ··· 83

2. 두 사건 사이(바르도)에 어떤 일이 일어날까? ··· 87
1) 삶 속에서 바르도의 전개과정 ··· 87
   (1) 몽중夢中 바르도의 흐름 ··· 93
   (2) 명상 중 바르도의 흐름 ··· 95
   (3) 일상생활에서 바르도의 흐름 ··· 102
2) 죽음의 바르도 전개과정 ··· 104
3) 출생의 바르도 전개과정 ··· 107
4) 바르도에 대한 의문들 ··· 128

티벳. 사자의. 서. ··· 139

1. 『티벳 사자의 서』가 쓰여지게 된 경위와 배경 ··· 148

2. 『티벳 사자의 서』에 등장하는 중요한 의식절차 ··· 154
1) 죽음의 순간 일어나는 정신적인 현상 ··· 156
2) 존재의 근원을 체험하다 ··· 158
   (1) 평화의 신 등장 ··· 161
   (2) 분노의 신 등장 ··· 180
3) 태어날 곳을 찾아서 ··· 193
4) 『티벳 사자의 서』 혈맥 ··· 205

3. 『티벳 사자의 서』의 심리학적 해석 ··· 214

4. 『티벳 사자의 서』에 대한 의문들 ··· 223

니르바나로. ··· 247

1. 삶과 죽음을 자유롭게 하기 위한 가르침 ··· 252
1) 8만 4천 방편이 다 수행이라고 하는데, 무엇에 그 대상의 기준을 삼아야 할까? ··· 253
2) 어떻게 해야 번뇌를 제거할 수 있을까? ··· 253
3) 어떤 순서로 닦아 나아가야 할까? ··· 260
4) 무아를 깨치고자 하려면 어떻게 해야 할까? ··· 260
5) 어떻게 하면 선정의 힘이 향상될 수 있을까? ··· 265

6) 긴 다라니 수행을 어떻게 해야 삼매에 들 수 있을까? … 277
7) 명상을 계속 생활화해 가는 도중, 직장에서 혹은 주변에서
   모임 등에 참석할 때는 어떻게 해야 할까? … 279
8) 명상을 얼마나 해야 익숙해질 수 있을까? … 280
9) 명상을 시작하게 되면 특별히 음식 등을 가려 먹어야 할까? … 282
10) 명상을 하다가 귀신이 보이거나 빙의 현상이 느껴질 때
    어떻게 해야 할까? … 285
11) 평소에는 모르겠는데, 명상만 하면 미운 사람, 싫은 일,
    과거의 일들이 스크린이 지나가듯 계속 나타난다. 왜 그럴까? … 289
12) 혼침이나 도거가 올 때 어떻게 해야 할까? … 290
13) 명상 중 마음은 어떻게 해야 할까? … 291
14) 얼마나 해야 깨칠 수 있을까? … 292
15) 어떻게 해야 화두의 의심이 끊이지 않을까? … 292

2. 평온하게 죽음을 맞이한 사람들 … 296

참고문헌 · 도움 주신 분들 … 306
후기 … 308

추천사

　오직 공부하고 수행하는 일에만 전념한다고 하여도 한 분야에 한 가닥 길이 선명해지는 것은 결코 쉬운 일이 아닐진대 하물며 생生의 근본문제인 생사生死문제이겠는가?
　『티벳 사자의 서』는 대승불교의 교리를 압축해 놓은 책이다. 인도 날란다 대학의 교수였던 파드마삼바바(蓮花生菩薩)가 깊은 선정 속에서 사후세계를 들여다 본 다음, 삶과 죽음의 과학을 우리 앞에 펼쳐 보인 것이 바로『티벳 사자의 서』이다. 파드마삼바바는 현교와 딴뜨라(금강승) 불교를 달관한 보살로서 수행의 체험에서도 생사관生死觀에 대한 일단의 견해가 뛰어나 현대인에게 삶의 노정路程을 구체적으로 잘 제시해 주고 있다.
　불교의 이상은 해탈解脫·열반涅槃이다. 이 책은 이생과 저승에서의 해탈과 열반의 길을 제시하고 있다. 경율론 삼장을 비롯해 모든 스님들과 법사들의 법어 또한 이 해탈과 열반을 위한 가르침이다. 하지만 문법대중聞法大衆의 근기와 시처時處의 상황 및 설법자의 방편여하에 따라 다른 결과를 낳는다.
　선명화는 재가 수행자로서 불교를 이해하기 위해 많은 고뇌와 함께 신명을 다해 불철주야 정진했다. 위빠싸나, 주력, 간화선, 티벳 불교 등을 실참하는 과정에서 출가와 재가를 가리지 않고 국내외의 선지식을 찾기에 진력했다. 이 책을 『체험으로 읽는 티벳 사자의 서』라고 이름한 이유가 바로 여기에 있다.

『체험으로 읽는 티벳 사자의 서』의 가제본을 보며 현대사회의 관심사를 참으로 잘 찾아내 그 해결의 방향을 너무도 담백하고 흥미 있게 풀어냈다는 생각에 참으로 반갑고 기뻤다. 무엇보다 이 책을 보는 동안 공부 길을 알고 있다는 데 기쁜 마음이었다. 이미 한국에 소개되었던 기존의 『티벳 사자의 서』는 문장의 번역에 불과하다. 하지만 이 책은 우리의 장례문화를 『티벳 사자의 서』 속에 흐르고 있는 사상과 연계하여 이해를 심화시키고 있다. 그리고 지혜로운 우리의 옛 스승들이 깊은 선정 속에서 이룩해 놓은 정신세계를 현대과학이 증명하여 비교해 놓은 점 또한 돋보인다.

특히 이 책에서는 죽음의 순간부터 49일까지 영가에게 해탈의 과정을 한 계단씩 쉽게 끌어올려주고 있다. 뿐만 아니라 죄장의 업력으로 망령이 된 영혼들과 그 영혼들이 타인에게 접신되어 수많은 현대인들을 괴롭히는 빙의현상을 심도 있게 다룬 점 또한 정문일침으로 독자들에게 도움 되는 바 크다고 하겠다.

오늘날 급변하는 시대상 속에서 강박관념에 사로잡혀 살아가는 현대인들 중 집착과 허약으로 마음의 균형을 잃음에 따라서 객관세계와의 부조화를 초래하여 상당수의 사람들이 정신병의 하나인 빙의현상을 앓으며 살아가고 있는 게 현실이다. 빙의의 현상은 크게 보면 두 가지의 요소에서 발생하고 있다. 하나는 지나치게 강한 욕구에 의해 일어나는 욕승성사欲勝成邪, 다른 하나는 허불섭신虛不攝神이다. 이는 허약한 체질 또는 나약한 정신에 의해 자신을 이끌어가지 못한 데에서 야기되는 환영幻影들을 말하는 것으로 모두 주관적인 자신이 마음의 균형을 상실하여 객관세계와의 부조화에서 빚어진 것이다.

다시 말하면, 오로지 객관세계에 의한 작용이 아니라 절대평등의 본성과 만유차별의 현상계에 대한 불명不明, 종교관宗敎觀의 왜곡에서 자신을 수립하지 못한 데서 빚어진 결과물이라 하겠다.

불교의 구경처究竟處는 자신이 주인공임을 깨달아 임하는 곳마다 스스로 주인공이 되고(수처작주隨處作主), 지금 서 있는 이 자리가 다 진리(입처개진立處皆眞)인 안목으로 불국토佛國土를 장엄하는 데 있다.

　따라서 이 책은 불교를 알고 수행해가는 일방의 길잡이로서 큰 등불이 되리라 믿는다.

2008. 11. 10
금강선원에서 혜거慧炬 근지謹識

머리말

　오래 전 우연히 책방에서 『티벳 사자의 서』라는 책을 손에 넣게 되었다. 섬뜩한 색채로 칠해진 책표지의 그림을 본 순간 엄청난 충격이 뇌리를 스쳤다. 동시에 내 영혼은 이미 그 책에 계속 주파수를 맞추듯 끌려가고 있었다. 차근차근 서문을 읽어내려 가다가 '이 책은 사자死者의 가이드북만이 아니라, 산 자들을 영원한 자유의 세계로 안내하기 위한 가르침'이라는 글귀를 본 순간에는 가슴이 설레어 감정을 주체하는 것조차 힘들었다.

　책은 밤을 지새워 다 읽어버렸다. 그러나 책의 내용이 너무 어렵고 복잡했다. 20대 후반의 내 영혼에 커다란 충격을 준 책이기에 버리지 못하고 책상 위에 놓아둔 채 먼지만 쌓여 가고 있었다. 그러던 어느 날, 평화·분노존들의 이름과 성격을 공부하던 중 나의 온 가슴과 뇌리에 무엇이 꽉 차는 가 싶더니 『티벳 사자의 서』에 대한 나의 좁은 시야가 확 부서진 인연이 있었다. 이후 이 경전은 지금까지 여러 해 동안 언제나 내 안에서 떠나지 않았다. 지나온 세월은 어쩌면 이 가르침의 길을 향한 걸음이었는지도 모르겠다.

어느 날 초등생 아들이 "엄마! 나는 누구이며, 어디서 왔지? 언젠가부터 이 궁금증이 생기면서, 나와 우주와의 관계도 궁금해졌어요."라고 물음을 던져왔다.

그렇다. 살아 있는 자라면 누구나 한번씩은 자신의 존재에 대한 의문을 품어 보았을 것이다.

인류의 역사가 시작된 이래 이 의문은 생겨났고 각 나라마다의 환경, 문화 등에 따라 그 해답과 깊이는 조금씩 다르게 표현되어 왔다. 하지만 석가모니 부처님이 성도하신 날로부터 기존의 생사관生死觀은 산산조각 나고 말았다.

삶과 죽음을 신에게 의지했던 유신有神사상은 무상無常으로써 무신無神으로 귀결歸結되고 자아自我는 무아無我로써 해체되었다. 이는 불교의 연기론緣起論으로 신과 자아가 여지없이 무너져 버린 것을 의미한다. 부처님께서는 연기의 발견으로 아득한 그 옛날부터 모든 인류가 가장 큰 관심사라고 할 수 있는 삶과 죽음의 문제를 일거에 해결하신 것이다.

이러한 불교사상은 부처님 열반 후 불법에 대한 분석이 철학적으로 다양화되고 심화되면서 20여 개의 부파를 형성하였고, 이후 B.C. 1세기경부터 대승불교라는 이름의 다채로운 종교운동으로 전개되었으며, 또 인도 주변에 전파된 후에는 각 지역에 따라 독자적인 새로운 사상을 끊임없이 생산해 간다.

불교 내부에서 양성된 새로운 사상도 있었을 것이고, 외부사회로부터 유입된 통념도 채용되었을 것이다. 이들이 서로 얽혀 융합하면서 전체로서 새로운 물줄기[분류奔流]를 형성해 간 것으로 보인다. 새로운 토지에 이르면 그곳의 토지에 맞는 새로운 사상이 양성되고, 이 또한 불교라는 간판을 짊어지고 독립해 간다.

인도 날란다 대학의 교수들과 성취자들은 각 나라에 불교를 전파하면서도 불교가 지닌 보편성을 잃지 않고 독자성을 개발해 나갔다.

그 중 티벳불교를 중흥시킨 파드마삼바바는 눈고장의 왕으로부터 초청을 받게 된다. 그곳에서 부처님의 가르침을 펴며, 그 지방의 장례식 중 죽어가는 자들에게 의식을 전이하는 특유한 절차를 볼 수 있는 기회가 있었다. 그리고 깊은 선정 속에서 영가가 죽음의 순간부터 환생하기까지 사이에 어떠한 경험들을 하는지 또 그러한 경험들은 왜 일어나는지를 들여다보았다. 영가가 전생의 업력 때문에 마야의 노리개가 되어 윤회의 고통을 거듭하는 것을 알게 된 그는, 큰 자비심의 발로에서 영가를 바로 앞 주어진 것들의 세계로부터 어떻게 해방시킬 것인가와 함께, 영가가 어떠한 상황에 놓이더라도 흔들림 없이, 최후까지 무엇을 보면서 가야 하는지 등을 불교사상에 비추어 『티벳 사자의 서』를 저술하게 된다.

이런 특성 때문에 『티벳 사자의 서』의 각색은 지극히 깊은 이해로부터 비롯되어야 한다는 생각이다. 이 경전에 드러난 비전의 가르침과 전통, 또는 시간을 초월한 진리의 실상에 어긋나지 않게 하기 위해서 이 경전이 쓰여진 배경이 된 티벳의 지리적 위치와 환경은 물론 티벳인들의 심성과 신화와 역사 그리고 종교현상 등을 깊이 있게 이해하는 바탕 위에서 각색되어져야 할 것이다.

따라서 이 책에서는 이러한 고찰과 함께 『티벳 사자의 서』를 보다 쉽게 이해하고, 그 가르침이 사후까지 이어질 수 있도록 하기 위해 무진 애를 써보았다.

먼저 '삶 그리고 죽음'에서는 붓다의 생사관과 함께, 임종에서부터 죽음에 이르러 일어나는 현상들과, 그에 따른 가르침의 법들을 『티벳 사자의 서』의 가르침과 비교해 보았다. 또한 이때까지도 해탈의 길로 간다든지 환생을 하지 못하고, 망령이 된 영가들을 천도하는 방법에서도 같은 가르침을 찾고자 하였다.

중반부 '삶과 죽음에서 의식의 흐름'에서는 먼저 삶 속에서와 죽음 이후 바르도의 전개과정(의식의 흐름과 변화)을 살펴보았다. 여기서는 임사 체험자들의 증언과 죽음의 전개과정을 이 경전과 비교 분석하였으며, 잠의 깊이와 꿈에서의 의식상태, 또 명상할 때의 선정의 깊이에 따른 체험의 전개과정이나, 또는 일상생활에서의 감정 등을 사후 바르도의 전개과정에 나타난 형태와 비교하여 보았다. 그리하여 삶 속에서 이 모든 것들이 우리들의 경험과 어떻게 뒤엉켜 상호 연결되는지, 그래서 임종 때와 죽은 이후 오온이 흩어지면서 심리적으로 영가는 어떤 현상들을 경험하고, 그에 따른 업연으로 어떠한 곳에 어떤 모습으로 태어나 끝없이 수레바퀴처럼 윤회하게 되는 지를 들여다보려고 했다. 그리고 마지막으로 『티벳 사자의 서』로 이 장은 정리된다.

사실 이 책은 『티벳 사자의 서』의 메시지를 어떻게 하면 독자들의 가슴에 항상 펼쳐져 있도록 할 수 있을까 고민 끝에, 이 경전의 사상을 감히 확장하여 보았다. 때문에 『티벳 사자의 서』가 쓰여지게 된 배경과 사상, 그리고 의식절차 등을 뒤로 배치하였다.

끝으로 '니르바나로'에서는 생사로부터 자유로운 삶을 영위하기 위한 가르침을 문답식으로 이어 보았으며, 평온하게 죽음을 맞이한 우리 주변의 사람들에 대한 증언으로 이 책을 맺게 된다.

"내가 이 세상에 태어났을 때 나는 울었고, 내 주변의 모든 사람들은 기뻐하고 즐거워하였다. 내가 이 세상을 떠날 때 나는 웃었고, 내 주변의 모든 사람들은 슬피 울고 괴로워하였다."

인간의 생사문제를 깊이 사유케 하는 이 말은 티벳의 스승들이 제자들에게 늘 들려주는 말이다.

당신은 이 세상을 떠날 때 웃을 수 있는 비밀을 지금부터 이 책에서 찾게 될 것이다.

삼보의 가피로부터 자비의 빛이 일체에 방광하게 하소서.
(2008. 8. 4 달라이라마)

삶. 그리고. 죽음.

삶. 그리고. 죽음.

『삼국유사』에 실린 신라시대의 일화이다.

원효 스님이 고선사에서 화엄경에 대해 논을 짓고 있는데, 바깥에서 소란스러운 소리가 들려서 시자를 불러 물어보았다. 그러자 시자는 "땅꾼 대장 뱀복이란 놈이 문 밖에 시체를 끌고 와서 큰 소리로 '원효 있나?, 원효 있나?(…)' 하고 반말로 대사님을 부르고 있어서 저희들은 그 땅꾼을 밀어내고, 뱀복이는 소리 지르고 하느라 시끄러웠습니다."라고 아뢰자, 원효 스님이 직접 나가 보았다. 스님이 보니 바깥에서 소란을 피운 거지는 중국에서 함께 공부했던 전생의 자기 도반이었다.

그 땅꾼 대장은 신라 천년 동안 뛰어난 분 가운데 한 명으로,

『삼국유사』에는 이 사람이 사복蛇福이라고 적혀 있다. 험한 중생 즉, 거지나 악당, 땅꾼 등 하천한 이들을 제도하기 위하여 뱀복이로 태어났고, 끌고 온 시신은 뱀복이가 태어나도록 몸을 빌려준 어머니로, 전생에 원효 스님과 사복이가 공부할 적에 경전을 싣고 다니던 암소였던 것이다.

　사복이는 "여보게 원효! 스님과 내가 옛날에 경經을 싣고 다니던 암소가 죽었으니, 함께 장사를 지내지 아니하려나?"라고 하였다. 원효 스님이 보니 맞는지라 그렇게 하기로 하고, 원효 스님은 시체의 앞을 메고, 사복이 뒤를 들고 동구 밖을 나가면서, 원효 스님이 영가에게 "나지 말아라. 죽기 괴롭다. 죽지 말아라. 나기 괴롭다."라고 하였다. 이를 듣던 사복이가 법문이 너무 길다고 하자, 원효 스님이 "그럼 네가 해봐라" 하니,

　"'나고 죽기 괴롭다.' 하면 될 걸 뭐 그리 사설이 많아?"라고 사복이가 다시 법문을 하였다.

　불교의 가르침은 태어남이 고통의 원인이다. 그래서 부처님께서는 최초로 설법을 고苦에서부터 법륜法輪을 굴리기 시작하신다.

　태어남의 원인과 조건을 버리면 죽음의 고통도 함께 사라진다. 태어남(生)의 원인과 조건이란 무엇인가. 그것은 바로 자신의 것이라고 믿는 이 몸과 마음이 아닌가. 그러므로 몸에 대한 집착을 버리고 온갖 상념만 가득 안고 다니는 마음에 대한 집착을 버리게 된다면 죽음도 결코 고통이 될 수는 없을 것이다. 이와 같이 버려야 슬픔을 넘고 마음도 따라서 슬픔을 넘는다. 슬픔을 넘어

서는 것이 열반이다.

나고 죽는 원인을 알면 다음 생生에 태어나더라도 좋은 곳에 나게 된다고 스승들은 가르치고 있다. 태어나고 죽는 원인, 즉 '우리의 삶은 어디서 좇아왔는가?'라는 물음은 가장 큰 근본문제이기도 하다. '그러면 어디로 가는가?' '시간과 공간의 영향을 받지 않은 마음자리는 어디로 가는 것일까?'

우리들의 지혜로운 옛 스승들은 '태어남은 허공의 한 조각 구름이 홀연히 드러난 것과 같고, 죽음은 일어난 구름이 사라진 것이니, 즉 덧없이 일어났다 덧없이 사라진 것이 생사生死'라고 하였다.

우리의 생사는 한 생각 일으키는 것이 생의 원인이고, 그 일어난 생각이 사라지는 것이 곧 죽음의 원인이다. 생각이 일어나고 사라져도 변하지 않는 그 자리가 생사를 벗어난 자리다. 생각이 일어나고 사라져도 그 생각 생각에 한 번도 물들지 않는 자리가 태어남과 죽음의 원인 모두를 벗어날 수 있다.

우리가 평생 쓴 마음은 경계나 인연 따라 일어나고 사라진 것뿐이다. 그러므로 마음을 안으로 비춰 스스로 생사에 자유로워지도록 끊임없이 노력해야 한다.

그렇다면 나지도 죽지도 않기 위해서는 어떻게 해야 할까?

> 세상에서 높고 낮은 것(다른 사람의 존재와 자기의 존재, 육도윤회하는 높고 낮은 존재의 세계)을 지혜로 고찰하여 어디에도 동요하지 않고, 적멸에 들어, 연기緣起가 없고, 고뇌도 없고, 탐욕도 없다면, 그는 태어남과 늙음을 초월했다고 나는 말한다. (…) 시간

적으로나 위로 아래로 옆으로 가운데로나 그대가 인식하는 어떤 것이라도, 그것을 세상에서의 집착이라 알아서, 존재와 비존재에 대한 갈애를 일으키지 마십시오. (…) 이 세상에서 보고, 듣고, 인식하고, 의식한 사랑스런 대상에 대해서 욕망과 탐욕을 없앤 것이 흔들리지 않는 열반의 경지입니다. 이것을 알고 새김을 확립하여, 현상세계에서 완전히 사라져 항상 적멸에 들면, 세상의 다양한 집착을 뛰어 넘는 것입니다.

- 『쌍윳따 니까야』

라고 부처님께서 말씀하셨다.

위 인용문의 "세상에서 높고 낮은 것을 지혜로 고찰하여 어디에도 동요하지 않고, 적멸에 들어, 연기緣起가 없고, 고뇌도 없고, 탐욕도 없다면, 그는 태어남과 늙음을 초월했다."에서 연기란 홀로 일어나거나 존재하지 않고, 다른 것과 의지해 함께 일어나는 것을 말한다. 이 세상에 존재하는 것들 중 홀로 존재하는 것은 하나도 없다. 다시 말해 "이것이 있을 때 저것이 있고, 이것이 생겨날 때 저것이 생겨난다. 이것이 없으면 저것이 없고, 이것이 소멸하면 저것도 소멸한다." 즉, 우리들이 경험하는 모든 것들은 무수한 원인과 조건에 의해서 생긴 것이고 이렇게 모여 생긴 것은 언젠가는 흩어 사라지는 현상들의 반복이기 때문에 '연기의 세계'라고 부처님께서는 말씀하셨다.

또한 부처님께서는 연기가 없는 세계는 고뇌도 탐욕도 태어남과 늙음도 초월한다고 하시고, 그 초월의 방법을 '새김을 확립하여, 현상세계에서 완전히 사라져 항상 적멸에 들면, 세상의 다양한 집착을 뛰어 넘는 것'이라고 하셨다. 여기서 새김을 확립한다는 것은 '마음 챙김' 다시 말해 마음을 들여다 본다는 뜻이다. 항상 마음을 들여다 볼 수 있다는 것은 한결같이 깨어 있다는 말과도 같다.

늘 그렇게 하지 못하더라도, 당신이 화가 나 있을 때만이라도 당신의 마음을 들여다 보라. 그때 분노로 차 있는 자신의 모습을 거울에 비추어 보듯이 한 발짝 물러서서 바라볼 수만 있다면, 화내는 마음은 차츰 사라져서 번뇌에 오염되지 않게 된다. 연잎에 흙탕물이 몇 방울 떨어져도 물들지 않듯이. 그렇게 조용히 지켜볼 때 마음은 보호된다.

우리가 살면서 가장 부정적인 요소인 분노와 욕망과 증오는 자신을 위로하는 척 아주 든든한 보호자처럼 나타나 현혹한다. 누군가가 자신을 해치려고 하면 분노는 마치 멋있는 보호자처럼 치밀어 올라 강한 힘이 솟아나게 된다. 이렇게 부정적인 사고와 감정은 우리를 너무나 쉽게 속이고 교묘하게 장난을 친다.

하지만 화 속에 뒤섞여 화의 노예가 되지 말고, 한 발치 살짝 벗어나 화내는 마음을 찬찬히 들여다보면, 그 원인이 마침내는 욕심 때문임을 알아차리게 된다. 내 마음대로 되지 않는다는 이유 때문에, 내가 기대하는 것보다 부족한 결과 때문에 화가 난 것이다. 그렇게 뿌리[원인]를 알고 나면, 그 결실이 '화'로 나타난 것을 알아차리게 되고, 그 화라는 것은 사라져 흔적이 없어진다. 그러다 보면 자아에 집착하는 게 얼마나 고통스러운지 분명히 알게 되면서 그것도 놓을 수 있다. 부처님께서 '연기緣起가 없고'라고 하신 말씀이 바로 이러한 가르침인 것이다.

당신이 많이 놓을수록 큰 평화가 찾아올 것이다. 조금만 놓으면 작은 평화가 찾아올 것이고, 다 놓아버릴 때 완전한 평화를 누리게 될 것이다.

우리는 지금 이 생에서 어떻게 해야 죽음을 넘어설 수 있을까?

> (…)실체를 고집하는 편견을 버리고, 세상을 공空(모든 존재의 다발, 즉 오온의 공)으로 관찰하십시오. 그러면 죽음을 넘어설 수가 있습니다. 이와 같은 세계를 보는 사람을 죽음의 왕(염라대왕)은 보지 못합니다.

라고 부처님께서는 답하셨다.

모닥불은 불이 나무조각으로 인해 타오르므로 '모닥불'이라고 불린다. 그러나 다 타고 없어지면 모닥불의 이름도 형체도 사라지게 된다. 이와 같이 의식은 그 어떠한 것도 그 조건에 의존하여 생겨나며, 그것은 일어나는 조건에 따라 이름지어 진다. 하지만 그 조건이 다하면 그 이름마저도 사라진다.

잠시 지금 있는 그 자리에 앉아, 들고 나는 호흡을 지켜보라. 숨은 한 번도 길이나 그 들고 남의 힘이 같은 적이 없다. 끊임없이 변한다. 뿐만 아니라 몸에서 일어나는 감각과 그 감각의 느낌까지 일정하게 느껴지거나 변하지 않는 적은 단 한 순간도 없다.

끊임없이 움직이고 변하고 쇠퇴하고, 이것이 '나'라고 붙잡을 수 있는 것은 아무것도 없다.

사무실이나 집안의 화초를 유심히 관찰해 보라. 요즘은 기계가 발달하면서 자라고 꽃피는 장면이 계속 포착되어, 우리는 씨앗에서 싹이 나면서부터 그 변화와 소멸까지를 쉽게 확인할 수 있다. 그 장면을 봐도 어떤 것이 그 화초의 모습이라고 딱 정해 말할 수 없다.

인因과 연緣들에서 발생하는, 즉 조건 지어진 모든 것은 이와 같이 끊임없이 변하고 조건이 다하면 사라진다. 이 세상에는 인과 연들에서 발생하지 않는 법은 하나도 없다. 그러므로 이 세상은 공空하지 않는 것이 없다.

1. 임종에서부터 다시 태어나기까지

이 장은 죽음을 바로 앞에 두고 있는 자와, 그를 죽음의 여행길로 보내는 사람들이 할 수 있는 가르침에 대해 다루고 있다. 그리고 죽음의 과정에서 일어나는 현상들과 전생의 업력으로 인한 환생의 과정을 부처님의 가르침과 『티벳 사자의 서』에 나타난 가르침들에서 추려보았다. 먼저 임종에 대해서, 그리고 죽음의 여행에서 일어나는 현상들, 환생(다시 태어나기)의 순서로 들여다 보겠다.

1) 임종 - 여행준비

죽음의 여행길을 어떻게 준비하고 출발할 것인가? 죽음의 여행을 하는 순간 진정으로 가치 있는 것과 도움이 되는 것은 무엇일까? 삶의 결과물들이 임종 때 어떤 형태로 나타날까? 우리는 임종 앞에서만이 아니라 항상 스스로에게 질문을 던져 보아야 한다.

    우리가 여행을 할 때는 여행기간 동안 필요한 경비를 준비한다. 또 여행코스에 필요한 정보와 지도, 나침반과 의약품 등 여행을 즐겁고 행복하게, 그리고 목표한 일정에 차질이 없도록 챙긴다.
    죽음의 여행길도 이와 마찬가지이다. 마음을 안정시키는 기구와 물품들이 있지만, 가장 완벽한 준비는 '바르도'에 대한 학습일 것이다. 바르도, 즉 사후에 무슨 일들이 일어나는지, 바로 앞에 나타나는 현상들을 보며 당황하지 않고 마음을 어떻게 붙들어야 하는지에 대한 지식과 명상은 죽음의 여행길에서 '노잣돈'과 같다.

　우리 모두에게 죽음의 순간 도움이 되는 것은 그 순간부터 사후 펼쳐질 바르도에 대한 이해와 그에 따른 명상의 결과뿐임을 깨닫게 될 것이다. 그러므로 지금부터 당장 죽음을 준비해야 한다.

　대부분의 사람들은 죽음의 여행을 앞두고 삶의 끝, 죽음에 대한 두려움과 공포, 나에 대한 집착 등 심리적인 현상이 나타난다고 한다. 이것은 조건에 의해 생겨난 모든 것은 그 조건이 다하면 반드시 사라지는 연기사상을 이해하지 못한 데서 오는 것이다.

　죽음이 가까워지면서 찾아오는 이러한 불안과 두려움 등의 심리적 현상은, 평소 종교가 없었던 사람에게조차 무언가 끄나풀이라도 잡아보고자 하는 심리적 변화를 일으키게 되고, 이 마음은 곧 임종 안내자의 도움을 잘 받아들일 수 있게 한다.

　스승이나 호스피스 또는 가까운 친지나 친구가 이렇듯 죽음의 여행을 잘 할 수 있도록 안내해 주면, 죽음으로 가는 길에 심리적 불안이 없이 편안히 떠날 수 있다. 뿐만 아니라 죽을 때 이런 도움과 축복 속에 떠나는 영가는 죽음 이후 시신도 깨끗하고, 입관을 할 때까지 얼굴도 편안함을 볼 수 있을 것이다.

　그러나 무엇보다도 스스로 죽음을 대비하는 것이 가장 중요한 일이다. 이것은 곧 지금 현재의 삶을 어떻게 살고 있는가의 결과물이기 때문이다.

　임종자가 죽음의 징후가 보이기 시작하거나 죽음이 가까워지면, 우선 심리적 안정을 위해 그가 살아 생전에 한 착한 일들과 행복했던 기억들을 더듬어 떠올리도록 하고, 되도록 선업善業을 자꾸 상기시켜서 편히 가도록 안내해야 한다.

『티벳 사자의 서』에서는 '자기의 삶에서 무슨 일을 했는가, 그리고 죽는 순간 마음의 상태가 어떠한가'에 따라 미래에 강력한 영향을 준다고 하고 있다. 심지어 우리가 부정적인 업을 축적했을지라도, 죽는 순간 진정 마음을 바꿀 수 있다면, 그것은 우리의 미래에 결정적으로 영향을 미칠 수 있고, 우리의 업도 바꿀 수 있다고 한다. 이는 죽는 순간에 개념적인 사고를 용해시킴으로써 카르마(업)를 정화시킬 수 있는 기회가 주어지기 때문이라고 이 경전은 말하고 있다.

그러므로 죽음을 앞둔 환자나 그 밖의 원인으로 죽음이 다가온 사람들에게는 평소 나쁜 기억 같은 것을 꺼내지 않고, 그가 지난 삶을 살아온 동안 행복했던 일이나 좋은 추억을 아주 생동감 있게, 그때의 필름을 되돌리듯이 연상聯想토록 할 필요가 있다.

'가족 누구와 어느 때, 어떤 장소에서 무엇을 했을 때(…),' 하고, 그 다음은 선업의 공덕을 쌓은 일들을 꺼내어 이와 같이 쭉 나열하면서 기억을 더듬어 준다. 그리고 죽음을 맞이하면서부터 일어나는 현상들을 또박또박 일러주면서 사후 불안의 요소들을 미리 없애준다. 그런 노력을 할 때 죽음에 대한 공포와 고통을 별로 느끼지 못하고 평화로운 죽음을 맞이하게 될 것이다.

또한 죽음이 다가오면 배우자와 자식, 부모, 친구, 친척, 소유물과 재산에 대한 집착을 모두 내려놓아야 한다. 평온한 죽음을 맞이하려면 이 모든 집착의 끈을 완전히 끊어버려야 한다. 하지만 가까운 친지 같은 타인들을 향한 사랑의 마음까지 끊어야 하는 것은 아니다. 진정한 사랑은 집착으로 옥죄는 것이 아니라 자비심이기 때문이다. 그러나 보통 사람들의 사랑은 집착과 화, 미망 등과 뒤섞여 있기 때문에, 윤회계와 더 깊이 뒤엉키고 더 단단히 묶이게 만든다. 그러나 지혜와 연민에 둘러싸여 있는 사랑은 해탈과 깨달음의 원인이 된다. 보통의 사랑보다는 이런 사랑이 훨씬 더 소중하다.

지금까지 소유했던 애착의 대상이 무엇이든 간에 가난한 사람들이나 친척, 스승에게 넘겨주는 것이 좋다. 우리의 마음이 집착할 수 있는 대상은 무엇이든 남겨두지 말아야 한다. 죽음의 순간이 다가오는 것을 감지할 때는 어떤 것도 소유하지 말아야 한다. 그러면 죽음의 순간에 훨씬 쉽게 명상 상태에 머물 수 있다. 이를 가로막는 주요한 장애물들을 제거해버렸기 때문이다.

또한 좋은 것이든 나쁜 것이든 모든 계획을 버려야 한다. 예를 들어, 계획한 일을 성공하지 못했더라도 죽음의 순간에는 이를 아쉬워하지 말아야 한다. 또 특정한 친척이나 친구를 보고 싶다는 생각도, 마지막으로 한 마디 쏘아붙이고 싶은 적대자가 있어도, 이런 생각 역시 버려야 한다. 죽음이 다가오면 주변의 사람들에게 잘못한 일들에 대한 후회를 하게 되어 감정이 더욱 흔들리게 된다. 그것이 무엇이든 모든 생각을 내려 놓아야 한다.

이런 부정적인 생각들을 내려놓지 못하고 후회하게 되면 한恨이 맺히고 죽음의 순간에 감정이 더욱 강렬해진다. 죽음 이후 나타나는 어지러운 빛의 색깔과 무서운 형상 등은 이런 마음의 반영이다. 평상시에는 외부의 감각이나 인상들이 주의를 돌리게 만들어준다. 하지만 제정신이 아닌 사람은 하나의 생각이나 감정에 완전히 사로잡혀서, 이것을 엄청나게 증폭시킨다. 죽음의 순간에도 이와 똑같은 현상이 일어난다. 강렬한 분노나 후회가 일어나는 것이다. 그러므로 이런 감정을 불러일으키는 것들을 마음에서 깨끗이 지워버리는 것은 아주 중요한 일 중의 하나다.

분명한 의식으로 마음의 평정을 갖춘 상태에서 죽음을 맞이해야 한다. 가장 좋은 것은 죽어가는 동안 존경하는 스승이 옆을 지켜주는 것이다. 다시 종교에 귀의하고 정확한 가르침을 받아서 불확실했던 점까지 분명하게 깨닫게 되면 자신감도 커지기 때문이다.

죽음에 이르러 특히 생명력이 끊어지는 순간에는 신체적인 고통이 찾아온다. 숙련된 수행자는 이런 강렬한 고통에 직면했을 때 가만히 고통의 본질을 들여다본다. 그러면 더 이상 고통에 압도당하지 않는다. 그러나 사후에 대한 학습의 경험이 없는 사람에게는 이때 고통이나 신체적인 불편함에 너무 많은 영향을 받지 않도록 해야 한다. 그냥 이완된 상태에서, 누구에게나 찾아오는 근본광명을 그대로 직시하고 빛 속에 머무를 수 있도록 친절하게 도와주어야 한다.

임종자가 살아 생전에 명상을 하여 그 가르침을 받았다거나 스스로 적용할 수 있다면 다행이다. 하지만 그렇지 못한 경우 동료수행자나 존경하는 스승 또는 평소 믿음을 가졌던 친구가 곁에서 그가 죽기 전부터 호흡이 완전히 멎을 때까지 편히 죽음의 길을 여행하도록 도와주는 것 또한 남은 산 자들의 몫이기도 하다.

『티벳 사자의 서』에서는 이때를 죽음의 시작으로 본다. 그리고 오온五蘊(색色은 흙·물·불·바람의 요소를 말하며, 그것으로 이루어진 신체와 자연환경은 '색온色蘊'이다. 반면에 나머지 넷은 모두 마음의 구성요소들로 수受는 괴로움과 즐거움, 괴롭지도 즐겁지도 않는 평정의 셋으로 이루어진 정서적 요소이고, 상想은 개념이나 이미지들이며, 행行은 의지와 욕망, 결단 등의 의지적 요소들이다. 마지막 식識은 지각·판단·기억·사고 등을 포함한 인식작용을 말한다.)이 차례로 흩어지는 과정을 거치면서 임종의 정광명이 출현한다고 하고 있다.

『티벳 사자의 서』에서는 이 정광명이 나타나는 때가 실제의 죽음이라고 말하고 있다. 이 근원의 빛은 깨달음의 있고 없음에 관계없이 누구에게나 나타난다. 왜냐하면 이 빛은 모든 유정들의 본래 마음 상태이기 때문이다. 생명의 시작은 빛이다. 이 빛이 꺼짐(떠남)으로 해서 생명은 끝이 난다. 다시 말해 생명의 시작과 끝은 빛이 오고 간다.

우리가 죽음을 다른 말로 '혼불'이 나간다고 하는 것도 이와 같은 표현이다. 사람이 죽기 얼마 전에 몸에서 미리 혼불이 공중으로 빠져나간다고 하는데, 남자의 경우 대빗자루 모양의 길고 큰 불덩이가 나가고, 여자는 접시모양의 둥근 불덩이가 나간다고 한다. 어릴 적 시골에서 자란 사람들은 가끔 이런 혼불을 보거나 들은 적이 있을 것이다.

이때 근본 빛을 깨닫게 되거나 '포와(의식 전이)'에 성공하면, 빛과 화합한 사자의 의식이 중유(바르도)의 과정을 거치지 않고 곧장 정수리를 통과하면서 빛 속으로 녹아들어간다 즉 '니르바나(대자유, 해탈)'에 도달하게 된다고 『티벳 사자의 서』에서는 말하고 있다.

그러나 이 순간 정광명을 깨닫지 못하는 임종자에게 『티벳 사자의 서』에서는 다음과 같이 반복하여 안내함으로써 정신이 산만하지 않고 공포심을 여의며, 평화로운 마음으로 죽음을 맞도록 하고 있다.

고귀하게 태어난 ○○○이시여! 이제 길을 가야 할 시점에 도달했습니다. 그대는 이제 호흡이 멈추고 근원의 눈부신 빛인 정광명이 나타나고 있습니다. 그것은 죽음의 첫 번째 단계에 나타나는 현상이므로, 두려워하지 말고 그 빛 속에 머무르십시오. 그 빛은 아주 따스하고 환히 빛나며, 정결하고 순수한 근원적인 당신의 마음이므로 안심하고 그 빛 속에 머무르십시오.

라고 귀에 대고 밝고 명료하게 계속 반복하여 읽어줌으로써 정광명을 인식하도록 한다.

또는 임종자가 평소 했던 염불(나무아미타불, 옴마니반메훔, 지장보살 등)을 함께 염송하며 임종자의 귓가에 대고 거친 호흡이 완전히 멎을 때까지 여러 번 반복하여 그의 의식이 다른 데로 흐르지 않도록 도와준다.

2) 죽음의 여행에서 일어나는 현상들

지금까지 죽음의 여행을 출발하기 전부터 숨이 멎을 때까지의 과정과 임종자가 죽음으로 이어지는 여행을 잘 할 수 있도록 안내하는 방법 등에 대해 알아보았다. 다음은 죽음에서 일어나는 현상들을 살펴보겠다.

우리의 몸은 아버지의 흰 원소와 어머니의 붉은 원소라는 인연에 의해 만들어진다. 이 둘 사이에 생명의 바람, 생명의 기운이 있는데, 이 기운은 두 개의 원소들이 서로 만나지 못하게 하는 역할을 한다. 하지만 마지막 숨을 내쉬고 생명의 바람이 멈추는 순간, 이 두 개의 원소들은 심장 가운데서 만나게 된다. 그리고 이 과정에서 백화, 적화, 흑화의 세 가지 현상이 일어난다.

첫 번째 경험을 일컬어 '백화'라 하는데, 이는 아버지에게 물려받은 흰색 원소가 머리의 에너지 센터에서 심장으로 서서히 내려갈 때 일어난다. 이런 현상은 마치 하얀 달이 서서히 기우는 것과 같다. 그러고 나면 배꼽 아래에서 어머니에게서 물려받은 붉은 원소가 해처럼 솟아난다. 이를 '적화'라 부르는데, 솟아나는 해처럼 붉은 색깔을 띠고 있다. 이 두 개의 본질적인 원소들이 가슴에서 만나는 것은 마치 하늘과 땅이 만나는 것과 같다. 이때 어두운 밤하늘과 같이 캄캄하고 의식이 또렷해졌다 희미해지기를 반복하는데 이를 '흑화'라 한다.

이런 '흑화'의 경험은 보통의 사람들은 의식을 잃는 순간에 일어난다. 그리고 그곳에서부터 신체를 떠나게 되는데 대개 정수리를 통과한다. 이때 사자는 최고의 환희상태 즉 최고조에 이른 각성覺性의 상태를 경험하게 된다. 이 단계에서 최초의 투명한 빛을 체험하게 되고, 그 다음부터는 빛이 점점 약해진다. 그러다가 더욱 약해지면서 자궁을 찾게 되어 이 세상에 환생하게 된다.

- 『바르도 가이드 북』, 최기 니마 린포체

이렇게 호흡의 종결과 내적인 호흡의 중지 사이의 시간은 대략적으로 한 끼 식사를 하는 시간, 약 20~30분 정도라고 한다. 이런 전개과정은 사람에 따라 아주 빨리 일어날 수도, 조금 더딜 수도 있다.

이와 같은 현상은 우리 인간의 구조가 우주와 같다는 의미이기도 하다. 소우주인 우리의 몸은 오온五蘊 등 인체의 거친 원소들이 다시 자연 속으로 흩어지는 과정을 통해서 죽음이 발생한다. 불행의 사고 등으로 갑작스런 죽음을 제외하고 대부분 명이 다하여 죽어가는 사람의 증세는 다음과 같다.

죽음은 오감五感과 오대五大가 분해되는 외적인 해체 그리고 거칠거나 미묘한 생각과 감정의 내적인 해체로부터 진행된다.

우리의 존재는 지地(살, 뼈), 수水(피, 몸의 맛과 체액), 화火(온기, 색), 풍風(호흡, 몸의 느낌), 공空(몸에서 빈 곳, 청각)이라는 오대와 오감에 의해 몸이 형성되어 유지되고, 이것이 흩어지거나 용해되면서 다시 자연으로 돌아간다.

주요한 에너지와 이 에너지가 움직이는 차크라들(신체 내에 많은 에너지의 통로가 모이는 곳)이 차례대로 해체되기 시작하면 특정한 내·외적 경험들이 일어난다(해체 과정은 다르게 나타나는 수도 있다).

차크라는 배꼽 아래에 있는 것부터 파괴되기 시작한다. 이후 차례차례 몸을 지지해 주는 에너지가 사라지고 나면 땅의 원소가 먼저 흩어진다.

이때 외적으로 나타나는 징후는 몸의 힘이 사라지는 것에서부터 시작된다. 이 순간 둘레의 압력이 아주 세게 몸을 짓눌러 몸이 무겁게 느껴지면서 움직일 수 없게 된다. 목은 더 이상 머리를 지지해 주지 못하고, 다리는 더 이상 몸을 떠받치지 못한다. 손으로 더 이상 아무 것도 쥐지 못하고, 피부에서 색깔과 빛이 사라져 버린다. 안색은 창백해지고, 살결도 추하게 검버섯이 피고 혈색도 사라져버린다. 이빨은 착색되고, 침도 머금고 있지 못하게 된다. 그리고 콧물이 흘러내린다. 또 다른 징후로 콧방울이 안으로 꺼지고 얼굴도 푹 꺼진 듯하다. 평상시에 빛을 뿜어내던 눈도 졸리거나 술에 취해서 눈에 정기가 없으며 거의 감길 듯한 모양처럼 거슴츠레해진다.

내적인 징후는 마음의 상태와 관련된 것이다. 죽어가는 사람은 둔해지면서 머리도 무겁고 희미한 것 같은 느낌이 든다. 이런 현상이 물리적인 환경 탓이라는 생각에 죽어가는 사람은 덮고 있는 이불을 거둬달라고 하거나, 옷을 벗겨달라고도 하고, 몸을 일으켜 달라고 부탁하기도 한다. 몸이 땅 속으로 꺼져 들어가는 것 같은 느낌이 들기 때문이다.

요약하면 죽어가는 사람은 점점 창백해지며 엄청난 불안을 느낀다. 목소리도 달라지고, 말하는 것도 힘들어진다. 두 눈의 초점은 희미해지고, 눈알이 뒤집혀 흰 자위를 드러내 보인다. 임종을 지키는 사람들은 이런 얼굴을 보는 것만으로도 마음이 불편해진다.

죽음의 기술을 익힌 사람들은 은밀한 신호들, 연기나 신기루, 개똥벌레 같은 시각적 경험들을 주의 깊게 바라보고, 이것들에 주의를 집중하면 섬광이 다가오면서 빛 속으로 들어간다. 반면 보통사람들은 이런 것들을 알아차리지 못한 채 두려움이 밀려들기 시작한다.

심장차크라가 해체되면 동시에 물의 원소가 해체된다. 이런 과정에서 나타나는 외부적인 징후는 입과 혀가 마르는 것이다. 입은 막히고 입술은 핏기 없이 하얗게 오그라든다. 보통 때는 혀를 쭉 내밀면 혀끝을 볼 수 있으나, 죽어가는 순간에는 이것도 불가능하다. 이때 몸은 찬 기운이 세게 느껴지고 뼈마디와 내장이 얼어붙은 듯한 추위의 고통을 느끼게 된다. 이 정도면 죽음이 아주 가까워진 것이다.

내적으로는 어리둥절해 하고 다양한 환영을 보는 것이다. 정신은 흐릿하고 몽롱해진다. 때로는 주변 사람들을 알아보기도 하지만, 머릿속이 텅 비어서 무슨 일이 일어나고 있는지조차 인식하지 못하기도 한다. 자신이 아직 살아있다고 생각하지만 다음 순간 모든 것이 아주 희미하고 모호해진다.

불의 원소가 흩어질 때의 징후는 숨을 안으로 거두기 어렵고, 숨이 일어나는 장소인 허파로부터 기관지를 거쳐 나가는 숨이 쌓이게 된다. 갑자기 온 몸에 뜨거운 열기가 올라와 불에 타는 듯한 고통과 힘줄을 도려내는 듯한 괴로움과 심한 갈증이 느껴지고 온 몸은 나무토막처럼 굳어버린다. 이어 바람의 원소가 분해되면 어디에도 머무르지 못하고 떠도는 것 같은 느낌이 든다. 의식이 공간 속으로 흩어지면서 착각하는 현상이다. 이제 외적인 호흡이 멈추고 몸의 혈액이 전부 심장 안의 명맥命脈으로 모여들고, 심장 가운데서 혈액이 차례로 누설됨으로써 숨이 끊어진다.

이때 착란의 현상이 일어나기 시작하면서 삶의 갈무리를 잘 한 고귀한 이는 정결하고 아름다운 갖가지 상서로운 광경들이 나타나고, 악한 자들에게는 염라왕의 사자들이 갖가지 무서운 형상들로 출현하게 된다. 다섯 원소들이 해체되고 백화, 적화, 흑화의 세 가지 경험이 일어난 뒤에는 밝고 투명한 빛이 나타나는데, 이 경이로운 순간은 살아서 체험해 보지 못한 사람들에게는 놀랍고 무서우며 강렬하게 느껴진다. 그러나 그 빛 속으로 들어가면 개념적인 정신이 녹아 들어가면서 바르도의 험난한 과정을 겪지 않게 되고 윤회의 고통에서 해방된다. 즉 니르바나에 도달하게 되는 것이다.

우리들이 평소에나 또 죽음을 맞이하면서 그리고 49재 기간 동안에 계속해서 '나무 아미타불'을 염송하는 것도 니르바나[극락極樂]에 이르기 위함이다. 아미타불의 원음은 '무한한 광명을 가진 분[무량광無量光]'이라는 뜻의 아미타-바Amitābha와, '무량한 수명을 가진 분[무량수無量壽]이라는 뜻의 아미타-유스Amitāyus로, 한없이 밝고 따스한 빛과 그 빛에 의지하고 머무르면, 나지도 죽지도 않고 영원한 자유를 누릴 수 있게 된다는 의미이다. 그러므로 '나무아미타불!…' 하는 것은 나의 몸이 빛이 되고 온 누리가 광명법계가 되어 그 속에 머물 수 있게 되기를 간절히 기원하는 것이다.

　　니르바나 즉 극락은 "중생들의 몸에 고통이 없고, 마음에 고통이 없고, 오직 무량한 즐거움의 원인들만 있다. 그 때문에 그 세계를 극락이라고 한다."라고 부처님께서 극락이라고 불리어 지는 이유에 대해 말씀하셨다.

　　『티벳 사자의 서』와 임사체험에 관한 많은 자료에는 죽음의 과정이 시작되면 나타나는 여러 가지 빛과 환상들이 묘사되어 있다. 이것은 에너지의 움직임으로, 작은 우주인 우리의 몸이 또다른 형태로 전환되는 과정이기도 하다. 죽음의 순간 다섯 요소들이 분해되면서 육체의 에너지 통로는 힘을 잃고 에너지가 풀려나가면서 빛이나 색으로 나타난다. 그리고 빛이 어느 에너지 통로의 분해와 이어지는지에 따라, 영가의 마음 상태에 따라 각각 다르게 나타난다. 그러한 빛은 여러 가지 형상으로 나타날 수 있는데, 궁전이나 성채가 되기도 하고 신, 악마 등 영가의 생활, 문화, 종교나 지역, 업에 따라 어떠한 형상으로도 나타날 수 있다. 이에 관해서는 이 책의 제 3장『티벳 사자의 서』에서 에너지의 움직임에 따라 나타나는 빛과 환영에 대해 상세하게 설명되어 있다.

이때 『티벳 사자의 서』에서는 영가가 죽음의 여행을 평화롭게 할 수 있도록 다음과 같이 반복하여 안내한다.

오, 고귀한 집안에서 태어난 ㅇㅇㅇ이시여, 귀를 기울여 들으시오. 그대가 무엇을 보든지, 그것이 얼마나 무시무시하든지, 그것은 그대가 자신의 마음으로 투사한 것임을 알아차릴지어다. 하지만 그것의 근본은 광명, 자기 마음의 자연스러운 광휘임을 알아야 할 것이오. 두려움에서 벗어나 그 빛 속에 머물게 되면 험난한 바르도를 피하게 될 것이오. 오직 그 빛만이 그대를 인도할 것이오. 안심하고 빛 속으로 따라들어가십시오.

죽음의 종류에 대해 『유가사지론』에서는 다음과 같이 언급하고 있다.

죽음의 종류로는 첫 번째 시사時死[수진사壽盡死]가 있는데, 이는 전생의 업력이 다하여 맞는 죽음을 말하고, 두 번째로는 비시사非時死로, 업과 관계없는 죽음으로 불의不意의 죽음, 즉 제 3자의 연緣에 의한 죽음을 말하며, 세 번째로는 복진사福盡死로 재물의 복이 다해 맞는 죽음을 말한다.

또한 죽음의 형태로는 고통 없이 죽는 선심사善心死(안락사)가 있다. 이는 임종자가 목숨을 마치려 할 때 스스로가 그 전에 익혔던 착한 법(善法)을 기억하거나, 혹은 다시 다른 이가 그에게 기억하도록 하면, 이 인연으로 말미암아, 그때에 믿음 등의 착한 법이 마음에 일어나고, 편안하고 즐거워하면서 죽으며 어지럽지 않은 빛깔의 모양을 본다고 한다.

다음으로 고통스럽게 죽는 악심사惡心死가 있고, 선善·악惡이 아닌 평온한 죽음의 무기심사無記心死가 있다. 그리고 가장 이상적인 목표인 열반사涅槃死란 수행에 의해 심신을 자유자재로 할 수 있는 죽음의 형태를 말한다.

완전한 죽음에 대해 『유가사지론』에서는,

(…) 임종시에는 혹은 몸의 윗부분으로부터 식識은 점차로 떠나면서 차가움이 일어나기도 하고, 혹은 몸의 아랫부분으로부터 그러기도 하여, 저 의식意識이 구르지 아니할 적이 없다. 그러므로 오직 아뢰야식만이 있어서 몸을 붙잡아 유지하는 줄 알아야 한다. 이것이 만약 버리고 떠난다면, 곧 몸 부분에는 차가움이 있게 되고 몸은 감각이 없을 것이다. (…)

즉, 완전한 죽음은 마지막으로 의식이 심장[심처心處]에서 떠나는 때를 의미한다고 언급하고 있다.

죽을 때 업에 의한 육체적 변화는 선업자의 경우 차가움이 다리로부터 위로 진행되고, 악업자의 경우 머리에서부터 식기 시작하여 아래로 차가움이 진행된다고 하고 있다.

실지 죽음의 과정에서 보면 시신의 변화 과정은 영가의 살아온 결과를 그대로 볼 수 있다. 명이 다하여 죽어가는 사람의 생물학적 변화를 보면, 그 차이를 쉽게 알 수 있다.

평소 욕심이 많고 한이 많은 사람은 죽을 때 참으로 고통스럽게 죽는다. 몸에서 나오는 악취는 그 어떤 냄새보다도 고약하다. 그리고 숨이 멎을 때까지 온갖 몸부림과 고통을 호소하다가 똥오줌 등 갖은 배설물을 내보내고 죽는다. 숨이 멎은 후부터는 비참할 만큼 보기 흉한 모습을 남긴다. 눈을 감지 못하고 부릅뜨거나 입은 비뚤어져 침이 질질 흘러내리고 피부는 검은 착색을 띠면서 열은 위에서 아래로 식어 내려간다. 어떤 이는 사지와 뼈마디들이 비뚤어지기도 한다. 입관 때도 마찬가지로 시신이 멍든 것처럼 시퍼렇거나 검고 얼굴의 표정은 흉측하게 일그러져 이를 지켜보는 가족이나 친지들을 괴롭게 한다.

장례를 치르는 기간 내내 뭔지 모를 음습하고 사나운 기운이 감돌고 유족들끼리 다투거나, 그 장례식장에서 음식을 먹은 사람들이 탈이 나고, 기운이 쇠약한 사람들은 이런 에너지에 휘둘려 며칠 동안 심신이 힘들기도 하다. 장례식 이후에도 가족들에게 이런 어둡고 부정적인 에너지는 계속 이어진다.

그러나 착하게 살고 자신의 삶을 스스로 정리하고 떠나는 사람은 품위 있게 가족들과 작별한다. 숨을 거두는 순간과 입관 때도 그 고귀함은 이어진다. 몸의 열기는 발에서부터 위로 향하고 입관할 때까지의 모습은 참으로 평온하다. 시신에서 나오는 악취 같은 것도 거의 느낄 수 없을 정도로 깨끗하며, 장례식 내내 평화로운 분위기이다.

인간의 이러한 삶의 결과물들을 감지능력이 뛰어난 동물들은 사람들보다 더 잘 알아차린다.

예를 들어 티벳의 일부 지방에서는 사람이 죽으면 조장鳥葬을 하는데, 독수리에게 시신을 보시한다. 그러나 먹이로 보시한다고 해서 독수리가 아무 시신이나 먹지는 않는다. 독수리는 악업자惡業者와 병든 사람의 시체를 멀리서부터 알아보고 접근도 하지 않는다.

마지막으로 고귀하게 잘 살다간 수행자는 죽음의 순간 심신을 자유자재로 할 수 있다. 이들은 자신의 죽음을 미리 알 수 있으며, 숨이 멎는 순간까지 밝고 또렷한 정신으로 그 품위를 지킬 수 있는 능력을 지녔다. 살결이 부드럽고 환하며, 눈에는 연민과 사랑의 빛이 서려 있다. 그리고 갖가지 상서로운 사건들과 에너지는 남은 산 자들에게 자비의 빛으로 방사된다.

『티벳 사자의 서』의 가르침에 따르면, 죽을 때에 우리의 의식은 육신으로부터 벗어나기 위해 틈을 필요로 하는데, 육신의 아홉 개 구멍 가운데 어느 하나를 통해 빠져 나갈 수 있다고 한다.

이 경전에서는 몸 안에서 의식이 나가는 구멍과 다음 생에 태어나는 곳 사이에 연관성이 있다고 말하고 있다. 예를 들어, 지옥에 태어나면 의식이 항문에서 떠나고, 아귀계로 태어나면 입에서 떠나고, 축생계로 태어나면 요도에서 떠난다고 한다. 또한 인간계에 태어나면 눈에서 떠나고, 욕계의 천신으로 태어나면 배꼽에서 떠나고, 색계의 천신으로 태어나면 미간에서 떠나고, 무색계에 태어나게 되면 그 의식이 정수리에서 떠난다고 하고 있다.

의식이 택하는 육신의 통로에 따라 우리가 다시 태어나게 되는 존재의 영역이 결정된다는 것이다. 의식이 정수리에 있는 천

문泉門을 통해 빠져나가면, 우리가 점차적으로 깨달음에 나아갈 수 있는 순수한 영토에 다시 태어나게 된다고 이 경전에서는 말하고 있다.

이때 유족들이 유념해야 할 것은 흐느껴 울거나 통곡하고 영가가 전생에 못다 한 미련 등에 대해 큰소리로 얘기하지 말아야 한다.

임사체험자들의 증언을 들어보면 이때 너무 괴로웠다고 한다. 특히 젊어서 죽거나 갑작스런 죽음을 당했을 때, 가족들이 영가가 전생에 이루지 못한 일들을 열거하며 울부짖을 때 가장 힘들었다고 한다. 이때 영가는 제 갈 길을 잃어버리고 방황하다가 자신의 업과 상관없이 인연을 따라가게 되거나, 영혼이 가야 할 방향과 시기를 놓치고 계속 구천을 떠돌다가 망령이 되기도 하고, 남은 유족이나 영가와 관계없는 인연의 사람에게 빙의가 되어 괴롭히는 일이 발생할 수 있다.

『정법념처경』에는 유족자의 자세에 대해,

만약에 그 업이 움직이면 그 마음 또한 움직인다. 슬퍼하고, 울고, 곡하고, 읍하는 소리에 의해 업이 바람과 같이 치밀어서 다른 곳에 태어나게 된다. 그러므로 친족·형제들은 임종 시 슬퍼하거나, 읍하거나, 울거나, 곡하지 말아라. 영혼의 갈 길에 장애가 생긴다.

하고 이때는 축생이나 미물로 태어날 확률이 높다고 언급하고 있다.

이제부터 영가는 생소한 환상들을 체험하면서 여행을 하기 시작한다. 이때 인도자의 역량이 영가가 마음가짐을 단단히 할 수 있도록 해 준다. 깃털과 같은 영가는 친지들의 우는 모습이나 장례 절차를 지켜보기도 하고 궁금한 곳은 어디든 시공을 초월하여 누비고 다니지만 가족이나 친척들은 그를 보지 못한다.

뿐만 아니라 영가를 부르는 소리에 그가 대답하지만 가족들은 듣지 못하고, 오히려 슬픔과 집착을 가득 안고 떠나게 된다. 이승과 저승의 벽 때문이다. 이럴 때 영가는 빛과 소리와 현란한 색채들을 경험하면서 불안과 공포로 마음이 어지러울 수 있다.

『티벳 사자의 서』에서는 이때 실재의 과도기적 국면에 대한 가르침을 안내하도록 하고 있다. 인도자는 그가 이미 죽었다는 사실을 상기시키고 친척과 친구 등 관계라든지 이별의 슬픔이나 전생의 일 등이 모두 허망한 것이고 꿈이었음을 자꾸 억념토록 한다.

○○○영가이시여! 잘 들을지어다. 그대는 이제 죽음을 맞이하면서 광명을 인지하지 못했고, 그래서 실재계의 현 상태까지 흘러왔습니다. 마음을 흩뜨리지 말고 설명하는 것을 잘 들으시오. 그대는 지금 죽음의 경험을 하고 있습니다. 죽음은 그대만의 일이 아니고 이 세상 모든 사람에게 찾아오기 때문에 애착과 갈망을 포기해야만 합니다. 아무리 무서운 체험을 하더라도, 빛 속에서 천둥이 울리는 것보다 더한 큰소리가 들릴지라도, 그대 마음의 환영임을 알고 두려워하지 말고 무서워

하지 말지어다. 오직 그 빛만이 그대로 인도할 것이오. 그러니 안심하고 빛을 따라 그 속에 머무르십시오

라고 거듭 안내하고 어떤 소리나 현란한 색깔과 눈부신 빛도 영가를 해칠 수 없다는 것을 상기시키면서 무서운 체험들의 공포에서 벗어나도록 돕는다. 죽음의 순간부터 사후 일어나는 일들과 의식의 변화, 재생과정 등은 『티벳 사자의 서』에서 더욱 자세히 언급되어 있다.
　다음은 사후 마지막 과정인 환생에 대해 부처님의 가르침과 파드마삼바바의 증언으로 대신하고자 한다.

3) 환생 - 다시 태어나기

수행이 높거나 사후 세계를 인지하고 있거나 선업을 많이 지은 사람들은 바르도 상태를 거치지 않고 대자유의 세계에 들어서거나 바르도체(중음신, 영혼)가 육신을 이탈하자마자 원력으로 바로 인간으로 환생한다. 또한 악업을 많이 지은 자는 숨이 멎자마자 바로 악처에 떨어진다고 한다.
　죽음의 순간에도 해탈하지 못하고 오온이 흩어져 각자의 카르마에 따라 존재의 근원을 체험하면서도 본성을 찾지 못하고 이때까지 남아 있는 영가는 환생의 길을 찾게 된다.
　환생에는 경전에 나타난 문자적 해석과 문자에 담긴 감춰진

가르침을 해석하는 방법이 있다.

경전의 권위나 맹목적인 신앙이 아니라 참다운 지혜를 갖춘 영적 스승들은 문자 속에 감춰진 해석 방법을 더 강조한다. 그분들은 부처님께서 말씀하신 전생을 기억하는 방법들을 성공적으로 터득하고, 죽음과 환생의 과정에서 실제로 무슨 일이 일어나는가를 볼 수 있는 명상능력을 갖춘 분들이다.

이러한 해석에 대해 성하, 달라이라마께서는 다음과 같이 말씀하셨다.

붓다에게는 일반적 수준이 없습니다. 어떤 사람들에게는 심지어 지금 이 시간에도 붓다께서 직접 가르침을 내리고 다른 사람을 통해 모습을 나타낼 수 있습니다. 한 예로 챈리시(관세음보살)는 붓다의 현시지요. (…) 티벳 역사에는 두 번째 수준의 이해가 중요치 않은 라마와 왕 같은 인물이 많습니다. 그들은 평범한 사람들이기 때문에 일반적인 차원만 있지요. 그러나 티벳 역사에는 특출한 사람이 몇몇 있습니다. 그들에게만큼은 그들의 삶에 대한 두 가지 수준의 뜻과 이해, 각기 다른 두 가지 수준의 현실이 있습니다. 하지만 오늘날에는 일반적인 부분이 좀 더 중요하지요. (…) 서양인들이 이해하기 어렵다는 것을 이해합니다. 그러나 우리 불자들에게는 경험과 믿음 수준에 따라 예수 그리스도의 부활을 설명하는 것이 어려운 일이 아닙니다. 우리는 두 가지 수준이 있다는 것을 알기 때문에 쉽게 받아들일 수 있지요. 불교의 관점에서 볼 때 두 번째 수준에서 예수 그리스도가 부활했다는 것을 인정하는 데에는 어려움이 없습니다. (…) 하지만 파드마삼바바를 둘러싸고 일어난 신비로운 사건들에 대해 동일한 선상에서 그것을 바라보는 그리스도 교인들은 거의 없을 것입니다. 하지만 사실입니다. 견해문제일 뿐이지요. 근원적인 신념은 다르지 않습니다.

- 『달라이라마가 들려주는 티베트 이야기』, 웅진 지식하우스

또 이와 같이 진정한 앎을 구하는 수행자에게 부처님께서는 다음과 같이 말씀하셨다.

만일 어떤 사람이 흘러간 날들의 무수히 많은 과거 생을 기억해 내고자 원한다면, 다시 말해 자신의 첫 번째 생, 두 번째 생, 세 번째 생, (…) 백 번째 생, 천 번째 생, 또는 십만 번째 생, 아니 우주 소멸의 시간만큼 무수한 생들과 우주 재생의 시간만큼 무수한 생들을, 소멸과 재생 둘 다의 기간을 합친 것만큼 무수한 생들을 기억하기를 원한다면, 그리하여 '그 장소에서 내 이름은 이러했고, 내 가족은 이러했으며, 내 신분계급은 이러했고, 내 생계는 이러했다. 내 고통과 편안함의 경험은 이러했고, 내 수명은 이러했다. 그리고 거기를 떠나 나는 다른 장소에서 또 다른 몸을 얻었다. 그때 내 이름은 이러했고, (…) 이렇듯 나는 흘러간 날들에 내가 잠시 머물렀던 무수한 생들을 기억할 수 있다.'라고 말할 수 있게 되기를 원한다면, 이와 같은 자기집중의 상태에서 마음을 어떤 목적에 붙들어 맬 때

그 목적은 이뤄지리라.

　　만일 그가 인간의 시력을 초월한 순수한 천인의 시력[天眼]으로, 한 존재상태에서 다른 존재상태로 끝없이 몸을 바꿔가며 태어나는 중생들을 바라볼 수 있기를 원한다면, 다시 말해 자신들이 지은 카르마에 따라서 비천하거나 고귀하게, 또는 보기 좋거나 흉하게 또는 행복하거나 불행하게 형태를 바꿔가며 태어나는 중생들을 바라볼 수 있기를 원한다면, 이와 같은 자기 집중의 상태에서 마음을 어떤 목적에 붙들어 맬 때, 그 목적은 이뤄지리라.

-『앙구따라 니까야』

　　이 밖에도 부처님 열반 후 최초로 결집된 아함경전의 여러 곳에서 이와 마찬가지로 인간의 잠재의식 속에 담겨 있는 내용물을 기억해 내는 요가수행법을 부처님께서는 설하고 계신다.
　　잠재의식의 세계는 붓다의 심리학에서뿐 아니라 이제는 현대과학에서도 '숨겨져 있는 모든 것들의 거처'임이 증명되었다. 이처럼 실험과 관찰을 기반으로 하는 자연과학의 세계이해가 오직 명상만으로 이룩해 낸 불교적 세계관에 조금씩 접근해 가고 있다는 경험에 대해 우리들에게 불가사의한 것처럼 여겨지기도 하겠지만 이는 현실이다.
　　『티벳 사자의 서』를 저술한 파드마삼바바의 전기에서도 파드마삼바바가, 이후 제자가 된 만다라바 공주의 환생과정을 지켜보고 부처님의 가르침을 증명해 보이고 있다.

그는 깊은 선정 속에서 (한 줄기 광선이 되어) 우겐국의 서북쪽 사호르라는 곳으로 가서 왕비의 자궁 속으로 들어갔다. 그 자궁 속에는 자신을 만나기 위해 인간 세계로 오고 있는 여인(만다라바)이 있었다.

(…) 그녀는 본능적인 직관단계를 지나 자신의 영적인 유전자, 전생의 행위 결과에 따라 우주의 근본 요소인 지·수·화·풍·공地水火風空을 취해 존재를 구성하고 있었다. 몸과 마음이 만들어 지고 그것은 꿈속의 존재처럼 흔들리면서 축축한 자궁에 깃들어 조금씩 그 존재가 구체화되어 가고 있었다. 여섯 겹의 심장매듭을 중심으로 중추 신경계가 형성되고 있었다. 그는 그곳에서 붓다가 '환생을 통한 생자의 세계'를 설한 모습을 떠올렸다.

부모의 정기와 피가 화합하는 인과 연으로 말미암아 음처에 들어가 앉는 그녀의 모습은 꼭 푸른 풀 위에 의지한 벌레 같았다. 부모의 부정不淨에 의지하여 생기는 것이어서 땅의 요소가 앞에 나타나면서 딱딱한 성품이 되고, 물의 요소가 앞에 나타나면서 축축한 성품이 되고, 불의 요소가 나타나면서 따뜻한 성품이 되고, 바람의 요소가 앞에 나타나면서 움직이는 성품이 되고 있었다. 붓다가 설한 그대로 그녀는 태속에서 서른여덟 번의 칠일씩을 맞고 있었다.

그는 먼저 첫 칠일을 살펴보았다. 그녀는 막대기 같고 부스럼 같은 더러운 찌꺼기 위에 누워 있었다. 그 모습은 마치 냄비 속에 있는 것과 같았다. 몸과 의식이 한 곳에 같이 있었다. 그것이 왕성한 열熱에 볶이면서 극심한 고통을 받고 있었다. 그제야 부처님께서는 그 이름을 일러 갈라람羯羅藍(kalala의 음사어. 부모의 정자와 난자가 최초로 화합하여 응결한 상태, 모태에 입태入胎 이후 최초의 7일 동안을 말함)이라 하였다는 생각이 들었다.

　　부처님의 말씀대로 그 형상은 마치 죽의 즙汁과 같고 혹은 우유와 같았다(사진 2-1 참조). 이것이 칠일 동안에 안의 열에 끓여지고 삶아지면서 땅의 요소의 단단한 성품과 물의 요소의 축축한 성품과 불의 요소의 따뜻한 성품과 바람의 요소인 움직임의 성품이 비로소 나타나기 시작하고 있었다.

　　그는 또 두 번째 칠 일을 살펴보았다. (…) 그리고 연이어 세 번째, 네 번째 칠일, (…) 그렇게 그녀는 달을 채워 인간으로 태어났다.

- 『파드마삼바바』, 민음사

　　파드마삼바바는 선정 속에서 그녀를 살피면서 때로 한 무리의 박복한 다른 중음신들의 환생과정을 보기도 하였다. 그 영혼들은 어머니의 뱃속에서 가로로 있거나 혹은 거꾸로 있기도 하였다. 전생에 지은 업의 인연의 힘 때문이었다. 그리고 그 태아의 어머니가 먹은 음식과 언행에 따라 잘 조화되지 못하고 그런 모습들을 하거나 태아가 고통을 받고 또한 바르게 나오지 못하였다.

　　그러나 어떤 영혼들은 바른 기억으로 태 속으로 들어가고, 바른 기억으로 머무르며 바른 기억으로 나오는 것이었다.

여기에 나오는 만다라바와 파드마삼바바 사이에 얽힌 설화이다.

만다라바는 사울국(인도 북부지방)의 공주였다. 그녀의 미모는 주변국의 왕자들에게 수많은 청혼이 있었으므로 짐작할 만하다. 그녀는 이런 저런 이유를 들어가며 밀려드는 청혼을 다 거절하고 오직 출가를 하겠다고 아버지인 왕을 졸랐다. 왕은 할 수 없이 출가 대신 수행은 할 수 있도록 허락을 하고, 시녀들에게 그 주변에서 보필하고 지키도록 하였다.

파드마삼바바는 만다라바가 사울국의 왕비의 몸 속으로 잉태하는 것에서부터 축복 속에 공주로 태어나 성장하는 과정을 계속 지켜보았다. 바야흐로 공주가 성인이 되고 왕의 보호하에 본격적인 수행을 하게 되었다. 그녀가 거의 모든 요가를 마스터하자, 파드마삼바바는 그녀가 수행하는 동굴에 밤마다 나타나서 딴뜨라 불교(『티벳 사자의 서』 2의 4) 『티벳 사자의 서』 혈맥 참조)의 최고 수행법인 '족첸Dzogchen' 수행의 가르침을 전수했다.

족첸 수행이란 중생이 곧 부처라는 것을 깨달아 본연의 자성광명과 지혜에 바로 들어가서 안주하는 대원만수행으로, 위대한 완성이라고도 하며 직관적 가르침과 특히 마음의 본질에 대한 이해를 강조하는 수행이다.

공주가 밤이면 동굴 속에서 남자와 대화하는 소리는, 시녀들의 입을 통해 온 나라에 퍼져나가면서 마침내 왕의 귀에까지 들리기에 이른다. 왕은 공주가 수행을 한다는 핑계를 대고 동굴에 들어가 남자와 부정한 짓을 한 줄 오해하고 진노하여, 공주는 감옥에 가두고 파드마삼바바는 잡아다 화형시켰다.

(1-1) 파드마삼바바

그런데 칠일 밤낮을 태워도 몸에 불이 붙지 않더니 그 자리에 연못이 생기고 아름다운 연꽃이 피어났다. 그 연꽃 중앙에는 감옥에 가둬 두었던 만다라바와 파드마삼바바가 함께 있었다. 이 광경을 목격한 왕은 도인을 몰라본 죄를 뉘우치고 파드마삼바바를 모신 수레를 자신이 직접 끌었고, 왕의 복장으로 새 옷 한 벌을 바쳤다고 한다. 그래서 파드마삼바바는 화려하고 아름다운 왕의 복장을 하고 있다(사진 1-1 참조).

지금도 달람살라Dharamsala에서 차를 타고 6시간 정도 히말라야를 굽이굽이 돌아 이 도시에 가면, 강이 아름답게 흐르는 옛 고도이자 만다라바를 낳게 한 만디 왕국의 유적이 그대로 보존되어 아름다운 도시의 자태를 뽐내고 있다. 여기서 다시 아름답고 푸르디 푸른 산고개를 몇 개 더 넘으면 초뻬마(연꽃 호수)가 있는데(사진 1-2 참조), 그때 만디 공주와 파드마삼바바의 얽힌 설화를 가진 유적지가 그대로 보존되고 있으며 세계 도처에서 모여든 요기(수행자)들이 밤낮 없이 정진을 하고 있다.

『티벳 사자의 서』에서는 사후 49일 동안 니르바나에 도달할 수 있는 기회와 육도로 유혹하는 환영들이 동시에 나타난다고 하고 있다. 이 경전에서는 이때 '육도'의 어떠한 환영들이 나타날지라도 따라가거나 집착해서는 안 된다고 하고 있다. 만약 그것을 좋아하고 탐착하게 되면 육도에 윤회하게 되고 무량한 고통을 받게 되기 때문이다. 이 책의 '제 3장 2의 1)『티벳 사자의 서』에 등장하는 중요한 의식절차'에서는 이 기간 동안 자궁을 막는 방법

(1-2) **초뻬마** _ 바위와 나무 밑에 77개 암자에서 77명의 비구니스님들이 정진하고 있다.

과, 영가에게 남아있는 해방의 가능성을 발견하여 실현토록 인도하는 방법 등을 설명하고 있다.

이와 같은 여러 과정과 정황들로 볼 때 『티벳 사자의 서』에 담긴 사상은 아함부에 그 기초를 두고 있으며 부처님의 가르침에서 벗어나지 않는다는 사실을 알 수 있다.

또 '환생'의 개념은 현대물리학의 '에너지 보존의 법칙'과도 연관되어 있다. 한 번 에너지가 생성되면 에너지 형태가 바뀌거나 한 물체에서 다른 물체로 에너지가 옮겨갈 때, 항상 계 전체의 에너지 총량은 변하지 않고 순환한다는 법칙이다. 비슷한 원리에 따라 의식이 우주를 구성하는데, 우리는 공간이나 에너지 의식을 파괴할 수 없다.

2. 빙의된 영가 천도

지금까지 죽음으로 향하는 여행을 떠나기 전에 갖추고 인지해야 할 가르침과 사후 우리의 몸을 지탱하고 있던 요소들이 우주 속으로 흡입되면서 일어나는 현상들, 그리고 환생의 길 등을 들여다보았다.

이 장에서는 생성 바르도의 상태라고 불리는 49일 동안 환생을 하려는 중음신에게 마지막으로 최대한 좋은 곳으로 인도하는 것과, 이 기회까지도 놓쳐버린 영혼들의 천도를 위한 가르침을 살펴보겠다.

영가 천도를 왜 하여야 하는지를 이해하려면 먼저 중유中有(또는 中陰身, 영혼, 넋, 바르도체)에 대한 충분한 학습이 있어야 할 것이다.

중유中有란 이 생을 끝내고 다음 생을 받을 때까지의 중간 존재를 말한다.

먼저 중유의 수명을 보면, 대체로 77일로서 49일 동안 머문다는 설이 지배적이지만, 환생을 구하는 본능 때문에 오랫동안 머물지 않는다는 설이 있고, 탄생의 조건을 갖추지 못하면 구비될 때까지 머물게 됨으로써 기간이 정해짐이 없다고도 하고 있다.

다음으로 중유의 색은 허공에 투명하게 있는데, 선업자는 투명한 하얀 색을, 악업자는 투명하지만 거므스레한 색을 띤다고 한다.

중유의 의식은 소아 5, 6세의 근기를 갖고 있다고 『구사론』에 기록되어 있으나 『티벳 사자의 서』에서는 9배 이상이라 하고 있다.

중유의 다른 이름과 의미는 역할에 따라 의성意成과 구생求生, 식향食香이 있다. 의성은 전생의 의식(업)에 의해 내생을 갖는다는 의미이며, 구생은 업력에 의해 어디에 태어날 것인가를 기쁜 마음으로 찾아다니는데, 여기에는 중생의 성(성욕)적인 마음이 작용하고, 식향은 향을 섭취하면서 다음 생을 기다리는 것을 말한다.

또한 『잡아비담심론』에서는,

> 중유는 모든 감각기관을 구비하고 있으며, 중유의 음식은 선업자는 깨끗한 꽃이나 열매, 음식 등의 가볍고 묘한 향기를, 악업자는 변이나 악취가 나는 음식 등의 향기를 맡고 산다. 중유의 육안은 천리안을 가지고 있으며, 인연을 찾을 때의 모습은 선업자의 경우 천상에 태어날 자는 머리를 위로 하고, 사람으로 태어날 자는 머리를 옆이나 밑으로 보면서 인연을 찾는다. 그리고 악업자는 좌·우를 보지 못하고 눈으로 아래를 보면서 맑다고 하여 얼굴을 복면으로 덮고서(모든 것을 올바로 보지 못하게 됨) 인연을 찾는다.

라고 하고 있다.

『티벳 사자의 서』에서는, 생성 바르도의 상태에서는 다시 태어나는 시간이 점점 다가올수록 물리적 육체의 토대를 더욱 갈망하게 되고, 환생을 가능하게 하는 누군가를 찾게 된다고 말하고 있다.

깊은 명상 체험을 통해 투시력이 열린 사람은 이처럼 바르도 세계를 돌아다니는 많은 여행자들과 만나 한순간 대화할 수 있는데, 이 부분은 앞서, '1의 3. 환생'에서 설명한 바 있다.

> 생성 바르도의 지속기간은 평균적으로 49일이며, 최소한의 지속기간도 1주일이라고 하나, 사람의 수명이 다르듯 생성 바르도의 지속기간도 각양각색이다. 어떤 사람은 이 바르도에 달라붙어 유령이나 망령이 될 수도 있다.
> 　바르도 기간 중 존재의 여섯 가지 세계인 천상·아수라·인간·지옥·아귀·축생의 다양한 색의 빛이 비치게 되고, 어느 한 빛에 끌리게 되면 다시 되돌리기란 지극히 어렵다.

고 이 경전에서는 말하고 있다.
이때 영가가 특정한 세상에 대해 강렬하게 욕심을 내어 갈망하게 되면 그곳을 향해 본능적으로 끌려가게 된다고 한다. 『티벳 사자의 서』에서는 이 즈음에 다시 태어나기를 갈망한 나머지 축생으로 태어나는 조짐인 동굴이든, 지옥으로 가는 문인 어두컴컴한 곳이든 안전해 보이는 곳이라면 어디라도 달려갈지 모르는 위험이 크다고 경고하고 있다.

또한 혼동을 일으켜 심지어 좋은 탄생지를 나쁜 곳으로, 나쁜 탄생 장소를 좋은 곳으로 착각할 수도 있다. 하지만 무슨 일이 일어나고 있는 것인지를 의식한다면, 그 의식이 즉각 실제로 영향을 미쳐 중유의 운명이 변할 수 있다고 한다.

그래서 49재를 지내주는 것이다. 이 기간 동안 재를 지내드리면서 명료한 음성으로 정성을 다해 영가가 가르침에 집중하여 니르바나에 이르도록 하거나, 최대한 좋은 인간의 몸을 받도록 인도해 주는 것이다.

　이상의 가르침들을 볼 때, 사후 49일의 기간이 얼마나 중요한 것인가, 또 어떤 마음자세와 가르침으로 스승과 유족들이 영가를 위해 사십구재四十九齋를 엄수해야 하는가를 우리는 깊이 사유해야 한다. 다행히도 이 기간 동안 가장 큰 희망은 영혼의 의식이 명료하고, 시공을 초월한 움직임과 투시력으로 인해 살아있는 사람이 베푸는 도움을 특별히 잘 받아들인다는 것이다. 때문에 스승들은 아무 육체적 형상이나 토대가 없는 영혼을 이 기간 동안에 인도하기란 매우 쉽다고 말하고 있다. 생성 바르도 상태인 49일 중 21일은 특히 죽은 사람이 이 생生과 보다 강하게 이어져 있기 때문에 산 자들이 베푸는 도움 덕분에 좀 더 나은 환생의 가능성이 있다는 것이다.

　그 가능성의 길은 첫 번째 바르도 상태에서 가르침의 안내에 따라, 두 번째는 중유 스스로의 발원에 의해서, 세 번째는 유족들이 영가를 위해 선업을 대신 지어주는 경우 중유의 몸을 바꿀 수 있다. 특히 중유의 유정이 7일 안에 탄생의 조건을 얻지 못하면 49일까지 정성껏 공양을 올리고 구원을 청하는 한편 선근을 널리 심어주면, 그 도움으로 인해 탄생의 장소가 좋은 곳으로 작용을 하게 된다고 한다.

　하지만 죽은 사람을 돕는 것이 49일에만 한정되지는 않는다.

아무리 오래 전에 죽었다 할지라도 이미 죽은 사람을 돕는 일은 결코 늦지 않다. 왜냐하면 아무리 오래 전에 죽었을 지라도, 수많은 윤회과정 동안 쌓인 부정한 업을 제거할 수 있기 때문에 영가들을 위한 의식과 수행은 언제든지 유익할 것이다.

영가 천도는 첫 번째로 죽음의 순간과 사후 곧바로 해탈의 길로 인도하기 위한 안내가 있고, 두 번째로는 죽음 이후 49일 안에 영혼이 해탈에 이르게 하거나 바르게 환생하기 위한 천도가 있다. 그러나 이러한 정성스러운 인도에도 불구하고 중음신이 업이 많고 전생의 강한 집착으로 해탈과 환생 등의 기회를 모두 놓치고 방황하기도 한다. 또 임종에서부터 사후 가르침에 대한 안내를 받을 수 있는 기회마저 없거나 천도의 인연까지도 없는 영가들이 우리 주변에는 훨씬 더 많다. 이러한 영혼들이 환생의 기회까지도 놓치고 떠돌다가 인연 있는 친족이나 가까운 친구 등 다른 사람의 몸에 의지한 상태가 곧 빙의이다. 이때 즉 빙의된 영가를 천도하는 방법이 있다.

먼저 죽음의 순간과 사후 곧바로 해탈에 이르게 하는 과정은 '1.임종에서부터 다시 태어나기'에서 설명하였다. 또한 전생의 카르마에 의한 연으로 기회를 놓치고 49일 동안 환생을 갈구하는 기간에 대해서도 앞서 설명했듯이 『티벳 사자의 서』에서 자세히 그 과정과 방법을 제시해 놓았다. 세 번째의 경우는 이미 환생의 기회를 놓친 상태이므로 특별히 정성을 기울이지 않으면 천도하기가 어렵다. 그래서 여기서는 빙의에 대해 먼저 알아보고 천도하는 방법을 알아 보도록 하겠다.

1) 빙의

빙의란 영혼이나 강력한 힘이 사람에게 침투하여 기대거나 의지함으로써 삶의 전반이나 특정 증상에 영향을 주고 있는 상태를 말한다. 세계보건기구인 WHO에서도 이런 환자를 '빙의상태', '빙의장애'라고 하고, 이에 따른 해결 방안을 연구 중이다. 그만큼 갈수록 빙의로 인한 환자의 유형이 많다는 증거이다. 이런 사람들은 대개 "내 안에 다른 누가 있는 것 같다." "다른 어떤 힘 때문에 내가 나를 조종할 수 없다." "누군가 내 머리 속에서 얘기한다."는 등의 증상을 호소한다.

때로는 환각과 악몽에 시달리고 자주 가위눌리거나, 강박적 망상이나 우울증상도 나타나고 상식으로 이해하기 힘든 초현상이나 초능력을 보이기도 한다. 이들은 대체로 어떤 강한 힘에 지배되어, 자신의 의도와 상관없이 언행을 하거나 보이지 않는 힘에 조종되어 비정상적으로 움직이기도 한다.

그렇다면 몸과 정신이 어떤 상태일 때, 어떤 환경에 처했을 때 빙의가 될 수 있을까?

빙의 현상은 수행자와 비수행자(일반인) 간에 나타나는 차이가 있다.

먼저 수행자, 즉 공부하는 이는 육근六根·육진六塵의 부조화不調和에서 이러한 현상이 나타난다.

육근이란 감각기관으로 눈·귀·코·혀·몸·마음을 말한다. 육진은 육근을 통해 인식되는 빛·소리·냄새·맛·촉감·마음의 작용인 육경六境을 말한다. 눈으로는 빛을, 귀로는 소리를, 코로는 냄새를, 혀로는 맛을, 몸으로는 촉감을, 마음은 이것들을 인식하여 과거의 업력과 만나는 순간 반응한다. 그러므로 육경은 번뇌를 일으키는 외적 원인이기 때문에 진塵이라고 한다.

예를 들어 눈으로 꽃을 보고 보는 것으로 끝나는 것이 아니라, 보는 순간 꽃은 무슨 색상이고, 향기는 어떤 향기이며(…) 하면서 순식간에 꽃 하나로 세계를 가득 채우게 된다. 이와 같이 어떠한 사물을 보거나 듣거나 냄새를 맡거나 맛을 보거나 몸으로 촉감을 느끼거나 그것들은 육근을 의지해 마음이 작용하면서 망상이 찰나에 뒤덮게 되므로 육경을 '진塵'이라고 하는 것이다.

그럼 어떻게 근根·진塵의 조화를 이루어 깨달음으로 승화시킬 수 있을까? 그것은 알아차림(관觀, sati)으로 요약할 수 있다.

다시 말해 눈으로 보거나, 귀로 듣거나, 코·혀·몸으로 냄새와 맛과 촉감의 느낌이 있을 지라도 해석하지 않고 다만 나타나는 현상들을 알아차리면 된다. 그렇게 관조觀照할 때 알아차린 순간 사라지고 나타났다 사라지고 할 뿐이다.

그러나 이러한 균형을 잃고 육근을 통해 인식된 어느 하나에 초점을 맞추면, 그 망상에 끌려가게 된다. 끌린다는 것은 아뢰야식에 잠재해 있는 업력이 현상과 만나는 순간 해석되어지면서 수많은 장면이 펼쳐짐을 말한다. 그것은 즐거운 것일 수도, 괴로운 것일 수도, 짧거나 길게 이어질 수도 있다. 연출자는 업이고, 유일한 관객인 자신이 그것을 알아차리지 못하고 펼쳐지는 드라마를 즐기게 되면 끌려가게 되는 것이다. 만일 그것이 영가나 부정적인 것들이라면 빙의가 되는 것이다. 한편 공부하는 이가 신통이 조금 열린다 하여 거기에 흥미를 붙이면 이 또한 주파수를 거기에 맞추어 그 현상계에서 벗어나기 어렵게 되기 때문에 귀신의 장난이나 마장이라고 한 것이다.

 연기적緣起的 관점에서 육근을 통해 들어오는 대상들과 업력이 만나는 순간, 결합되지 않도록 단속하는 것은 오직 깨어 있는 가운데 알아차리는 것밖에 없다. 그렇게 알아차리는 힘이 강해질 때 육근을 통해 어떠한 대상들과 부딪치게 되더라도 마음이 보호된다. 알아차리는 마음이 성성적적하게 유지될 때 윤회가 멈추고 부처님께서 말씀하신 '연기'가 없는 삶을 살게 되는 것이다.

 『능엄경』의 변마장辨魔章에서 말하는 50마魔도 관조해 보면 응집력이 강해 기운이 넘치는 데서 온다. 다시 말해 외도들의 수행방법인 정定만 강화시키고 혜慧를 발전시키지 못함에서 온 것이다. 때문에 수행자에게 있어서 정定·혜慧의 병행은 필수적이다. 정·혜를 균형있게 공부하는 방법에 대해서는 이 책의 마지막 장 '니르바나로'에서 그 방법과 체험으로 다루고 있다.

 다음으로 일반인의 경우 근根, 즉 한恨이 응어리져서 풀리지 못하고 사무치거나, 반대로 무기력한 사람들에게 귀신의 장난이 있게 된다. 일반인이 빙의가 된 경우 잠재의식 속에 잠겨있는 내용물들을 꺼내어 원인을 분석해 보면 이성에 대한 불만족이 거의 대부분이다. 원한이나 미움이 사무치게 되면 더욱 강하게 드러난다. 특히 일반인에게 있어서 한과 같은 응집의 원인은 소통 불화에서 온다. 재물욕·색욕·식욕·명예욕·수면욕 등 오욕이 근에 응집해서 어느 한 부분의 한이 치솟을 때 마장이 오게 되어 있다.

또 무기력한 사람이 예기치 않은 뜻밖의 현상이나 형체(공동묘지나 상갓집, 또는 영가의 에너지가 있을 만한 곳 등)를 목격하게 되었을 때, 일시에 음습한 기운이 덮쳐 온몸에 전율을 느끼면서 등골이 오싹해지거나 간담이 서늘해지고, 머리가 쭈뼛해진다. 동시에 사지에 힘이 쭉 빠지고, 귀에서는 이상한 소리가 들리며 헛것을 보고 헛소리를 내는 등의 이상 현상이 나타난다.

또한 강한 사기邪氣가 넘치는 곳에 갔을 때, 갑자기 어지러운 현기증을 느끼기도 한다. 영혼이 갈 길을 잃고 헤매거나 인연처를 찾아 떠돌다가 머물기 적당한 장소나 사람을 만나게 되면 미혹한 영체를 그곳에 숨기게 된다. 이러한 장소는 악령의 영향으로 그곳에 사는 사람 또한 귀신에 홀린 상태가 되어 평소와는 전혀 다른 사람으로 돌변하게 된다.

이런 장소에서 사기가 느껴질 때 어떻게 대처해야 하는 가는 이 책 마지막장 '니르바나로, 10) 명상을 하다가 귀신이 보이거나…'에서 언급하고 있다.

빙의된 사람의 경우 제3의 영적 지배 내지 간섭으로, 자신의 정체성을 상실하게 되고, 스스로 자신의 심신을 통제할 수 없게 되며 자신의 의지와 상관없는 이상행동, 괴벽, 정서불안, 우울증, 정신분열증 등의 증세를 보이면서 생활에도 많은 장애를 가져온다. 불교의 연기적 관점에서 보면 이는 빙의된 이가 균형을 잃고 자꾸 초점(텔레파시)을 그쪽에 맞추고 있다고 볼 수 있다.

앞서 말했듯이 균형을 잃었다는 것은 한이 응어리지거나 무기력 등의 상태를 말한다.

현대의학에서는 우울증이나 정신분열증세를 보이는 환자의 문제를 규칙적인 운동과 명상으로도 해결할 수 있다고 하고 있다. 우울증이나 부정적인 병은 도파민, 세로토닌, 노아에피네프린 등의 뇌의 신경전달물질에 이상이 생겨 발생하는 뇌질환으로, 명상이나 운동, 대화, 일광욕 등에서 그 해결책을 찾고 있다. 명상을 하면 이러한 신경전달물질이 저절로 해결되기 때문이다. 이에 대해서는 '삶과 죽음, 2의 2)명상 중 바르도의 흐름'에서 뇌파검사를 통해 그 결과를 말하고 있다. 우리가 매일 108배만 꾸준히 해도 이런 부정적인 문제들에서 항상 자유로울 수 있다. 무엇보다도 당사자 스스로 해결하려는 의지를 갖고 노력하는 것이 가장 중요한 일이라 할 수 있을 것이다.

어떤 경우든 빙의가 되었을 때 당사자가 고통 받고 생활의 여러 부분에서 장애를 겪는 것은 분명한 사실이다.

이렇게 볼 때 빙의에 의해 고통 받는 당사자도 정상적인 삶을 회복할 수 있어야 하겠지만, 빙의된 영가 역시 치료의 대상이다. 왜냐하면 업연으로 인해 사후 갈 길을 잃은 영혼들이 오랜 세월 방황하고 있기 때문이다.

이런 유형의 빙의된 영가들은 전생의 기억 등을 통한 설득과 위로의 과정을 거쳐 모두가 함께 새로워 질 수 있는 기회를 갖고 깨달음의 세계로 인도하는 것이 바람직하다 하겠다. 즉 원인을 알고 병을 다스려야 한다.

동·서양의 의학계에서도 이미 일반적인 정신질환으로 치료가 불가능한 환자에 대해 '영적치료靈的治療'를 하고 있다. 서양의 정신의학계에서도 상당수의 정신질환자가 빙의된 현상이라는 통계조사 자료가 발표되기도 하였다.

정신과 의사이자 심리학의 거장인 프로이트(1856~1939)와 칼 구스타프 융(1875~1961)은 20세기 초에 이미 최면을 통해 환자의 무의식 세계를 열어보았다. 그리고 병의 근원을 사후세계나 윤회, 전생으로까지 연계하여 접근하고 근원적 치료를 시도하기도 했다.

종교적인 차원의 빙의퇴치 의식에는 불교의 구병시식救病施食 또는 천도재薦度齋가 있고, 기독교의 안수기도와 천주교의 퇴마의식 등이 있다. 안수기도나 퇴마의식은 퇴마사退魔師가 악령을 쫓는 의식을 말한다. 사람의 몸에 접신接神된 영혼을 사탄처럼 여기고, 핍박해서 내쫓아야 할 대상으로 인식하고, 성령의 힘으로 사탄과 같은 귀신을 내쫓거나 없애버리는 의식이다.

불교에서 행하는 천도는 죽은 이의 명복을 빌기 위해 불·보살님께 재를 올려 영혼들로 하여금 정토에 태어나도록 기원하고 제도하는 법식이다. 또한 구병시식은 구명시식救命施食이라고도 하는데, 빙의로 인한 환자를 치유하기 위한 의식을 말한다. 이는 영혼이나 귀신, 특히 병을 옮겨 다니는 책주귀신責主鬼神에게 음식을 베풀고 경문을 읽는 의례로 삼보를 청하고 순서에 따른 의식을 한 다음, 팥을 뿌려 빙의된 자에게 다시는 접신을 하지 못하도록 함과 동시에, 영혼을 선처善處에 태어나도록 제도하는 시식의례이다.

이 외에도 무속인에 의한 영가천도 굿 등은 접신된 영가의 한을 풀어주고 영혼의 세계로 인도하는 의식으로 다루어지고 있다.

그러나 영혼을 떠나보내기 위한 나름대로의 노력에도 불구하고 빙의된 영가는 영가 전생의 업에 따라 쉽게 천도할 수 있는 영혼이 있는 반면, 그 성격이 포악하고 고집이 센 영가의 경우 단 한번에 천도하기가 어렵다. 무엇보다도 빙의된 자의 노력 여하에 따라 그 결과는 뚜렷하게 달라진다. 그러므로 영혼의 형태나 성격상 무작정 쫓는 것은 옳은 방법이라 할 수 없을 것이다.

다음은 명상 속에서 『티벳 사자의 서』와 유사한 방법으로 영가를 천도하는 방법을 들여다보겠다.

2) 천도하기

사후 49일간 해탈이나 환생의 기회도 모두 놓치고 망령이 되어 다른 사람의 몸에 빙의된 영혼을 다음과 같은 방식으로도 천도하고 있다.

먼저 안내자의 도움으로 당사자의 심신을 이완시킨다. 여기서 안내자란 영적 능력을 갖춘 자격 있는 스승을 말한다.

몸이 이완되면 마음의 긴장을 풀게 한 후, 점점 깊은 삼매의 단계로 안내해 간다. 이 과정까지 안내자의 역량이 삼매의 깊이를 좌우하여 잠재의식 속에 감추어진 내용물들을 꺼낼 수 있다.

안내자의 지시를 받으면서 마음의 눈으로 자신의 내부를 투시하도록 하여 세밀하게 점검토록 한다.

신체의 어느 부분에 영가가 의지하고 있는지를 찾게 하고, 영가가 발견되면 안내자가 영가와 대화를 나눠본다. 이때 영가가 의지하고 있는 부분의 신체가 몹시 아픈 경우도 있다. 발견된 영가가 또렷이 나타나면, 외부에서 들어온 영가인지 영가가 접신된 것으로 착각하는 가영假靈인지 등을 확인하고, 빙의된 시점, 빙의된 목적과 영가의 생전시 환경 등을 자연스럽게 대화해 본다.

이때 영가의 성별과 나이, 그리고 성격에 따라 전생 그대로의 음성으로 대화를 하거나 서글펐던 한 맺힌 삶을 회상하면서 울기도 한다. 안내자는 계속 도움을 주면서, 사망시의 상태 등을 확인하고 더듬어 거슬러 올라가보기도 하고, 10년 20년 등 사이를 두고 건너뛰어 보게도 한다. 그러다가 죽었을 때의 기억으로 되돌려 왜 가야 할 길로 가지 못했는지를 점검하면 할 일이 남았다든가, 가는 길을 몰라서, 업이 두터운 등의 이유가 대부분이다.

영가가 아직까지 가야 할 길을 못 간 사연의 대화를 다 마치고 나면, 영가가 충분히 이해할 때까지 부처님의 가르침[無常]에 대한 설명을 해 주고서, 영가가 제 길을 가겠다는 확신의 대답이 있을 때, 빛의 길을 열어 안내해 준다.

그런데 빙의가 오래된 경우, 자신을 잃어버린 채 영가의 패턴대로 살아온 습성 때문에 간혹 자신의 몸에서 영가를 떠나보내지 않으려 하는 경우도 있다. 이때는 시간을 충분히 갖고, 영가가 사람의 몸에 의지하고 있을 때의 해로움과 영가를 바른 길로 천도하고 난 이후의 유익함을 잘 설명하여, 영혼이 바르게 천도될 수 있도록 해야 한다. 이렇게 될 때 안내자가 제시한 포근하고 찬란한 황금빛 속으로 들어가게 된다.

이는 『티벳 사자의 서』에서 보여주는 방법과 거의 같다. 임종자가 죽음의 여행을 시작하면서 바로 마음의 본성에서 나온 근원의 밝은 빛을 보게 되는데, 그 빛 속으로 들어가면 바로 가는 길이다. 또한 죽음의 순간 이런 기회를 놓쳤더라도 하루, 이틀, 삼일, (…) 49일까지 스승이나 도반의 안내로 빛의 길을 찾아갈 수 있다.

하지만 전생의 카르마에 휘둘려 구천을 떠돌다가 다른 사람의 몸에 빙의된 영가는 이런 기회를 이미 놓친 것이다. 그러나 다시 해탈하거나 환생할 수 있는 길로 안내할 수 있는 영성을 개발한 자격 있는 스승을 만나게 되면, 영가에게는 다시 기회가 될 수 있다. 능력 있는 스승이 영가가 선처善處로 갈 수 있는 빛 길을 빙의된 자에게 연결해 주면 영가가 황금빛 찬란한 섬광 속으로 녹아 들어가 방황은 끝이 난다.

이렇게 영가가 천도되면 빙의가 되었던 당사자는 몸과 마음이 한 꺼풀 벗어진 듯 가볍고 밝은 기분으로 되돌아 와서 건강한 모습으로 살아가게 된다.

그러나 때로는 영가의 패턴대로 살다가, 달라진 자신의 삶이 어색하고 변화를 두려워한 나머지 다시 영가에게 주파수를 맞추는 경우가 있다. 그러면 또다시 다른 영가가 그의 몸에 접신이 될 수 있다.

왜냐하면 우주는 유정의 업력으로 충만해 있기 때문이다. 이는 우리가 어떤 에너지를 끌어다 쓰느냐에 따라 그것이 자신의 것이 된다는 의미다. 다시 말해 불보살님의 에너지에 주파수를 맞추면 그분들의 가피를 입게 되고, 악령에 초점을 맞추면 악령이 내 몸에 접신된다. 뿐만 아니라 긍정적인 생각을 한다는 것은 긍정정인 것들에 주파수를 맞추는 것이고, 이와 반대로 부정적인 사고는 부정의 업력에 초점을 맞춘다고 할 수 있다. 이는 마치 우리가 TV의 채널이나 라디오의 정해진 주파수에 작동하면 그 채널이 켜지는 것과 같고, 위성에서 송신을 보내듯 그렇게 생각한 대로 이루어지고 영향을 미치게 되어있다.

　　우리가 항상 긍정적으로 살아야 하는 이유가 여기에 있다. 우리들이 유령이나 귀신이라 부르는 비인非人에 대해서, 우리들 눈에 보인다고 인정하고 눈에 보이지 않는다고 인정하지 않으면 안 된다고 부처님께서는 말씀하셨다. 보이는 존재만이 아니라 보이지 않는 우주의 무한한 유정·무정에 대한 자비심의 가르침을 우리는 깊이 새겨 사유하고 실천해야 한다.

자비의 진실한 힘으로 해로움 없이 널리 평안하게 하소서.
(2008. 8. 4 달라이라마)

삶과 죽음에서 의식의 변화

삶과 죽음에서 의식의 변화
바르도의 흐름

이 장에서는 임사체험자들이 죽음의 과정을 증언함으로써 앞장에서 말한 사실들과 『티벳 사자의 서』의 가르침들이 저절로 드러나게 될 것이다. 또한 죽음 이후 다시 환생하기까지의 기간인 '바르도'의 상황이 죽음 이후뿐 아니라, 우리의 삶 전반에 끊임없이 전개되고 있는 과정을 여러 각도로 조명해 보고, 그 삶의 결과가 사후 바르도에서 어떤 체험을 하고, 그 흐름이 출생으로 어떻게 이어지는지 보겠다. 그리고 후반부에서는 질의응답의 형식으로 이 가르침을 보다 쉽게 풀어보고자 한다.

1. 임사체험과 증언

1) 임사체험

임사체험이란 임상적으로 죽었다고 판단되었지만 후에 다시 살아난 사람들이 겪은 체험을 말한다. 죽음을 잘 준비한 소수를 제외하고, 대부분의 사람들은 의식 불명의 고통스런 상태에서 죽음을 맞이한다. 이들은 주변 상황에 대해 우리가 생각하는 것보다 훨씬 더 많이 의식하고 있다고 한다.

　많은 임사체험자들은 유체에서 이탈했던 경험을 얘기하는데, 주변상황에 대해 놀라울 정도로 정확하고 자세하게 설명하고 있다. 이들의 증언은 죽어가는 사람들에게 긍정적인 말로 안정을 되찾게 하여 주는 것과 사후에 일어날 현상에 대한 가르침들이 왜 중요한 것인지를 말해주고 있기도 하다.

　다음은 죽음의 단계를 어느 정도 경험한 사람들의 증언이다.

2) 임사체험에 관한 증언

• ── (1) 정진화 씨의 증언

"사람이 죽으면 끝인가, 아니면 영혼이 있어, 다른 세상으로 다시 태어나는가? 분명 끝은 아니지요. 다른 어딘가의 세계로 분명 태어난다고 믿어요."

임사체험 후 그의 생각은 이렇게 바뀌었다.

그가 25살 때다. 그는 그 지방 조직폭력배의 두목이었으며 학교를 다니지 못하였고, 평소 성격이 난폭했다. 그러나 그는 가족에게는 따뜻하고 친절한 남편이자 아버지였다. 정씨는 그 때의 필름을 이렇게 되돌렸다.

"결혼생활 2년쯤 되었다. 첫 아이를 병원에서 낳고 일주일째 되던 날 퇴원을 하게 되었다. 나는 가족이 생겼다는 기쁨과 희망을 가득 안고, 집사람과 딸을 승용차에 태우고 신나게 운전을 하고 달리던 중, 그만 플라타너스 나무를 정면으로 들이 받았다. 그 이후부터는 아무 기억도 나지 않는다.

이후 목격자들의 증언을 들어보니 당시 차는 형체도 없이 조각났고, 갓난아기는 하늘에 '붕' 떴다가 떨어졌는데 포대기에 싸진 채로 다친 곳이 없이 그대로 살아났으며 나와 아기 엄마는 병원으로 옮겨졌다 한다.

사고 후 5일 만에 의식이 돌아왔다. 그러고도 며칠 동안 정신이 오락가락할 때면 후배들이 '형님, 형수님과 아기는 아무렇지도 않고 살아 있으니 걱정 마십시오. 형님만 건강을 회복하시면 됩니다.'라고 했지만 나는 그들이 거짓말을 하고 있다는 것만은 확실히 알 수 있었다. 사고의 기억은 나지 않지만 집사람과 헤어진 기억만은 지금도 잊을 수가 없기 때문이다.

넓은 벌판에 오색 찬란한 꽃이 빽빽이 피어 있는데 한없이 맑고 깨끗한 색상이었다. 색 하나하나에서 밝은 빛이 너무도 아름답고 표현할 수 없을 정도로 눈이 부셨다. 나와 집사람이 그 꽃이 있는 곳으로 손을 잡고 가다가 어느 순간 애 엄마가 내 손을 놓아 버렸다.

그리고는 혼자서 선녀처럼 가는데 내가 쫓아가자 '당신은 오지 말라'고 손을 내저으면서 날아가듯 뛰어넘듯 그 꽃밭 속으로 가고 있었다. 그 가는 모습이 마치 선녀 같았고, 행복하게 웃는 모습은 전에 보지 못했던 표정이었다. 내가 아무리 쫓아가려 해도 집사람과는 점점 멀어졌고 천둥치는 소리가 나서 보니 병원이었다.

그리고 정신이 들면서 부인이 죽었다는 생각이 들었다. 이후 깨고 죽기를 수없이 했어도 그 영상을 잊을 수 없었다."

그는 사고 당시 몸이 70%정도 망가졌지만 지금은 거의 건강을 회복했고, 포악했던 성격은 간데없이 자선사업을 하고 있다. 뿐만 아니라 불교에 심취해 열심히 기도하고 청소년을 선도하는 등 과거와는 정 반대의 삶을 살아가고 있다.

• —— (2)김영국 씨의 증언

다음은 B 건설회사 사장으로 일하고 있는 50대 후반의 김영국 씨의 증언이다.

김영국 씨를 처음 만나 식사를 함께 하게 되었는데 그의 눈과 얼굴, 그리고 언행이 한 인생의 꺼풀을 벗은, 깨달음을 경험한 이후의 충격이 있었던 사람 같았다. 내가 의문을 가지고 물었더니, 그는 놀라면서 사실이라며 그때의 일들을 증언하기 시작했다.

평소 심장이 건강하지 못한 그는 10년 전 어느 날 심장이 마비돼 의사로부터 '사망 선고'를 받았다고 한다.

"눈을 뜰 수 없을 만큼 밝은 빛이 나를 향해 쏘았다. 그 빛이 나를 삼킬 것 같아 혼비백산하고 도망갔다. 그런데 무시무시하게 사납고 큰 괴물 같은 것이 다시 앞에 서 있는 것을 본 순간 정신을 잃었다. 어느 순간 정신이 들어보니 내가 송장이 된 나의 시신을 지켜보고 있었다. 주변에서 시끄러운 소리가 나서 보니 조문객들이 줄을 지어 오고 있었다. 누가 어떤 표정으로 와서 무슨 말을 하는지 그대로 알 수 있었다. 오히려 사람들이 장례식을 지켜보고 있는 나를 몰라 볼 뿐이었다.

나의 친구들이 오자, 갑자기 어머니가 어디서 나오시더니 친구들을 붙들고 울다가, 부모보다 먼저 죽은 자식의 시신을 부둥켜안고 몸부림을 쳤다. '고생만 죽도록 하다가 이제 살만하니 어미는 남겨 놓고 이렇게 가면 되느냐. 이 불효자식아. 어서 털고 다시 일어나거라. 너를 보내고 내가 어떻게 산단 말이냐(…)' 내가 어머니를 잡아 당기며 그러시지 말라고 아무리 소리쳐도 내 목소리를 전달할 수가 없었다. 그러고 있는 사이 누나가 들어와 울기 시작하였다. '아이고 이놈아! 예전에 사업한다고 어려울 때에 내 돈 7천5백만원을 빌려가더니, 바쁘게 살다가 잊어먹고 그냥 갔느냐. 나는 어떡하라고(…)' 하면서 큰 소리로 억지로 울고 있었다. 누나에게 돈을 빌린 적이 없는 나는 화도 나고 집사람에게 미안하기도 하여, 누나를 말렸지만 소용이 없었다.

너무 괴로웠지만 이승과 저승의 세계가 다르기 때문에 내가 할 수 있는 것은 아무것도 없었다. 그저 미국으로 유학간 딸 생각이 나면 이미 미국에 있었고, 멀리 사는 친척이 궁금하면 바로 그곳으로 가서 안부를 확인할 수 있었다. 그러다가 어느 순간 장례식장이 생각나면 벌써 그곳에 와 있고, 시공을 초월하며 궁금한 곳을 누비고 다녔다.

어느 순간 하늘이 무너진 것만큼이나 큰 굉음과 동시에 엄청나게 밝은 빛이 비추었는데 눈을 떠보니 입관을 하기 위해 내 시신을 움직이며 부딪치는 소리였다. 입관 직전 깨어나니 장례식장의 모든 사람들이 소스라치게 놀랐다.

이후 누나를 찾아가 왜 없는 소리를 하며 울었느냐고 했더니 '동생이 그걸 어떻게 알아?(…) 사실 동생이 돈을 많이 벌어 놓고 갑자기 죽어버려서 동생 댁이 그 많은 돈을 혼자 쓰는 게 억울하고 아까워서 그랬네. 용서하소.' 하며 놀라움과 부끄러움과 미안함으로 어찌할 바를 몰랐다.

그리고 내가 궁금하여 들려본 미국의 딸이나 친척들은 사연은 달라도 모두 내가 찾아온 꿈을 꾸었다고 했다. 나는 이제 죽음이 두렵지 않다. 그 후 지금까지 매일매일 죽음을 준비하고 있기 때문이다."

이 사람은 일상생활이 수행일 만큼 많은 명상의 단련으로 하루하루를 참으로 잘 살고 있다.

• ── (3) 상륜 스님의 증언

이 분은 원로 비구니 큰스님이시며, 평생 수행자의 모습을 벗어나지 않은 언행으로, 승속을 떠나 모든 이들에게 존경을 받았다. 승가사의 어른스님이시며, 용인 법륜사의 창건주이신 상륜스님(향년 80세)의 임사체험을 전하고자 한다. (스님은 내가 이 원고를 쓰고 있는 기간에 열반에 드셨다.)

스님이 17살 때였다고 한다. 스님의 속가 집안은 대대로 내려온 선비집안으로 매우 부유하였다. 그런데 갑자기 귀한 딸이 죽어 온 집안이 충격에 휩싸였다. 스님은 이렇게 그때의 기억을 더듬으셨다.

"밤색 말을 타고 시커먼 옷을 입은 두 저승사자가 와서 나를 데려가는데, 그들은 말을 타고 가고 나는 걸어서 갔다. 저승이라는 곳에 도착하여 나를 문밖에다 세워 두고, 저승사자들이 염라대왕에게 나를 데려왔다고 보고하였다.

그런데 갑자기 염라대왕이 저승사자들에게 고함을 질렀다.

'그 울(울타리) 넘어 마흔 살 된 김 아무개를 데려오라고 했는데, 왜 엉뚱한 사람을 데려왔어. 이 바보들아!' 하는 소리가 들렸다.

조금 있다가 그들이 다시 나와서 나를 염라대왕 앞으로 데리고 갔는데, 죽음의 심판관 중 제일 높은 자리에 있는 염라대왕이 나를 빤히 쳐다보더니, '저승이라는 길을 오면서 다 살펴보아 알았겠지만, 자신이 전생에서 한 일들을 조금도 숨길 수가 없느니라. 자신이 전생에 착한 일을 한 것과 악한 일을 한 것에 따라 그 형벌이 정해지고, 천당이나 지옥이나 갈 길이 결정되는 것이다. 여기서는 자신을 조금이라도 숨기거나 속일 수 없다. 명경대라는 거울 앞에 세우면 살아온 모든 흔적이 남김없이 자동으로 비춰지기 때문이다. 그러니 돌아가거든 사람들에게 이곳에서 보고 들은 사실을 그대로 알려주면서, 죄짓지 말고 살라 하고, 너도 착한 일하고 잘 살거라.' 하였다.

염라대왕은 저승사자들에게 나를 다시 집까지 데려다 주고, 울 넘어 아저씨를 데리고 오라고 하였다.

저승은 각각의 역할이 있었는데, 처음에 그 사람의 업에 따른 무게를 재는 사람부터 시작하여, 선·악에 대한 과보의 양이 정해지면 그 과보를 응징하는 등 각자의 역할을 열심히 이행하고 있었다. 저승길을 빠져 나와 다시 이승으로 돌아오는 길에는 말을 태워 집까지 바래다주었다.

'쾅' 하고 천둥치듯 굉음소리와 함께 정신을 차려보니, 온 집안 식구들이 대성통곡을 하며 울고 있다가 소스라치게 놀랐다. 나는 제일 먼저 '저 울 넘어 아무개 아저씨 어떻게 됐어?' 하고 묻자 가족들은 조금 전 죽었다고 했다."

 죽음을 미리 체험한 사람들의 증언에 의하면 임사체험의 경험이 업에 따라 조금씩 다르지만 공통적으로 나타나는 양상은 존재한다.
 영혼이 육체를 벗어나면서부터 감각능력이 증대되고, 의식이 깨어 있으며, 빛을 보게 된다. 그 빛은 눈을 매혹시킬 정도로 밝고 빛나지만 눈이 상하지 않고 뜨겁지도 않다. 평화롭고 따스한 느낌이 들었다는 사람과, 공포와 동시에 두려움이 밀려오면서 튕겨 떨어진 느낌이 든다고도 했다. 먼저 죽은 부모·친척들과 지인들을 만나기도 하고, 다른 영가들의 심판 장면을 보기도 한다.
 그들은 『티벳 사자의 서』의 가르침을 틀림없이 보기 시작한다. 죽음을 체험한 사람들은 죽음을 두려움이 아니라, 오히려 자연스런 삶의 연장으로 받아들인다. 심지어 어떤 체험자는 우리가 지금 사는 것이 힘들고 고통이지, 죽음의 세계는 너무도 편하고 따스했다고 말했다. 이들이 경험한 사후 심판이나, 공포감은 우리에게 남은 삶을 어떻게 살아야 하는지의 메시지를 분명히 전하고 있다.

 다음은 불교의 가르침과 『티벳 사자의 서』에서 말하고, 임사체험자들이 전하는 바르도의 세계를 자세히 해부해 보겠다. 죽음 이후 다시 환생하기까지 펼쳐지는 바르도의 세계는 죽음 이후에 국한된 것이 아니고, 우리의 삶 전체를 지배하고 있다. 또 삶의 바르도는 사후에도 그대로 옮겨 연장선상에서 진행되는 순환의 고리로 이어진다. 따라서 우리 삶속에 어떻게 바르도가 진행되는 지를 볼 수 있다면 임종에서부터 안정된 마음을 설립할 수 있을 것이다. 사람으로 태어날 조건이 되어 어머니의 자궁으로 들어가는 순간부터 태어나 다시 죽기까지의 사이 바르도는 다음과 같이 진행되고 있다.

2. 두 사건 사이(바르도)에 어떤 일이 일어날까?

앞선 임사체험의 내용들은 『티벳 사자의 서』가 말하고 있는 것들을 증명하고, 또한 바르도에 대한 이해를 돕고 있으며, 바르도 과정에서 왜 해탈해야 하는지를 각성시키기 위한 메시지였다.

따라서 이 장에서는 독자들이 바르도의 세계를 조금이라도 더 쉽게 이해할 수 있도록 돕기 위해, 우리의 삶 전체에 흐르는 바르도의 전개과정을 비교 분석해 보고, 삶의 결과물들이 사후 바르도의 세계에서는 어떤 작용으로 인해 인간으로 환생의 연을 맺어, 출생으로 이어지는지 그 과정도 살펴보려 한다. 이 장을 잘 이해하게 된다면 당신의 지혜는 『티벳 사자의 서』를 저절로 흡수하여 이미 해탈의 문 앞에 와 있게 될 것이다.

1) 삶 속에서 바르도의 전개과정

우리는 탄생과 더불어 시작되어 죽음의 순간에 끝나는 '이생의 바르도' 속에 있다. 우리가 윤회를 거듭하는 한 이 바르도가 끝나면 다른 바르도가 계속될 것이다.

바르도가 의미하는 것은 '두 사건 사이의 시간, 틈새, 중간상태'이다. 이는 삶과 죽음의 사이도 되지만 우리 생활의 전반에 이어지는 끊임없는 모든 것들이 다 여기에 포함된다. 그러므로 삶의 바르도는 죽음의 바르도로 이어지고 이는 다시 탄생의 바르도로 연결되는 순환의 고리를 형성한다.

　따라서 바르도의 원 안에 들어있는 우리의 삶을 살펴보고, 이러한 경험들이 뒤엉켜서 상호 어떻게 연결되고 반영되는지, 그 고리를 하나씩 풀어볼까 한다.

　바르도의 전개과정을 이해하기 위해서는 먼저 아뢰야식에 대한 학습이 있어야 한다. 왜냐하면 우리가 하는 모든 언행의 자국은 아뢰야식에 저장되어 있다가, 다시 연緣을 만나 발동하기 때문이다.

　아뢰야식은 알라야Ālaya라고 하며 본래 인도의 범어梵語로 장藏이라고 번역하는데, 업력業力들을 감싼다는 뜻에서 포장包藏이라는 뜻이 있고, 정신과 육체 등 모든 것을 포섭하여 유지시켜 준다는 뜻에서 포섭包攝이라는 뜻도 있다. 태어남, 죽음, 윤회, 희로애락 등 삶의 경험들은 제8식第八識인 아뢰야식에 컴퓨터와 같이 고스란히 갈무리된다. 또한 아뢰야식은 중음신中陰身, 식식識 등과 함께 죽음과 환생 사이의 중간인 상태의 존재로, 바르도체 그 자체이기도 하다고 『유가사지론』에서는 말하고 있다.

　대승불교의 대표적 학문인 유식학唯識學은 마음을 다루는 학문으로 인간이 가진 선·악의 마음과 불성佛性에 대해 체계적으로 설명해 놓았다. 유식학에서는 인간의 마음을 여덟 가지 식(八識-안식眼識·이식耳識·비식鼻識·설식舌識·신식身識·의식意識·말나식末那識·아뢰야식阿賴耶識)으로 분류하여 심리학적으로 자세히 설명해 주고 있다. 또한 일반 심리학에서 말하는 무의식과 잠재의식에 대해서도 매우 깊이 있게 설명하고 있다. 무엇보다도 유식학에서는 8식의 본디 모습인 청정한 마음이 드러나도록 하고 있다. 즉 덮고 있는 번뇌를 정화하여 열반에 도달할 수 있도록 길을 안내해 주고 있다는 것이다.

유식학에서는 의식意識에 대해 의식적으로 사유하는 것이며 어떤 동작을 할 것인가 아니할 것인가 하는 것을 능동적으로 생각하면서 행동한다고 한다. 다시 말해 마음은 무엇이든 그냥 인지하지 못한다는 것이다.

어떤 의도가 있을 때 눈으로 보고 마음이 작용하여 안식眼識이 생긴다. 즉 눈은 보는 것 외에 아무것도 할 수 없다. 예를 들어 장미꽃이 눈에 보여지는 것을 눈은 보기만 하지 그것이 장미꽃인 줄 모른다. 그것을 장미꽃이라고 판단하는 것은 장미꽃을 기억하고 있는 아뢰야식의 작용이 눈을 의지해 장미꽃이라고 알아차리는 것이다.

마찬가지로 귀에 의지해 들어오는 소리를 마음이 작용하여 무슨 소리인지를 알아차리게 되는 이식耳識이 생기는 것과 같이 코, 입, 몸을 의지하여 비식鼻識, 설식舌識, 신식身識이 활동하는 것이다. 즉 오관인 눈, 귀, 코, 입, 몸을 통하여 활동하는 전오식前五識이라 불리는 안식, 이식, 비식, 설식, 신식과 더불어 어떤 사물을 관찰할 때도 그 내용과 가치를 결정하게 된다. 이 의식의 기능은 매우 강력하고 주관계의 활동을 독차지하기 때문에 그 의식활동의 업력이 이른바 아뢰야식阿賴耶識 속에 잠재하여 있다가 다

시 의식을 통하여 나타나게 된다고 하고 있다

 그렇다면 의식의 이러한 흐름이 어떻게 작용하는지, 먼저 꿈에 미치는 영향에 대해서만 살펴보더라도 삶의 전반에 흐르는 바르도의 고리를 금방 풀 수 있게 된다.

> 몽중의식夢中意識은 글자 그대로 꿈 가운데의 의식이다. 우리들이 잠을 깬 상태나 잠을 자고 있는 경우도 마찬가지이다. 왜냐하면 모든 것은 항상 의식을 통하여 평소 익혔던 일들이 현재의 마음과 몸의 행동으로 나타나기 때문이다. 그것은 전생에 익혔든 아니면 몇 년 전에 익혔든 관계없이 한 번 경험하고 체험한 것은 아뢰야식에 저장되어 있다가, 의식을 통하여 다시 실현되기 때문에 꿈속에 실현된 것에 대한 의식도 몽중의식인 것이다.
>
> - 『유식학 입문』, 도서출판 大乘

 우리 모두는 자는 동안 꿈을 꾸는데 기억을 하기도 하고 잊어버리기도 한다. 매일 밤 꿈의 세계로 들어서면, 평소 자신의 모습이기도 하고 전혀 다른 사람이 되기도 한다. 또한 살아있는 사람도 만나고, 이미 죽은 사람도 만나며, 웃고 울며, 때로는 가위눌리어 공포에 사로잡히기도 한다.

 우리 대부분은 꿈을 통한 이러한 경험들을 대수롭지 않게 여기며 살고 있지만, 불교의 관점에서 보면 꿈처럼 현실적인 것은 없다. 바꾸어 말하면 잠에서 깨어있는 생활은 꿈만큼 비현실적이라는 것이다. 우리 앞에 매 순간 나타나고 사라지는 상황의 본질을 모른 채 잘못된 견해와 분별과 집착으로 살아가고 있다는 것이기도 하다. 이런 반응은 모두 아뢰야식에 저장되어 있는 경험들이 노출되는 순간 진행된다.

다시 말해 이러한 모든 행동은 카르마(업)의 흔적, 즉 아뢰야식에서 연을 만나 발동한 것이며, 그것은 사람의 성격이고, 운명이며 생각과 행동의 패턴이다. 우리가 살아가면서 보이는 반응은 모두 여기에서 만들어진 것으로 그 틀을 벗어나기 어렵다. 그러므로 언행을 보면 그 사람의 마음을 알 수 있다. 습관적인 성향이나 개인의 마음이 남아 있는 한 무의식은 존재한다. 그것은 심지어 죽어서 육체가 사라져도 카르마의 흔적이 정화될 때까지 자국이 남아 다음 생을 또 낳게 하는 윤회의 씨앗이 된다.

하지만 수행을 하여 완전한 정화가 이루어지면 이러한 무의식은 비로소 더 이상 존재하지 않게 된다.

그렇다면 아뢰야식에 저장된 것들이 어떤 에너지의 작용에 의해 움직여지고 있는 것일까.

혼수상태 또는 기절상태나 죽을 때 우리의 정신은 생명력이 끊기는 동안 여러 현상의 고통을 경험한다. 생명력이 끊긴다는 것은 생명이 흐르는 통로, 즉 우리의 육체를 지지해 주는 기氣(에너지)가 머무는 곳이 파괴되는 것을 말한다. 이와 같이 우리들의 삶과 꿈에서도 움직이는 힘을 부여하는 것은 모두 에너지의 작용이다.

기氣(프라나)는 이처럼 모든 경험의 기본 에너지이며 모든 생명의 근본이다. 이 에너지는 '카르마의 에너지'와 '지혜의 에너지'

라는 두 종류가 있다.

카르마의 에너지는 긍정적인 행위와 부정적인 행위, 그리고 부정적이지도 긍정적이지도 않은 모든 행위의 결과로 생겨나는 카르마 흔적의 기초가 되는 에너지이다. 이 흔적은 그것에 들어맞는 부차적인 조건에 의해 활성화되고, 카르마의 에너지는 그러한 것들에 에너지를 공급하고 마음과 육체에 영향을 준다. 꿈에서나 일상의 삶에서도 이런 역할이 진행되고 있다.

평소 일상생활에서 마음이 흔들리고 집중이 되지 않을 때 카르마의 에너지가 움직여서 감정이 일어나고 그것을 통제하지 못하면, 이 에너지는 자신이 원하는 곳으로 마음을 싣고 다니는 것이다. 혐오와 욕망에 의해 밀렸다 당겼다 하면서 감정의 기복이 심해진다. 이는 죽음과 탄생으로 이어져 부정적인 윤회를 반복하는 원인이 된다.

지혜의 에너지는 어떤 경험이든지 그 경험에 대한 반응이 일어나기 전을 말한다. 최초의 순간에는 순수한 지각만이 존재한다. 그래서 마음에서 반응이 일어나기 전을 잘 지켜보아야 한다는 것을 누누이 강조해 왔다. 지혜의 에너지는 경험보다 앞서 존재하는 에너지[불성佛性]이며 집착과 혐오를 초월한 태초의 모습으로 존재한다.

지혜의 프라나는 중심 에너지 통로에서 움직이는 개념적인 사고 작용 없이 깨어있는 상태의 에너지(릭빠 Rigpa)라고 하고 있다. 이 움직임은 매우 간결하다. 한 순간에 번쩍하고 지나가는 순수한 경험이다. 그래서 우리는 대개 알아채지 못하지만, 조금만

주의를 기울이면 어렴풋이나마 들여다 볼 수 있다.

프라나는 하루에 21,600차례 움직인다고 하는데, 이는 시간당 900차례 움직이고, 1분에 15회 움직이므로 결국 4초에 한 번씩 움직이고 있다는 것이다. 이것은 프라나의 활동이 얼마나 많은지를 보여주고 있는 증거이기도 하다. 그러나 삼매에 들면 에너지는 중심에너지 통로에서 머물러 있다.

이런 에너지의 움직임은 꿈속에서는 물론 삶과 죽음의 순간 바르도 상태에서도 계속 영향을 미친다. 성하, 달라이라마께서도 "가장 미세한 마음까지 흔들게 하는 것이 기氣(에너지)이며, 이는 마음의 본질과도 같다."고 하셨다.

• ── (1) 몽중夢中 바르도의 흐름

바르도의 가르침에서는 우리가 잠을 잘 때 꿈속에서 벌어지는 상황들과 사후 바르도가 거의 흡사하다고 말하고 있다. 지금부터는 독자 여러분 각자 꿈속에서 전개된 세계와 비교해 보면서 연결해 간다면 바르도에 대해 훨씬 흥미로워질 것이다.

우리가 잠에 들 때 감각과 의식의 좀더 거친 층은 해체되고, 점차적으로 근원적인 빛이 짧게 순간적으로나마 드러나게 된다. 이렇게 감각과 의식의 거친 수위가 가라앉는다는 것은 카르마의 에너지 활동이 줄어들다가 마침내 멈추게 되고, 짧은 순간 지혜의 에너지로 전환된 영향임을 알 수 있다.

이는 죽음의 바르도 흐름과 비교해 볼 때 첫 번째인 '죽음의 순간 바르도'로 죽음을 맞이하면서 나타나는 마음의 본성인 정광명의 상태와 비교될 수 있다.

우리들이 꿈을 꾸기 전 잠자는 기간을 의식할 수 있을까? 있다면 과연 얼마나 의식할 수 있을까. 꿈속에서 마음이 다시 활동하게 될 때 카르마의 에너지가 활동했음을 말한다. 우리는 대개 몸을 뒤척이며 움직이거나 아침에 잠에서 깨려 할 때 더욱 선명한 꿈을 꾸게 된다. 이는 카르마의 에너지가 활동을 한 것과 연관이 있다. 이때 우리가 의식하는 모든 것은 사후 두 번째 단계에 이어지는 '존재의 근원을 체험하는 바르도' 상태와 유사하다.

꿈속에서 우리는 깨어 있을 때의 습관과 활동에 크게 영향 받으면서 드라마를 펼친다. 꿈을 꾸고 있다는 것은 조금도 알아차리지 못한 채 꿈속에서 마주치는 것을 모두 견고하고 현실적인 것으로 믿게 된다. 그래서 꿈속에서 울고 웃고 두려움과 공포에 짓눌리고 이는 잠에서 깬 이후에도 영향을 미치게 된다. 이러한 현상은 죽음의 바르도에서 세 번째에 해당하는 '환생(결과)의 바르도'와 비슷하다.

'환생을 갈구하는 바르도'에서 사후 나타나는 빛과 소리 형상들은 모두 영가 전생의 업력에 영향을 받아 나타나는 현상들이다. 그러나 영가는 이러한 상황들이 자신의 심상에서 표출된 것임을 모르고 나타나는 모든 것들을 실재로 착각한다. 그렇게 헤매다가 눈앞에 나타나는 곳을 안전지대로 착각하고 그곳에 애착을 갖게 되면 여섯 세계 중 어느 한 곳에 태어나게 된다.

하지만 우리가 명상을 통해 영혼이 맑아지면 꿈이 없거나 꿈을 통해서도 자신을 통제할 수 있게 된다. 마찬가지로 사후에도 바르도를 겪지 않게 된다. 이런 현상은 지혜의 에너지가 우리의 몸을 점점 점유하게 되는 증거이다. 그래서 꿈을 보면 역으로 수행의 진보를 알 수 있다. 이런 현상은 뇌파측정에서도 정확하게 일치한다. 굳이 서양의 과학을 빌려서 증명하지 않아도, 잠시만 시간을 할애한다면 당신은 명상 중에서도 금방 이러한 사실들을 체험할 수 있을 것이다.

• —— **(2) 명상 중 바르도의 흐름**

결가부좌나 반가부좌를 틀고 앉거나, 그것도 불편하다면 의자에 앉아도 좋다. 호흡을 편안히 가다듬고 몸을 이완시킨 다음 자신이 하고 있는 명상의 대상에 집중해 보라. 그 대상은 호흡을 지켜보든 화두의 공안을 의심하든, 만트라든, 그것도 아니면 불빛이나 꽃 등 그 어떤 것도 잠시 집중할 수 있는 것이면 된다. 그렇게 집중의 대상을 지켜보면 심신 흐름의 과정이 꿈과 죽음에서 바르도의 전개 과정과 거의 같음을 알 수 있다.

명상을 시작해 시간이 지나면서 호흡과 감각 그리고 의식의 거친 수위가 점점 가라앉으면서 고요해지게 되고 삼매에 차츰차츰 깊이 들어가게 된다. 그러다가 선정의 힘이 강해지면서 빛을 보게 된다. 그런데 빛은 그에게 내재된 강한 성격으로부터 색이 나타나기 시작한다. 여기서 선정의 깊이는 카르마의 에너지 활동이 약해지는 정도에 따라 깊어진다.

빛이 눈앞에 나타났을 때 그 빛이 흰색이면 성냄을, 희미한 노란색은 탐욕이 강함을 나타낸다. 또 녹색의 빛은 무지에서, 붉은색의 빛은 강한 욕망에서 나타나고, 파란색은 질투심이 강할 때, 그리고 검은색이나 회색빛은 자만심을 근원으로 하여 드러난다.

평소 욕심이 많은 사람은 삼매 속에서 노란 빛이나 빨간 빛을 보게 되는데, 그것을 알아차리는 힘이 강해지면 사라지고 다음으로 강한 성향의 빛이 나타난다. 또한 질투심이 강한 사람은 파란색의 빛이 눈앞에서 계속 비추면서 다음으로 진보되는 것을 방해하기도 한다. 어떤 명상하는 이가 화를 자주 낸다면, 선정에 들어 흰색의 빛이 계속해서 나타나서 여러 날 동안 사라지지 않는 경우도 있다. 그러다가 수행의 대상을 바꾼다든지 하여 그 빛에서 벗어나는 경우도 있다. 이는 사람에 따라 건강 상태 등에 따라 다르게 나타나기도 한다.

그러나 다섯 가지 독(욕심과 화, 마음이 어리석고 어둡다거나, 의심하는 마음이라든가 또는 잘난 체하고 남을 업신여기는 아만 등)으로부터 거의 벗어나고, 선업을 많이 짓고, 수행력이 높은 사람은 고요함의 극치일 때 밝은 빛이 드러난다. 그는 밝고 따스한 빛으로 자신의 몸을 샅샅이 관찰하여 병을 치유하기도 하고, 이 빛은 자비로 방사되어 타인에게도 같은 효과를 낼 수 있다. 자세한 설명은 마지막장, '니르바나로'에서 그 체험담으로 대신하겠다.

『티벳 사자의 서』를 들여다보면, 사후에 나타나는 빛들도 이러한 성격과 빛을 근원으로 하여 여섯 세계의 환생의 통로가 된다고 하고 있다. 영가의 감정 즉 카르마의 에너지는 앞에 나타나는 형상에 두려움을 느끼게 되고 자신의 전생에 친숙했던 빛으로 영혼이 끌려 간다. 영가의 전생에 불선업의 에너지가 지배적이었다면 필연적으로 평화와 분노존의 만다라에서 쏟아지는 강렬한 빛에 두려움을 느끼게 되고, 여섯 세계에서 비추는 흐릿하고 어두운 빛의 색을 따라가게 될 것이다. 밝은 빛을 피하고 흐릿하고 어두운 쪽을 선호한다면 영혼이 다시 살아생전의 업과 맺어지게 되고, 이것이 윤회의 원인이 된다고 말하고 있다.

그렇다면 명상 중 카르마의 에너지가 순화되면서 심신의 흐름이 변화하고 순수한 공백에 머무는 것을 어떻게 알 수 있을까? 과학과 의학의 발달은 뇌파검사 기록에서 이러한 궁금증들을 쉽게 검증해 주고 있다.

집중력이 개발된 사람은 명상을 시작하면 얼마 지나지 않아 머리의 정수리에서부터 회음부(음부와 항문과의 사이)까지 일직선으로 선이 그어지듯 힘(氣, 에너지)이 느껴진다. 그리고 그 선은 마치 레이저선(광선)처럼 느껴지고, 그 선의 넓이가 확장된 듯한 느낌이 오면서 몸은 사라진 듯 무게를 느낄 수가 없고 점점 깊은 삼매 속으로 들어간다. 이것이 바로 중심 에너지 통로에서 에너지가 머물러 있는 현상이다. 당신도 지금 이 자리에서 체험할 수 있다.

세계 도처의 수행자들을 대상으로 과학적·의학적으로 실험한 결과 명상을 하게 되면 엔돌핀과 호르몬 등이 생성되어 건강한 삶을 유지하고 영성을 무한대로 맑게 할 수 있다는 사실이 증명되어 다방면에 적용되고 있다. 독자들의 이해를 돕기 위해 몇 년 전 필자가 화두의 의심을 챙기고 있는 동안 뇌파를 촬영한 자료를 소개할까 한다. 우리나라에서도 명상을 하는 인구가 많아지고 관심이 높아지면서, 2001년 초가을 KBS TV 다큐멘터리 프로그램(참 나를 찾아서-참선)에서 뇌파 촬영을 통하여 이런 결과를 확인해 본 적이 있었다.

"그때 의자에 앉아 당시 수행의 대상인 화두의 의심에 몰입하기 시작하였다. 시작한 지 2분이 지나 컴퓨터의 모니터 상에 아주 많은 알파파가 나타나기 시작하였고, 5분(알파파가 나타난 이후 3분) 후에는 세타파가 발생되고, 7분 후에는 델타파로 뇌파가 형성되어 나아갔다."

당시 뇌파 측정 책임자였던 신경정신과 의사 최훈동 박사는 알파파는 초선정의 상태이고 세타파는 중간 선정의, 델타파는 깊은 선정의 상태라고 했다.
이러한 뇌파의 변화가 삶과 어떻게 관련되는지 대조해 보면 다음과 같다.

뇌의 주파수 상태에 따른 자료에 의하면, 마음이 밝고 긍정적인 상태일 때는 뇌로부터 인체의 기능을 활성화하는 호르몬이 분비되고, 뇌의 활동 자체에도 활력이 넘치는데, 이때를 알파파라고 한다.
뇌의 주파수라는 것은 뇌의 활동에 따라 일어나는 전류의 초당 진동수이고, 진폭이라는 것은 그 파동의 높이(크기)를 말하는데, 뇌파의 주파수는 그때그때 의식상태를 나타내는 것으로 주파수가 높으면 표면적인 의식이 강하게 되고, 주파수가 낮으면 의식이 내면으로 향하게 된다.

일반적으로 감마파는 30Hz이상으로 흥분 정도가 강하고 자아를 억제하기가 힘들다. 베타파는 14~30Hz로 일반적으로 긴장을 나타내는 뇌파로, 자아를 의식하고 있는 상태며, 보통 낮에 깨어있을 때의 뇌파이다.

알파파는 8~14Hz로 명상 등 집중을 할 때 나타나는 뇌파이며, 심층의식의 문이 열리기 시작한다. 세타파는 4~8Hz로 얕은 수면, 내면적으로 이완이 되고, 의식이 마음의 내면으로 향하고 자아를 의식하지 않게 된 상태이며, 명상할 때 무아無我의 경지를 말한다. 그리고 델타파는 4Hz 이하이며, 일반인에게 깊은 수면의 상태이나, 명상할 때는 몰아沒我일 때의 뇌파이다.

- (『박희선 박사의 생활참선』, 정신세계사)

연구 결과에 따르면 특히 뇌의 주파수가 '세타파'로 나오면 '문득 깨침[돈오頓悟]'의 상태로 통찰, 창의적 생각과 난관돌파(break out)의 지혜가 발생된다고 한다. 이때부터 아뢰야식의 악업과 선업의 흔적들이 엷어지면서 지혜종자 즉 자성이 청정한 태초의 모습인 지혜의 에너지로 전환되고 있다고 현대 과학은 말하고 있다.

또한 명상 중에는 인간이 살아가는 데 필요한 최소한의 에너지만 소비된다고 한다. 따라서 산소 소비량이 줄고, 명상 전에는 산성이던 피도 명상 후에는 알칼리성으로 변해 있음이 입증되었다. 당시 뇌파를 측정할 때도 혈압, 체온, 맥박 등 몇 가지를 동시에 검사하고 명상 전후와 비교하였는데 그 차이는 분명하게 드러났다.

이는 피 안의 콜레스테롤과 유산치가 감소한 결과인데, 이런 변화는 자동적으로 혈류血流 전기량을 증가시켜 에너지를 왕성하게 해 준다. 우리의 뇌파가 알파파(엔돌핀)일 때는 담즙 분비가 늘어나 소화작용을 증대시키고, 폐의 기능을 강화하며 혈당치가 감소하여 당뇨병 환자에게 치유효과를 준다고도 한다. 세로토닌과 도파민의 분비로 파킨슨 병 및 우울증의 예방과 치료가 가능하고 혈관벽을 강화하는 것을 방지하므로 고혈압과 중풍예방에도 효과적일 뿐 아니라 명상을 하면 각종 병의 예방과 치료 등에 필요한 호르몬의 분비로 무병 장수한다는 사실이 입증되고 있다.

우리 모두는 매일 암세포가 생기고 있다. 그러나 T임파구 Tlymphocyte의 작동여하에 따라 암 환자가 될 수도 안 될 수도 있다. T임파구가 작동을 하지 못하면 환자가 되고 강하게 작동할수록 건강한 삶을 살 수 있다는 것이다. 그래서 요즘 의학계에서는 T임파구를 '자연 항암제' 라고까지 한다. 이 T임파구를 강화시켜 주는 뇌파가 바로 '알파파' 이다.

또 명상을 하고 있는 동안 뇌에서 분비되는 알파파와 호르몬은 마음을 평화롭게 해 주는 작용을 하고, 아울러 몸을 이완시켜 여유가 생김과 동시에 주위에서 다른 소리가 들려도 관심이 가지 않고 저절로 차단되어지기 때문에 깊은 삼매에 들 수 있다고 한다. 때문에 정신은 자연적으로 안정되고, 마음의 세계가 확대됨과 함께 시간감각이 없어지고 자유로운 느낌이 되므로 시간 가는 줄을 모르고 정진을 할 수 있게 된다.

이렇게 되는 시간이 자주 반복되고 길어지면 점점 깊은 선정으로 들어갈 수 있고 영성의 향상과 함께 지혜를 발휘할 수 있게 되어지며, 또한 내·외부로부터의 감정의 흥분에 흔들리지 않고 오히려 마음이 확장되어 여유롭고 관대해져서 모든 대상에 자비로워진다.

명상이 병을 치유하고 영성의 향상 등에 기여하는 것들을 규명하기 위한 연구가 전 세계적으로 추진 중에 있으며, 기계의 발달로 점점 미세한 부분까지 증명해 보이고 있다. 이제 현대의학은 불치병이나 더 이상 약물로도 치유를 할 수 없는 환자들에게 그 해결책을 불교의 명상치유를 받아들여 치유하는 '통합의학'의 방법을 쓰고 있다. 서양의 여러 보고서에서는 불치병까지도 명상으로 치유한 사례의 논문들이 다수 나오고 있다.

무엇보다도 우리가 명상을 하는 목적은 일상생활과 일치시키는 데 있다. 명상을 통해 얻은 지혜와 통찰력은 명상을 끝내고 일상생활로 돌아간 후에도, 생각이 마음대로 일어나 놀아나지 않도록 통제할 수 있어야 한다. 이렇게 이어질 때 매사가 자비와 유연한 생활의 연속이 되고, 이는 죽음으로 계속 이어져, 사후 바르도를 거치지 않고 바로 해탈하거나, 중유의 기간 동안 나타나는 어떠한 형상에도 속지 않게 된다. 우리가 명상을 하는 궁극적 목표가 바로 여기에 있는 것이다.

● ── (3) 일상생활에서 바르도의 흐름

　　잠을 잘 때나 명상 중 바르도의 전개는 일상의 삶에서나 경험이 일어나는 과정까지 매한가지이다. 이는 사후에 영향을 미치고 미래의 운명을 결정하기까지 한다. 세상은 하나의 꿈이다. 우리는 '나'라는 것, '나의 삶'이라는 것이 존재한다는 꿈을 꾸면서 반복에 반복을 거듭하고 있다. 이것이 바로 '윤회'하는 삶이다.

　　윤회란 한 생生을 마감하고 죽은 이후 업력에 따라 태어나는 윤회도 있지만, 오늘 한 일을 내일 하고 내일 한 일을 모레 또 반복하고, 꿈속에서까지 계속 이어지게 되는 '시간 윤회'가 있다. 뿐만 아니라 우리가 습관적으로 반복하는 모든 것들이 그 형태와 모양은 조금씩 변해 있어도 모두 윤회의 범주에 속한다. 즉, 삶의 한 형태가 다른 형태로 끊임없이 변해가는 것, 다시 말해 하나의 삶의 진동이 다른 삶의 진동에 영향을 주며 끊임없이 순환되어가는 것을 말한다.

　　일상생활에서 이렇게 순환하며 진행되는 바르도의 흐름을 알기 위해서는 희로애락喜怒哀樂 가운데 자신에게 가장 강하고 습관적인 것에 집중하여 살펴보는 것부터 시작하는 것이 좋을 것이다. 하나의 움직임을 찬찬히 지켜보고 있으면, 어떤 감정이 일어나기 전에 항상 공백이나 간격이 있음을 어렴풋이나마 보게 된다. 그 틈새는 순수한 의식으로 충만하다.

　　그때 우리가 만일 생각이 일어나기 전을 포착하고, 어떤 일어남도 생겨나지 않도록 마음의 눈으로 계속 그 자리를 관찰하고, 또 관觀하는 마음이 지속될 때, 그 간격을 계속 유지시킬 수 있고 공백은 점점 길어진다. 그렇게 유지될 때 앞서 설명한 대로 깨어있는 순수한 지혜의 에너지를 느낄 수 있고, 의식에서 벗어나 참된 본성을 알아차릴 수 있을 것이다. 순간 당신은 무지의 껍데기가 벗겨지고, 그 전에 집착하고 화냈던 일들이 어이없을 정도로 하잘 것 없고 시시하다는 것을 알아차리게 된다. 또한 가정에서나 소속된 조직에서나 세상의 모든 일들이 저절로 드러나듯 환히 보이고 알아진다. 그리고 서서히 당신은 집착과 화내는 일들에서 저절로 벗어나게 될 것이다. 온 세상이 확 트여 걸림이 없기에 탐진치 등 해로운 요소들은 모두 자비로 승화된다.

하나를 통하면 다 통하듯 일상생활의 모든 측면을 이런 식으로 관찰하면서 점검해 간다면 바르도 상태에서 겪는 것과 똑같은 과정을 잠과 꿈속에서, 명상 속에서, 그리고 생각과 감정 안에서 반복해서 겪는다는 것을 발견하게 될 것이다. 이렇게 알아차릴 수 있게 되면 자신의 고질적 악습을 변화시키고 정화하여, 희로애락에도 끌려다니지 않게 되며, 자신의 삶과 운명을 당당하고 자신 있게 제도하면서 살 수 있게 된다. 이런 삶은 사후에도 윤회로 이어지지 않고 해탈의 기회를 맞게 된다.

무엇보다 중요한 것은 우리가 삶에서 일어나는 생각들을 그때 그때 알아 챌 수 있어야 한다는 것이다. 일어나는 생각들을 바라볼 수 있다면 생각이 사라짐을 볼 수 있고, 마음을 챙기는 힘이 점점 강해지면서 생각이 다시 일어나기까지 그 틈새가 차츰 길어진다. 이런 과정을 반복에 반복을 거듭하면서 비추어보면[관조觀照], 생각이 일어난 곳을 포착하게 되고, 그 힘으로 마음은 더욱 탄탄해져 생각이 일어나기 이전이 저절로 드러난다. 그리고 그때까지 오고 간 무수한 망상들이 송두리째 뽑히고 비어 있는 본성 속으로 자신을 해방시킬 수 있을 것이다. 우리가 겪는 하나하나의 경험을 이와 같이 수행의 대상으로 사용한다면 삶의 모든 순간이 자유로워진다.

바꿔 말하면 지금 현재나 죽음의 순간에 헤아릴 수 없이 많은 해탈의 기회가 제공되고 있는 것이다.

2) 죽음의 바르도 전개과정

죽음의 바르도에서는 어떤 일들이 일어날까?

바르도의 가르침에 의하면 대부분의 사람들에게 다르마타 Dharmata 바르도는 오래 지속되지 않는다고 한다. 기껏해야 몇 초 정도에 불과하다.

이 순간들을 일컬어 '완성된 행위의 순간'이라 칭하는데, 그 지속 시간은 평소 명상을 해서 익숙해 졌는가 아닌가에 따라 다르다. 수행자가 아닐 경우에는 대부분 손가락을 몇 번 튕길 정도에 그치고 만다. 반면에 수행자인 경우에는, 개인의 신체적 조건과 몸의 미묘한 에너지 통로가 구조화되어 있는 방식, 수행의 정도에 따라 지속 시간이 달라진다.

어느 정도 안정성을 확보한 수행자는 이때, 한 끼 식사를 마칠 수 있는 동안만큼 본원적인 순수성을 경험할 수도 있다. 또한 해탈에 확신이 있는 수행자는 원하는 만큼 오래도록 이 상태에 머물 수 있다.

죽음의 바르도 동안 나타남(백화)과 증가(적화), 달성(흑화)이라는 해체단계가 일어난다. 숙련된 수행자는 자유와 지복을 느끼지만, 이생의 바르도에서 길의 광명을 인식하지 못한 탓에 이 상태에 친숙하지 않은 자는 이 정광명을 고통스럽고 두렵게 느낀다. 이로 인해 공포에 휩싸이고, 몇 초 후에는 다시 자아에 집착하는 성향을 보인다. "무슨 일이야! 이게 도대체 뭐지? 나는 어디 있는 거야!" 이렇게 생각한다.

그러나 에고에 집착하는 성향과 이원론적인 경험 속에서 '나'의 정체성과 '저 것'을 고정시켜두려는 욕망은 실재를 고정적인 것처럼 경험하게 만드는 근본 원인이다. 자아에 대한 집착이야말로 다시금 윤회계에 태어나서 진화를 거듭하게 만드는 직접적인 원인이다.

일상의 삶 속에서는 대개 약간의 노력을 기울여야만 명상상태에 들 수 있다. 하지만 다르마타 바르도에서는 저절로 분명하고 열린 상태에 이른다. 우리 본연의 본성인 다르마타는 조건 지어지지 않은 것이므로, 저절로 진실한 명상상태에 이르는 것이다. 다르마타는 명상수행에 의해 만들어지거나 구조화되어지는 것이 아니며, 아주 단순하기 때문이다. 그러므로 숙련된 수행자는 자신감을 갖고 그냥 편안히 이 상태 속으로 들어간다.

이런 상태를 설명하는 데 정광명이나 그러함, 자연스러움, 구조화되지 않은 상태, 본연의 본성 같은 말을 쓰는 이유는 무엇일까? 다른 것들이 다 사라져버렸을 때 우리의 불성이 어떤 모습을 하고 있는지를 이런 말들이 설명해주기 때문이다.

- 『바르도 가이드 북』 최기 니마 린포체

다르마타는 말 그대로 만들어지지 않은 자연스러운 '본성'을 의미한다. 어떤 창조자가 만들어낸 것도 아니고, 무언가와 결합된 것도 아니다. 공간이 그렇듯, 공한 동시에 삼라만상을 수용하고 있다. 다르마타는 공하지만 모든 것의 생성이나 드러남을 수용한다는 말이다. 또 공간과 달리, 다르마타는 다른 특질들도 많이 갖고 있다.

다르마타 바르도에서는 이 생의 현상들이 가라앉으며, 육신도 조건 지어진 경험도 없다. 오로지 순수한 현상과 소리, 색, 다르마타의 빛, 우리 본연의 본성만 인식된다. 이 상태에서 안정성을 얻지 못한 영가는 전생의 무지와 습관적인 성향들의 먹이가 된다.

백화, 적화, 흑화의 세 가지 해체과정이 일어난 직후에 다르마타의 근본광명이 비춘다. 이때 섬광 속으로 들어가면 윤회는 끝이 난다.

다르마타 바르도의 순간 해탈의 기회를 놓치고 사후 49일까지도 겪게 될 수 있는 바르도에 대하여는 앞서 설명했지만, 다음 장에 올 '티벳 사자의 서'에서 더욱 자세히 설명하고 있다.

『티벳 사자의 서』 내용들을 들여다 보면, 사후 바르도 가르침은 죽음의 실제 전개과정을 구체적으로 전개해 놓음으로써 역설적으로 삶의 구체적 전개까지도 보여주고 있다.

사후 겪게 되는 바르도의 양상이 바로 지금 이 순간, 그리고 모든 순간마다 우리의 마음과 생각과 감정 등 모든 의식체험에서 전개되고 있다는 것을 가르치고 있다.

잠시 움직임의 틈 사이를 살짝만이라도 지켜볼 수 있다면, 지금도 끊임없이 당신의 삶 속에 흐르고 있는 바르도를 알아차릴 수 있다. 그 챙김의 노력을 지속해 간다면 깨어있는 삶을 영위하고, 죽음까지 이어져 윤회의 고통에서 탈출할 수 있을 것이다.

3) 출생 바르도의 전개과정

지금까지는 우리들의 삶과 죽음에서 바르도의 전개과정을 살펴보았다.

우리들 각자 삶에서 이러한 움직임의 흐름이 업이라는 자국을 남기고, 다시 그 업의 형태가 태어나는 인연과 만나, 어떻게 출생으로 이어지는지 부처님의 가르침에서 찾아보겠다.

앞서 윤회에서 보았듯이 한 생을 마감하고 다시 태어나는 것도 출생이지만, 생각 생각이 일어나고 사라짐, 느낌의 일어나고 사라짐, 몸의 미세한 세포들의 생김과 소멸 등 이 모든 움직임의 흐름이 생과 사의 범주에 속한다. 여기서는 한 생명을 마감하고 다시 태어나는 윤회에 대해 살펴볼까 한다.

　　탄생에는 전통적으로 네 가지 유형이 있다. 자궁에서 태어나는 것과 알에서 태어나는 것, 열과 습기에서 태어나는 것, 즉각적으로 태어나는 것이 그것이다.
　　인간의 중유일 것 같으면 멀리서 부모가 성교하는 것을 보고서 마음이 전도되어, 놀이와 즐기려는 생각에서 탄생의 장소인 자궁 안으로 들어간다. 범부의 인간중유는 그 상태에서 업력으로 생긴 하늘눈으로 자기의 태어날 곳을 멀리 떨어져 있을지라도 보게 된다고 한다.
　　중음신이 모태에 들어갈 조건이 되어, 부모를 만나 사람의 몸으로 태어나는 과정을 부처님께서는 어떻게 설하셨을까?
　　『근본설일체유부비나야잡사』 제2권에서 보면, 부처님께서는 사촌 동생 난타와 비구들에게 다음과 같이 설하신 것을 볼 수 있다.

　　"(…) 내게 법이 있으니 처음도 중간도 뒤도 선한 것이며, 글 뜻이 교묘하며, 순일하고 원만하여 범행을 깨끗하게 하나니 이른바, 『입모태경入母胎經』이라. (…) 비록 모태가 있다 하나 들어갈 수 있는 것과 들어갈 수 없는 것이 있느니라. 어떠한 것이 생을 받아 모태 중에 들어가는 것인가. 만약 부모가 물든 마음으로 함께 음란한 사랑을 하되, 그 어머니의 배가 깨끗하고 월기月期의 때가 오면 중유中有가 앞에 나타나는데, 마땅히 알아. 이때가 모태에 드는 것이니라. 이 중유의 형상에 두 가지가 있으니, 하나는 형색이 단정함이요, 하나는 용모가 추루함이니라.

지옥의 중유는 용모의 추루함이 불탄 나무등걸과 같고, 방생傍生의 중유는 그 빛이 연기와 같으며, 아귀餓鬼의 중유는 그 빛이 물과 같고, 인간과 천상의 중유는 모양이 금색과 같으며, 색계色界의 중유는 형색이 선명하게 희고, 무색계천無色界天에는 원래 중유가 없으니, 빛이 없는 때문이니라.

중유의 중생이 혹 두 손, 두 발이기도 하고, 혹 네 발이거나 많은 발이기도 하며, 혹은 또 발이 없는 것도 있는데, 각기 전생의 업을 따라서 태어날 곳에 응하되 그 중유는 곧 모양과 같이 된다.

만약 하늘의 중유라면 머리가 위로 향하고, 인간, 방생, 귀신은 횡橫으로 가며, 지옥의 중유는 머리가 곧장 아래로 향하는데, 대체로 모든 중유는 다 신통을 갖춰서 허공을 타고 가느니라. 그리고 마치 하늘눈과 같이 멀리 날 곳을 보느니라.

월기가 온다고 하는 것은 납태納胎하는 때를 말하는 것이니, 난타야, 모든 여인들이 혹은 3일을 지나고 혹 5일, 반 달, 한 달을 지나며, 혹은 인연을 기다리기에 오랜 동안을 지나서 월기의 물이 바야흐로 오기도 하느니라.

만약 어느 여인이 몸에 위세가 없고 많은 고생을 하여 형용이 추루하여 좋아하는 음식이 없으면 월기가 비록 오더라도 빨리 그쳐버리는 것이니, 그건 마치 마른 땅에 물을 뿌릴 때 곧 마르는 것과 같고, 만약 어느 여인이 몸에 위세가 있고 항상 안락함을 받아서 용모와 차림새가 단정하고 좋은 음식을 얻으면 월기가 빨리 그치지 않나니, 마치 젖은 땅에 물을 뿌리면 곧 마르지 않는 것과 같으니라.

어떤 것이 들어가지 않는 것이냐. 만약 아버지의 정精이 나올 때 어머니의 정이 나오지 않거나 어머니의 정은 나오되 아버지의 정은 나오지 않으며, 혹 모두 나오지 않으면 다 태에 들어가지 못하느니라.

또 만약 어머니가 깨끗하지 않는데 아버지는 깨끗하며 아버지는 깨끗하지 않은데 어머니만 깨끗하며, 혹 함께 깨끗하지 않으면 또한 수태하지 못하느니라.

만약 어머니의 근문根門에 풍병風病이 있거나, 혹은 황병黃病 혹은 혈기血氣로 태결胎結이 되거나, 혹은 약을 복용하거나, (…) 혹 부모는 존귀한데 중유가 비천하거나, 중유는 존귀한데 부모가 비천하거나 하여도 역시 태를 이루지 못하며, 또 부모와 중유가 함께 존귀하더라도 업이 화합하지 않으면 역시 태를 이루지 못하며, 만약 그 중유가 앞에 말한 경우의 곳에서 남·녀의 두 사랑이 없으면 역시 수생하지 않느니라.

난타야, 어떻게 중유가 모태에 들어가는가 하면, 만약 어머니의 배가 깨끗할 제 중유가 나타나서 욕사欲事하는 것을 보고, 위에 말한 바와 같은 여러 가지 병폐만 없으면, 부모와 자식이 서로 같은 업을 느끼면 바야흐로 모태에 들어가게 되느니라.

또 저 중유가 태에 들어가고자 할 때에 마음이 곧 뒤바뀌어서 만약 그것이 남자이면 어머니에게 사랑을 내고 아버지에게 미움을 내며, 만약 그것이 여자이면 아버지에게 사랑을 내고 어머니에게 미움을 내느니라.

그리고 과거 생에 지은 업으로 망상을 일으키고 사특한 마음을 지어서 차고 냉한 생각, 큰 바람, 큰 비, 또는 구름과 안개의 생각을 내며, 혹은 대중의 시끄러운 소리를 듣기도 하는데, 이러한 생각을 하고는 업의 우열을 따라서 다시 열 가지 허망한 생각을 일으키느니라.

그 열 가지란 어떠한 것인가? 나는 이제 저택에 들어간다. 나는 이제 누각에 오른다. 나는 이제 대전臺殿에 오른다. 나는 이제 평상자리[상좌床座]에 오른다. 나는 이제 초암草菴에 들어간다. 나는 이제 엽사葉舍에 들어간다. 나는 이제 풀섶으로 들어간다. 나는 숲 속으로 들어간다. 나는 담장 구멍으로 들어간다. 나는 울타리 사이로 들어간다고 하는 것이니라.

난타야, 그때 중유가 이러한 생각을 하고는 곧 모태에 들어가나니 마땅히 알라. 수태하는 것을 갈라람이라고 하나니, 아버지의 정과 어머니의 피가 다른 것이 아니라, 부모의 정과 피가 화합하는 인연으로 식識의 인연하는 바 의지가 되어 머무는 것이니, 비유하건대 우유병에 송곳을 넣고 인공으로 흔들어 돌리기를 마지않을 제, 타락이 나오고 이렇게 하지 않으면 안 나오는 것처럼, 부모의 깨끗하지 않은 정과 피와 갈라람 몸과의 관계도 역시 이와 같으니라.

(…) 난타야, 마땅히 알라. 아버지의 정과 어머니의 피와 갈라람 몸도 이와 같아서 인연이 화합하여 원소와 감관이 생기느니라. (…) 난타야, 부모의 부정不淨만으로 갈라람 몸이 있는 것도 아니요, 또 어미의 배만도 아니요, 인因만도 아니며, 연緣만도 아니

[2-1] **착상배란 6~7일째** _ 부처님께서 선정에 들어 뱃속 태아의 성장과정을 들여다 보고 말씀하신 것을 현대의학이 기계로 촬영한 사진이 증명하고 있다.

니 다만 이 모든 인연이 화합하여 모여야 비로소 태가 있느니라.

(…) 난타야, 이러한 종자가 인연화합을 떠나서, 싹이 나는 것이 아니니 마땅히 이와 같이 알라. (…) 부모의 부정으로 이룬 갈라람은 색色이라고 하고, 수·상·행·식受·想·行·識을 명名이라고 하여 이것을 명색이라고 하느니라.

이렇게 쌓이고 모인 것이 나쁜 명색으로서 모든 존재[有]에 의탁하여 나는데, 그것이 찰나 동안이라 하더라도 나는 찬탄하지 않나니, 왜 그러냐 하면 모든 존재 가운데에 태어나는 것은 큰 고통이기 때문이니라. 그것은 마치 더러운 똥이 아무리 적어도 역시 냄새가 나는 것과 같아서 모든 유 가운데에 나는 것이 잠깐이라 하더라도 역시 괴로우니라.

이 오온五蘊인 색·수·상·행·식은 나고 머물고 자라고 쇠하여 무너지나니, 나는 것이 곧 고통이요, 머무는 것이 곧 병이며, 자라고 쇠하고 무너지는 것이 곧 늙어서 죽는 것이니라.

이러므로 난타야, 누가 유有의 바다에 맛을 붙이어 모태 중에 누워서 이 심한 고통을 받겠느냐.

그리고 난타야, 대체로 태에 드는 것을 일반적으로 말하면 38의 7일이 있는데, 첫 7일 동안은 태가 어머니 뱃속에 있는 것이 앵도와 같고 조기와 같은데, 더러운 데 누워있는 것이 마치 냄비 속에 들은 것 같아서 신근身根과 식識이 한 곳에 있는 것을 높은 열로 지지고 볶아서 심한 신고辛苦를 받나니 이것을 갈라람이라고 한다. 죽물과 같고 혹은 우유와 같은 것을 7일 동안에 내부의 열로 지지고 볶아서 지계地界의 굳은 성품과 수계水界의 젖은 성품과 화계火界의 더운 성품과 풍계風界의 움직이는 성품이 비로소 나타나느니라(사진 2-1 참조).

난타야, 제2, 7일 동안은 태가 어머니 뱃속에서 더러운 데 누워있는 것이 냄비 속에 있는 것과 같아서 신근과 식이 한 곳에 있는 것을 높은 열로 지지고 볶아서 심한 신고辛苦를 받는데, 어머니 뱃속에서 바람이 스스로 일어나니 이것을 변촉遍觸이라고 하며, 먼저의 업으로 생기는 것으로서 저 태에 부딪히는 때를 알부타頞部陀라고 한다. 모양이 빡빡한 타락이나 엉긴 죽과 같은데 7일 동안 내부의 열로 지지고 볶아서 사계四界가 나타나느니라

난타야, 제3, 7일도 자세한 말은 앞과 같으며, 어머니 뱃속에서 바람이 있으니, 이름을 초구도라 하는데, 먼저의 업으로 생기

는 것으로서 저 태에 부딪히는 때를 폐시閉尸라고 한다. 모양은 쇠 젖가락이나 지렁이 같은데 7일 동안 사계四界가 나타나느니라(형태는 약을 찧어 뭉쳐놓은 상태와 같고 엷은 살결이 엉겨서 더욱 견고하게 응고되어 혈육이 이루어진 상태다).

난타야, 제4, 7일도 자세한 말은 앞과 같으며, 어머니 뱃속에 바람이 있으니, 이름을 내개內開라고 하는데 먼저의 업으로 생기는 것으로서 건남健南이라고 한다. 모양은 신골과 같고 혹은 온석과 같으며 7일 동안 사계가 나타나느니라.

난타야, 제5, 7일도 자세한 말은 앞과 같고, 어머니 뱃속에 바람이 있으니 이름을 섭지攝持라고 한다. 이 바람에 태에 부딪치는 것이 다섯 모양으로 나타나니, 마치 하늘에서 단비가 내리면 나무숲이 무성하여 가지들이 크는 것처럼 이 다섯 모양의 나타남도 이와 같으니라.

난타야, 제6, 7일에는 어머니 뱃속에 바람이 있으니 이름을 광대廣大라고 한다. 이 바람이 태에 부딪쳐서 네 가지 모양이 나타나니 두 팔꿈치와 두 무릎이다. 마치 봄비에 비름의 가지가 나는 것처럼 이 네 가지 모양이 나타나는 것도 마찬가지니라(사진 2-2 참조).

난타야, 제7, 7일에는 어머니 뱃속에 선전旋轉이라는 바람이 있어, 이 바람이 태에 부딪치면 네 가지 모양이 나타나니 두 손과 두 발이다. 마치 물거품이나 물이끼처럼 나타나니 이 네 가지의 모양이 있느니라.

난타야, 제8, 7일에는 어머니 뱃속에 번전翻轉이라는 바람이 있어, 이 바람이 태에 부딪치면 20가지 모양이 나타나니, 손과 발에 열 손가락과 열 발가락이 여기서 처음으로 나오는 것이 마치 새로운 비에 나무뿌리가 나기 시작하는 것과 같으니라.

　난타야 제9, 7일에는 어머니 뱃속에 분산分散이라는 바람이 태에 부딪쳐서 아홉 가지 모양이 나타나니, 곧 두 눈, 귀, 두 콧구멍, 입, 그리고 밑에 있는 두 구멍이니라(사진 2-3 참조).

　난타야, 제10, 7일에는 어머니 뱃속에 견편堅鞭이라는 바람이

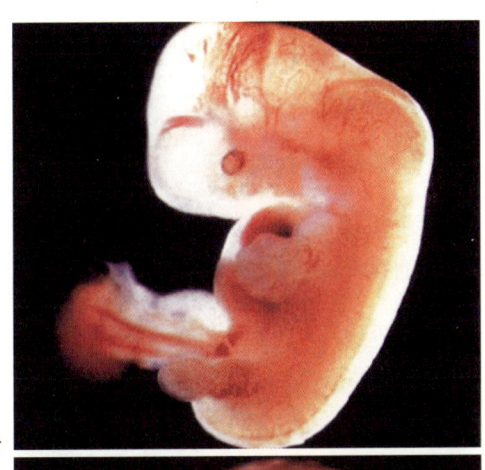

[2-2] 6주째 태아

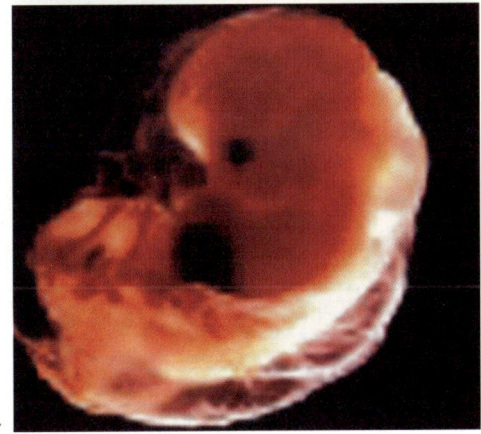

[2-3] 9주째 태아

태를 튼튼하게 하고, 또 이 칠일에 모태 중에 보문普門이라는 바람이 태장胎藏 속에 불어서 마치 풍선처럼 기운을 가득히 채우느니라.

　난타야, 제11, 7일에는 모태 중에 소통疏通이라는 바람이 태에 부딪쳐서 아홉 구멍이 뚫어지게 하나니, 만약 어머니가 가거나 서거나 눕거나 작업을 할 때에 이 바람이 돌아서 구멍을 점점 크게 하는데, 만약 바람이 위로 올라가면 윗구멍이 열리고 아래로 향할 때는 아랫구멍이 통하는 것이니, 마치 대장장이와 및 그 제자가 풀무질을 할 때, 위 아래로 기운이 통하는 것과 같으며, 일이 끝나면 바람이 곧 자느니라.

　난타야, 제12, 7일에는 어머니의 뱃속에 곡구曲口라는 바람이 있어 태를 좌우로 불어서 대·소장大小腸을 만들면 마치 연뿌리와 같은 것이 몸을 의지하여 얽히어 있으며, 이 7일에 또 천발穿髮이라는 바람이 있어 태 안에 일백삼십 마디를 만들어 증감이 없으며, 또 바람의 힘으로 일백 금처禁處를 만드느니라.

　난타야, 제13, 7일에는 어머니 뱃속에 먼젓번 바람의 힘으로써 주림과 목마름을 알고, 어머니가 마시고 먹으면 그 영양분이 배꼽으로 들어가서 몸을 지탱하느니라.

　난타야, 제14, 7일에는 어머니 뱃속에 선구線口라는 바람이 있어 그 바람이 태로 하여금 일천 힘줄이 생기게 하여 몸 앞에 이백오십, 몸 뒤에 이백오십, 왼쪽에 이백오십, 오른쪽에 이백오십이 있게 되느니라.

　난타야, 제15, 7일에는 어머니 뱃속에 연화蓮花라는 바람이 있어서 이것이 능히 태아에 이십 가지 맥을 만들어서 모든 자미滋 味를 흡수하게 하는데, 그것이 몸 앞에 다섯, 몸 뒤에 다섯, 왼쪽 에 다섯, 오른쪽에 다섯이 있게 되느니라. 그런데 그 맥에 갖가지 이름과 갖가지 색色이 있어 혹은 반伴이라고 하고 혹은 역力이라고 하며, 혹은 세勢라고 하며, 색에는 청·황·적·백·두豆·소蘇·유油· 낙酪 등의 색과 다시 여러 가지 많은 색이 서로 조화되어 섞이었 느니라.

난타야, 그 이십의 맥에 사십의 맥이 각각 권속이 되어 모두 8백八百의 흡기吸氣하는 맥이 몸의 전·후·좌·우에 각각 2백二百씩 있느니라.

난타야, 이 팔백의 맥에 각각 일백의 도맥道脈이 권속으로 서로 이어져서 모두 팔만인데 전·후·좌·우에 각각 이만씩 있느니라.

난타야, 이 팔만의 맥에 다시 숱한 구멍이 혹은 한 구멍 두 구멍에서 일곱 구멍까지 있는데, 이것이 하나하나 각각 털구멍으로 이어져서 마치 연뿌리에 많은 구멍이 있는 것과 같으니라.

난타야, 제16, 7일에는 어머니 뱃속에 감로행甘露行이라는 바람이 있어서 이 바람이 능히 방편을 지어서 두 눈에 처소를 마련하고, 두 눈, 두 귀, 두 코, 입, 목구멍, 가슴에 처소를 편히 마련하여 먹은 것이 들어갈 때, 머무를 곳을 얻게 하고, 능히 숨쉬는 기운이 통과 출입하게 하나니, 마치 도자기공과 그 제자가 좋은 질흙덩이를 가지고 바퀴 위에 놓고서 그 그릇의 모양을 따라서 잘 펴서 어긋남이 없도록 하는 것과 같이 이 업의 바람도 능히 눈 등의 처소를 마련하여 형편을 따라서 잘 펴서 능히 숨쉬는 기운을 통과 출입하게 하여 실수가 없느니라.

난타야, 제17, 7일에는 어머니 뱃속에 모불구毛拂口라는 바람이 있어서 이 바람이 능히 태아의 눈·귀·코·입·인후·가슴 등 먹고 받아들이는 곳을 미끄럽게 하여 기식氣息의 출입이 잘 되도록 하나니, 마치 교장巧匠의 때가 낀 거울을 기름과 재, 또는 세토細土로 문지르고 닦아서 깨끗하게 하는 것처럼 이 업의 바람도 이와 같이 저 처소를 잘 배치하여 걸림이 없이 하느니라.

난타야, 제18, 7일에는 어머니의 뱃속에 무구無垢라는 바람이 있어 능히 태아로 하여금 육근六根을 청정하게 하나니 마치 해와 달이 구름에 덮인 것을 거센 바람이 구름을 불어서 사방으로 흩어버리고 그 빛이 밝아지게 하는 것처럼 이 업의 바람의 힘이 태아로 하여금 육근을 청정하게 하는 것도 이와 같으니라.

난타야, 제19, 7일에는 어머니 뱃속에서 태아로 하여금 눈·귀·코·혀의 사근四根을 성취하는데, 어머니 뱃속에 들어갈 때 먼저 몸·목숨·뜻의 삼근을 얻느니라.

난타야, 제20, 7일에는 어머니 뱃속에 견고라는 바람이 태에 의하여 좌각左脚에 지절골指節骨 20과 우각右脚에 지절골 20을 생기게 하고 족근足跟에 4골, 박髆에 2골, 무릎에 2골, 비髀(넓적다리)에 2골, 요과腰髁에 3골, 척脊(등뼈)에 18골, 늑肋(갈비)에 24골, 또 좌수에 지절 20골과 우수에 지절 20골, 완腕에 2골, 비臂에 4골, 가슴에 7골, 견肩(어깨)에 7골, 항項(목)에 4골, 함頷(턱)에 2골, 치齒(이)에 32골, 촉루髑髏(두개골)에 7골을 생기게 하느니라(사진 2-4 참조).

난타야, 마치 조소사彫塑師나 그 제자가 먼저 막대기로 대강의

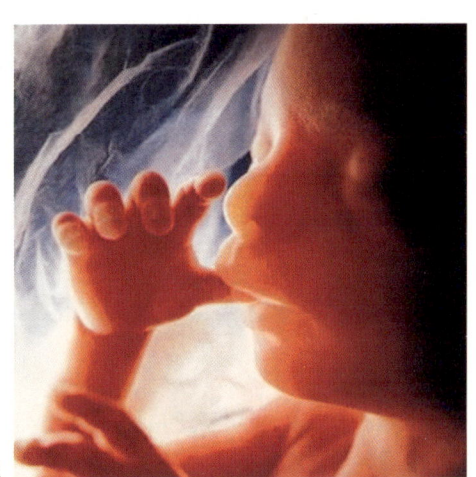
[2-4] 20주째 태아 5개월

모양을 만들고 다음은 노끈으로 감은 뒤에 질흙을 발라서 형상을 만드는 것처럼 이 업의 바람이 모든 뼈를 잘 맞춰놓은 것도 이와 같으니라. 이 가운데 큰 뼈의 수가 2백이요, 나머지 작은 뼈는 제외하였느니라.

난타야, 제21, 7일에는 어머니 뱃속에 생기生起라는 바람이 능히 태아의 몸에 살이 생기게 하나니 마치 토수가 먼저 질흙을 잘 이겨서 담장이나 벽에 바르는 것처럼 이 바람이 살을 살아나게 하는 것도 이러하니라.

난타야, 제22, 7일에는 어머니 뱃속에 부류浮流라는 바람이 있어, 이 바람이 능히 태자로 하여금 피가 생기게 하느니라.

난타야, 제23, 7일에는 어머니 뱃속에 정지淨地라는 바람이 있어 이 바람이 능히 태아로 하여금 피부를 빛나게 하느니라.

난타야, 제24, 7 일에는 어머니 뱃속에 자만滋漫이라는 바람이 일어 능히 태아로 하여금 피부를 더욱 튼튼하게 하느니라.

난타야, 제25, 7에는 어머니 뱃속에 지성持城이라는 바람이 있어 이 바람이 능히 태아로 하여금 피와 살이 많아지게 하느니라.

난타야, 제26, 7일에는 어머니 뱃속에 생성生成이라는 바람이 있어서 이 바람이 능히 태아로 하여금 몸에 터럭과 손톱, 발톱이 나게 하는데, 이것이 모두 맥과 서로 이어졌느니라.

난타야, 제27, 7일에는 어머니 뱃속에 곡약曲藥이라는 바람이 있어 이 바람이 능히 태아로 하여금 터럭과 손톱, 발톱을 모두 다 성취시키느니라.

난타야, 그 태아가 전에 지은 악업으로 말미암아, 즉 모든 재물에 탐하고 인색하며 부모와 스승의 가르침을 받지 않고 몸과 말과 뜻으로 좋지 않은 업을 밤낮으로 자꾸 지었다면, 이 악업으로 말미암아 당연히 이 과보를 받는 법이라, 혹 인간에 나더라도 얻는 바 과보가 모두 뜻하는 바대로 되지 않느니라. 만약 긴 것으로 좋은 것을 삼으면 저는 짧고, 만약 짧은 것으로 좋은 것을 삼으면 저는 길게 되며, 굵은 것을 좋다고 하면 저는 가늘고 반대로 가는 것을 좋다고 하면 저는 굵어지며, 만약 마디가 다 붙은 것을 좋아하면 저는 떨어지고, 만약 떨어진 것을 좋아하면 저는 다 붙으며, 만약 많은 것을 좋아하면 저는 적고, 적은 것을 좋아하면 저는 많으며, 살찐 것을 사랑하면 곧 마르고, 마른 것을 사랑하면 곧 살찌며, 검약한 것을 사랑하면 곧 거세고, 거센 것을 사랑하면 곧 검약하며, 흰 것을 사랑하면 곧 검고, 검은 것을 사랑하면 곧 희어지느니라.

난타야, 또 악업으로 말미암아 악보惡報를 받나니 귀먹거나, 눈멀거나, 벙어리며, 우둔하고, 추루하며, 나오는 음성도 사람들이 듣기를 즐겨하지 않으며, 수족은 꼬부라지고 앉은뱅이이며, 형상은 아귀와 같아서 친척들도 다 미워하여 서로 보려고 하지 않으니 더구나 다른 사람이리오.

제가 지닌 삼업三業으로 남에게 말할 때 남들이 믿고 받아들이지 않으며, 뜻에도 두지 않나니 왜 그러냐. 그가 전 세상에 지은 모든 악업으로 이와 같은 과보를 받는 것이니라.

난타야, 만약 그 태아가 전에 복업을 닦아서 주기를 좋아하고 아끼지 않으며, 가난한 이를 불쌍히 여기고 모든 재물에 인색한 집착심이 없으며, 짓는 바 선업이 밤낮으로 늘었다면 당연히 수승한 과보를 받나니, 만약 인간에 태어나면 받는 바 과보가 모두 다 뜻에 맞아서 만약 세상 사람들이 긴 것을 좋아하면 길어지고, 짧은 것을 좋아하면 곧 짧아지느니라.

굵고 가는 것이 법에도 맞고 마디가 적당하며, 많고 적음과 살찌고 마름과 거세고 유순함과 얼굴빛이 모두 사랑스럽지 않은 것이 없으며, 육근이 구족하고, 단정하기 짝이 없으며, 말이 분명하고 음성이 화아하며, 인상人相이 모두 구족하여서 보는 자가 기뻐하며, 제가 지닌 삼업으로 남에게 말할 때 남들이 다 믿고 받아들이어 공경하는 마음을 가지나니 왜 그러냐. 그가 전 세상의 모든 선업으로 이와 같은 과보를 얻었기 때문이니라.

난타야, 태아가 만약 남자이면 어머니의 오른쪽 옆구리에 쪼그리고 앉아서 두 손으로 얼굴을 가리고 어머니의 등을 향하고 있으며, 만약 여자이면 어머니의 왼쪽 옆구리에 쪼그리고 앉아서 두 손으로 얼굴을 가리고 어머니의 배를 향하고 있느니라.

그리고 생장生藏 밑과 숙장熟藏 위에 있어서 생것은 내리누르고, 익은 것은 위로 치받으니 마치 오처五處를 묶어서 납작하게 찔러놓은 것과 같으니라. 그리하여 만약 어머니가 많이 먹거나 혹은 적게 먹거나 다 고통을 받는다.

이와 같이 만약 살찐 것을 먹거나, 마른 것을 먹거나 아주 찬 것, 아주 뜨거운 것, 짠 것, 싱거운 것, 매운 것, 신 것, 혹은 너무 달거나 매운 것, 이런 것 등을 먹을 때 다 고통을 받는다.

만약 어머니가 다닐 때 혹 급히 달려가거나, 혹 위태롭게 앉거나, 오래 앉거나, 오래 눕거나, 뛰거나 할 때, 다 고통을 받느니라.

난타야, 마땅히 알라. 어머니의 태중에 처하는 데는 이와 같은 여러 가지의 괴로움이 있어, 그 몸을 핍박하는데 이걸 이루 다 말할 수 없느니라.

사람 갈래에서도 이와 같은 곳을 받으니, 하물며 나쁜 갈래 지옥 가운데의 고난이랴.

이러므로 난타야, 어느 지혜 있는 자가 생사에 있기를 좋아하여 가없는 괴로움의 바다에서 이러한 액난을 받으려 하겠는가.

난타야, 제 28, 7일에는 어머니 뱃속의 태아가 문득 여덟 가지 뒤바뀐 생각을 내나니, 그 여덟 가지란, 이른바 집 생각, 타는 생각[승상乘想], 동산 생각[원상園想], 누각 생각, 수림 생각, 평상자리 생각, 강 생각, 못 생각이라, 실은 이것이 없건만 망령되이 분별을 내는 것이니라(사진 2-5 참조).

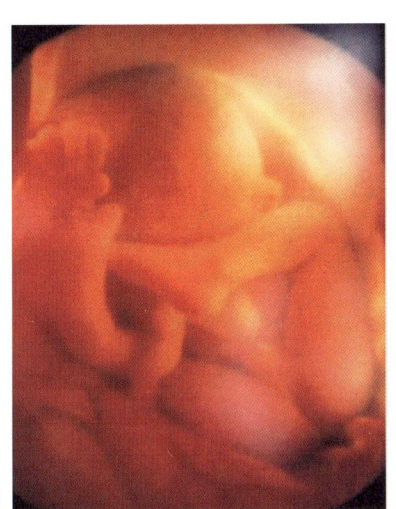

[2-5] 28주째 태아 7개월

　난타야, 제29, 7일에는 어머니 뱃속에 화조花條라는 바람이 있어 이 바람이 능히 태아의 형색을 곱고 희고 정결하게 하거나, 혹은 업력으로 말미암아 검거나 또는 푸르거나 다시 여러 가지 추잡한 얼굴이 되게도 하고, 혹 건조하여 윤택이 없으며, 흰 빛, 검은 빛이 색을 따라서 나오게 하느니라.

　난타야, 제30, 7일에는 어머니 뱃속에 철구鐵口라는 바람이 있어 이 바람이 능히 태아에게 불어서 터럭과 손톱, 발톱을 길게 하는데, 백과 흑의 모든 빛이 다 업을 따라서 나타나는 것은 위에 말한 바와 같다.

　난타야, 제31, 7일에는 어머니 뱃속에서 점점 커져 이렇게 32, 7일, 33, 7일, 34, 7일에 와서는 더 커지느니라.

　난타야, 제35, 7일에는 어머니 뱃속에서 지체支體가 구족하여

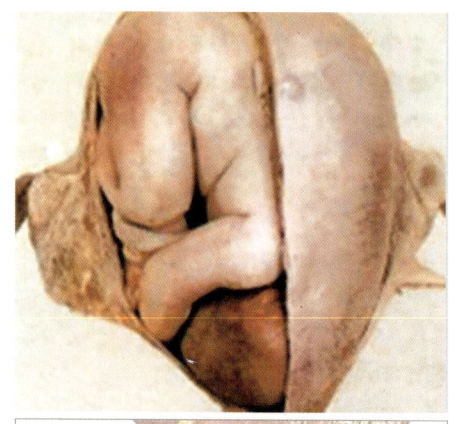

[2-6] 36주째 태아

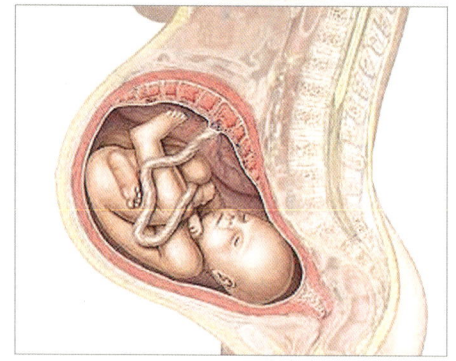

[2-7] 37주 이후 태아

지느니라.

　난타야, 제36, 7일에는 그 자식이 어머니 뱃속에 있는 것을 좋아하지 않느니라(사진 2-6 참조).

　난타야, 제37, 7일에는 어머니 뱃속에서 태아가 문득 세 가지 뒤바뀌지 않은 생각을 내나니, 이른바 깨끗하지 않은 생각, 냄새가 나고 더러운 생각, 어두운 생각이니라(사진 2-7 참조).

　난타야, 제38, 7일에는 어머니 뱃속에 남화藍花라는 바람이 있어서 능히 태아로 하여금 몸을 굴려서 밑으로 향하게 하고 길게 두 팔을 펴면서 산문産門으로 향하게 하느니라.

다음에 또 취하趣下라는 바람이 있어 업의 힘으로 말미암아서 바람이 태아에게 불어 머리는 밑으로 향하고 두 발은 위로 향하게 하여 가지고는 산문으로 나가게 하느니라.

난타야, 만약 저 태아가 전생 몸이 여러 가지 악업을 짓고서 인태入胎에 떨어졌다면, 이 인연으로 출생하려고 할 때에 수족이 옆질로 뻗질러서 돌아나오지 못하고 곧 어머니 뱃속에서 목숨을 마치느니라.

이때, 지혜 있는 여인이나 혹은 좋은 의사가 따뜻한 소와 기름이나 또는 느릅나무 껍질즙이나 다른 미끄러운 것을 손에 바르고 가운데 손가락에 아주 예리한 얇은 칼을 끼운다.

그 속은 칙간과 같아서 어둡고 더러운 냄새가 나는 고약한 구덩이인데 숱한 충이 항상 살고 있으며, 냄새나는 액즙이 항상 흐르고 정혈精血이 썩어나는 곳이라 참으로 싫은 곳이다.

엷은 가죽으로 악업의 피고름집을 덮은 이 더러운 곳에 손을 밀어 넣어서 예리한 칼로 아이의 몸뚱이를 조각조각 베어내면, 그 어머니는 이 뜻밖의 일로 극심한 신고辛苦를 받다가 목숨을 마치는 일이 많고 설혹 살더라도 죽은 것이나 다름이 없느니라.

난타야, 만약 저 태아가 선업으로 받는 바라면 설사 바뀌었더라도 그 어머니를 상하지 않고 탈없이 출생하여 신고를 받지 않느니라.

난타야, 만약 이러한 액이 없이 보통인 자라면 삼십팔 칠일에 이르러서 출산하게 되는데, 이때 어머니는 큰 고통을 받아서 거의 죽어가다가 바야흐로 출산하느니라.(…)"
라고 부처님께서 설하셨다.

이뿐 아니라, 부처님께서는 인생을 주태기住胎期, 생시生時, 동년童年, 소년少年, 청년靑年, 장년壯年, 노년老年, 잔년殘年(70세 이상)의 여덟 단계로 구분하고, 그 단계별로 몸의 세포가 얼마나 형성되고, 어느 시기에는 어떤 바이러스가 형성되는 것 등까지도 세세하게 말씀해 놓으셨다.

　현미경이나 정밀분석할 수 있는 의료기기가 없는 그 오랜 옛날 성현들의 이와 같은 혜안에, 현대 의사들과 과학자들은 충격을 받고도 남을 만하다.

　몇몇 특별한 경우를 제외하면, 이 세상 사람들은 어머니의 자궁에서 태어난다. 앞서 보았듯이 사람의 몸을 얻기도 어렵지만 자궁에 착상된 이후부터 태어나는 바르도 동안 얼마나 많은 고통과 위험 속에 놓여있는지 들여다 볼 수 있었다. 이제부터 더 큰 고통이 시작된다. 태어나는 순간부터 죽음의 원인이 되는 404가지 질병이나 80,000가지의 부정적인 영향들로 죽음과 만나는 순간까지 계속된다. 탄생부터 죽을 때까지의 기간을 '이생의 바르도'라 하는 것이다.

　이런 험로에서 이생의 바르도 상태가 얼마나 지속될지 불확실하다. 우리가 얼마나 살 수 있을지 불확실하기 때문이다.

　지금 자신을 보라. 이미 생의 많은 시간이 지나가 버렸다. 파드마삼바바는 "시간이 많은 것처럼 생각하던 이들은 죽음의 순간이 되면 바빠진다. 그래서 크게 후회하지만 때는 이미 늦었다."고

하셨다. 지난 뒤에는 후회해도 소용없다. 그러므로 지금 바로 이 순간부터 해탈에 이를 수 있는 능력을 갖추도록 갈고 닦아야 한다.

이생의 바르도에서 시간을 소비하고 경험하는 방식은 스스로 실재라 여기는 것을 경험하는 방식에 따라 달라진다. 우리는 누구나 실재에 대해 다양한 생각을 갖고 있다. 실재를 경험하는 방식도 다르고, 이 실재를 받아들이는 자신의 본성에 대해서도 다르게 생각한다.

태어나면서부터 죽을 때까지 보통의 사람들은 무지와 부정적인 성향, 미망에 사로잡힌 경험, 단단한 고착에 끊임없이 영향받는다. 이는 무엇을 의미하는가? 우리는 태어나기 전부터 에고에 집착하고 있다. '나'라는 생각을 단단하게 붙들고 있으면 실재에 대한 집착이 생겨나고, '나'를 '인식하는 자'로 다른 존재들은 '인식당하는 자'로 분리하게 된다. 그리고 이런 태도는 연쇄 반응을 일으켜서, 생에 생을 거듭하고 탄생에 탄생을 거듭하면서 윤회의 여섯 가지 영역을 맴도는 악순환은 계속된다. 이것이 보통 사람들이 이생의 바르도를 경험하는 방식이다. 수행을 통해 해탈을 얻을 때까지 이런 경험은 카르마의 힘에 의해 지속된다.

이 업력의 힘은 여덟 가지 세속적인 감정[八風]에 반응을 보이고 흔들린다. 즉 즐거움과 칭찬, 명성, 물질에 대한 집착과 반대자들에 대한 반감, 갖고 있는 것을 잃으면 어쩌나 하는 걱정과 잃었을 때의 고통, 원하는 것을 얻지 못하는 고통과 원하는 것을 잃으면 어쩌나 하는 걱정이 그것이다. 요컨대 수행자가 아닌 사람들은 대부분 세속적인 목적들을 달성하고, 자신을 생각하며, 친구를 돕고 적을 정복하는 일에 시간을 보낸다. 여덟 가지의 세속적인 일들에 빠져서 이생의 바르도를 허비하는 것이다. 참으로 슬픈 일이 아닐 수 없다.

이러한 상태에서 다른 상태로 거듭 반복하는 생사윤회로 나아가는 사람들의 도착지는 오직 '무명'뿐이다. 무명은 연기를 모르고 눈에 보이는 사물을 영원하고 단단히 고착된 것으로 여기는 잘못된 견해로, 이는 끝없는 고통의 연속이 될 것이다. 그러나 밝은 지혜에 도달한 귀한 존재들은 다시는 미혹한 생존으로 돌아가지 않는다.

4) 바르도에 대한 의문들

지금까지 여러 각도로 바르도를 살펴보았다. 죽음에서 다시 태어나는 사이에만 바르도 현상이 나타나는 것이 아니고, 그것은 우리의 삶 하나하나 흐름에서 계속 진행되고 있다. 평소 명상수련으로 훈련된 소수의 지혜 있는 사람들을 제외하고, 우리들 거의 모두는 아직도 '바르도'라고 하는 혼돈의 회오리 속에서 헤매고 있을지도 모른다. 그래서 바르도에 관해 더 쉽게 이해하고 깨어 있는 삶을 위해 정리하는 의미에서 스승들의 가르침을 질의응답의 형태로 엮어 보았다.

〔문〕_ 죽음의 순간에 이익을 줄 수 있는 것은 무엇일까?

〔답〕_ 만약 우리가 살아있는 동안에 종교의 가르침을 성실하게 실천하고, 죽음에 대한 학습을 할 수 있다면 더 없이 가치있는 일이다. 또 어떻게 마음이 작용하는지 볼 수 있다면, 그래서 정신적인 안정성을 설립할 수 있다면, 바르도 동안 엄청난 이익이 될 것이다.

죽으면 몸으로부터 정신은 갈라진다. 그때 마음의 본질을 경험하게 된다. 그러나 이때 명상의 경험이나 죽음에 대한 교육 없이 우리는 어떤 일이 일어나는지 알 수 없다. 육체에서 일어나는 것 또한 이해할 수 없게 된다. 전생에 죽음에 대한 기술을 학습하지 못했다면 밝은 빛을 인지하지 못하고, 업력으로 부착되어 있는 여섯 세계의 빛을 벗어날 수 없다. 그래서 다시 윤회하게 된다. 하지만 바르도 교육을 받았다면 무슨 일이 일어나는지 알 것이다. 만약 우리가 마음의 본성에서 나타난 섬광을 인지하지 못한다면, 오히려 빛에 의해 공포를 느끼고, 인지하고 있다면 안전지대로 바꿀 수 있을 것이다.

앞서 임사체험에서도 보았듯이 바르도 기간 동안 영가는 그들 가족과 친척들이 장례식장에서 하는 모습을 볼 수 있다. 그때 죽었다는 것을 깨닫게 되고, 이때부터 영가는 많은 고통들을 일으킨다. 그리고 영가가 전생에 속해 있는 재산과, 분노를 유발시킬 수 있는 것들을 볼 수 있다. 그래서 이 기간에는 가족, 몸, 소유한 것에 대한 애착을 느끼기도 한다. 그때는 가족도 영가도 해롭다. 그러므로 죽음의 순간 영가에게 유익하지 않은 요소들을 제거하고, 그 순간 공포와 두려움 없이 평온한 마음으로 근원의 빛을 인식할 수 있도록 친절하게 돕고 안내해야 한다.

[문] _ 죽어가는 사람에게 사후 바르도의 가르침을 암송할 때 몸에 접근해서 해야 할 필요가 있는가?

[답] _ 그렇다. 왜냐하면 죽고 나서의 의식은, 영가가 전생에 익숙했던 곳이나 몸 가까이에 있는 가족과 친구들 근처로 되돌아오기 때문이다. 그래서 그 의식이 돌아오는 장소에서 바르도의 가르침을 암송하는 것은 좋은 일이다. 만약 고인이 부모라면, 그 의식은 부모 생각으로 올 것이다. "오 나의 아들(딸)이여, 그는 나를 위해서 기도를 암송하고 있구나."라고 영가는 인지한다.

[문] _ 사후 바르도 안에서 의식은 어떠할까?

[답] _ 우리가 죽는다고 하는 것은 몸과 말이다. 마음은 결코 죽지 않는다. 계속 윤회계를 헤매고 다니는 것은 우리의 마음이지 현재의 몸이나 목소리가 아니다. 그러므로 몸과 말이 없는 바르도 안에서 우리는 새로운 존재로 바뀔 수 있다. 만약 우리가 지금 살아가는 동안에 눈과 귀가 멀었다고 할지라도, 바르도 동안에는 보고 들을 수도 있다. 바꿔 말하면 모든 감각의 기능들이 완벽해진다는 것이다.

바르도의 실체는 그 행동에 대한 초자연적인 힘을 가지고 있다. 예를 들어 어디든 갈 수 있고 개인에 대한 엄청난 문제를 야기시킬 수도 있다. 때문에 마음이 여러 가지 것들을 생각할 수 있으므로 혼란에 빠질 수도 있다. 이 기간에는 단단한 몸이 없기 때문에, 문을 나갈 필요 없이 그 마음이 어떤 장소를 생각할 때 자동적으로 그곳에 있다. 죽기 전에는 서울에서 미국에 있는 자식을 생각하면 마음은 미국에 있고 몸은 서울에 있다. 하지만 육신이 없는 중유일 때는 생각이 가는 곳에 바로 있다. 생각이 미국에 있으면 순간 미국이고, 그곳에 도착했을 때 서울을 생각하면 즉시 서울에 있다. 그래서 모든 모습과 경험들이 일어날 가능성이 있다. 자신이 죽은 것을 때로는 알고 때로는 모른다. 꿈을 꾸는 것 같고 모습과 경험은 극적으로 변한다. 꿈을 꾸는 것 같지만 때때로 명확하게 인지할 수 있다.

바르도 안에서는 어떤 안정성 같은 것도 없다. 영혼이라는 것의 상태는, 엄청난 고통과 혼란의 바람에 의해서 날려지는 깃털과 같기 때문이다.

〔문〕_ 평소 명상을 했던 경험자는 사후 바르도 안에 나타나는 형상이나 빛들을 알아 볼 수 있을까?

〔답〕_ 명상을 한 수행자라도 바르도에서 일어나는 모든 일들을 다 알 수는 없다. 하지만 안정된 정신을 가질 수 있다. 그래서 사후에도 바르도 안에서 평소 명상에 익숙했던 이들은 평화롭고 안

정된 마음을 가질 것이고, 그것들을 이해할 수 있게 될 것이다. 만약 어떤 사람이 사후 바르도 상태에서 삼매에 들었을 때, 그리고 현상의 본질에 대한 진실된 이해를 가지고 있었다면, 그는 바르도 경험을 인지할 수 있을 것이다. 그러나 또 다른 어떤 사람이 명상이나 어떤 깨달음 없이 같은 경험을 한다면, 바르도 안에서 진실된 본성을 알아차리지 못하고, 자신의 심상에서 표출된 여러 형상을 만났을 때 두려움을 경험하게 될 것이다. 때문에 지금 잘 살지 않으면, 죽음을 당하여 매우 힘든 상황이 발생할 수도 있다.

〔문〕_ 만일 어떤 사람이 사후에 다시 태어난다면 그 사람은 전생의 자신과 동일한 것일까?

〔답〕_ 윤회와 인과의 관계에 대해서는 2세기 후반 인도 북부를 통치하고 있던 밀린다Milinda(B.C.160~140) 왕과 나가세나Nāgasena 장로가 문답한 『밀린다왕문경』에 잘 나타나 있다.

밀린다 왕은 나가세나 장로에게 죽어 없어진 자와 다시 태어난 자가 동일한지 다른지 여부를 묻고, 동일하다면 무아설과 모순되며, 죽은 자와 태어난 자가 전혀 상관없는 것이라면 윤회와 인과를 부정하는 것이 되는데, 윤회설과 무아설이 양립할 수 있는가 하는 문제를 물어본 것이다.

이에 나가세나 장로는,

대왕이여, 짜낸 우유가 굳은 우유가 되고 이것이 다시 버터가 될 때 그 각각은 동일한 것도 아니지만 다른 것도 아닙니다. 굳은 버터는 우유에 의존하여 만들어진 것이기 때문입니다. (…) 대왕이여, 저 자신은 일찍이 갓난아기로 귀엽게 누워 있었을 때의 제가 지금은 성인이 되어 있습니다. 실로 이 몸에 의존하여 이들 모든 상태가 하나에 포섭되고 있는 것입니다. (…) 대왕이여, 사물의 연속(개체)은 그와 같이 계속하는 것입니다. 생겨나는 것과 소멸하는 것은 다른 것이지만 한쪽이 다른 쪽보다도 앞의 것이 아닌 것처럼, 또 뒤의 것도 아닌 것처럼 말하자면 동시적인 것으로 계속되고 있습니다. 이런 이유로 그것은 같지도 않고 다르지도 않은 것으로서 최후의 의식에 포섭되기에 이릅니다.

라고 하셨다.

우유와 버터는 모양이 다르고 이름이 다르지만 버터가 우유에서 만들어 졌듯이 서로 연결고리가 이어져 있으며, 아이와 어른도 동일하지 않지만 그 아이가 자라 어른이 되어도 유전자가 흐르듯, 눈에 형상으로 보이거나 보이지 않거나 세상에 존재하는 모든 것들은 항상하는 것도 아니고 단절된 것도 아니며, 서로 동일한 것도 아니고 서로 다른 것도 아닌 것과 같다.

또 '최후의 의식에 포섭된다'는 것은, 인간계와 천상계, 축생계 등 윤회계의 모든 존재들이 처한 상황과 조건들은 모두 전적으로 의식이 구성하기 때문에 단지 나타난 것에 불과하다는 의미이다. 모든 현상은 윤회하는 마음에게만 나타나는 것일 뿐 실제로는 덧없고, 실체가 없는 것이다. 따라서 이 모든 것들은 원인에 의존한 현상일 뿐이다. 이 원인은 욕망을 추구하는 데서 오고 완전한 깨달음으로 극복되지 않는 한, 죽음은 태어남을 뒤쫓고 태어남은 죽음을 이어 고통은 끝이 없다.

나가세나 장로는 "다음 세상에서 생을 맺기 위한 인과 연이 정지되어 있다면 윤회의 반복에서 벗어나게 된다."고 하고 있다. 이는 다시 말해 '바르도'를 겪지 않게 된다는 의미이다.

장수 행복과 이타심을 널리 드러내시기를 기도하나이다.
(2008. 8. 6 달라이라마)

티벳. 사자의. 서.

티벳 사자의 서

　지금까지 우리가 거쳐 온 모든 학습은 사실 『티벳 사자의 서』를 이해하기 위한 과정들이었다. 당신이 지나온 여정을 제대로 이해했다면, 이제부터는 임사체험자들의 증언과 삶과 죽음의 바르도들에서 일어나는 현상들을 하나하나 영상을 떠올리듯 대조해 가면서, 이 경전 속에서 흥미 있게 여행할 수 있을 것이다.

　『티벳 사자의 서』를 이해하기 위해서는 먼저 티벳에 대하여, 즉 지리적 위치와 환경, 그들의 신화와 역사, 종교, 그리고 티벳인들의 심성 등에 대한 이해가 있어야 할 것 같아서 간단히 소개하고 갈까 한다.

[3-1] 티벳지도

    티벳 고원은 엄청난 지질융기의 결과로 형성된 지형이며 지질학적으로 신생대에 속한다. 이 고원은 대략 1억 년 전 테티스Tethys라는 바다 밑이었다고 한다. 시원의 두 대륙 즉 북쪽의 라우라시아Laurasia와 남쪽의 곤드와나Gondwana(지금의 인디아 근처)가 부딪쳐 해저가 융기하면서 솟아올라 히말라야를 생성시킨 것이다. 그 후 400만 년 전쯤에 있었던 히말라야의 지각변동에 의해 남쪽으로 히말라야Himalayas 산맥이 티벳을 감싸고, 파미르Pamir 산맥과 힌두쿠시Hindu Kush 산맥이 서쪽 변방을 덮고 있으며, 쿤룬 산맥이 북부의 경계를 에워싸고 있다(사진 3-1 참조). 지구 최대의 강 중 다섯인 메콩Mekong, 살윈Salween, 창포Tsanpo, 브라마푸트라Brahmaputra, 황허黃河, 양쯔揚子 강이 티벳 고원에서부터 시작된다.

그러므로 지금의 티벳은 히말라야 산맥의 북단, 유라시아 심장부에 위치하고, 현재 중국 면적의 1/4이 티벳 영토이며, 우리나라 전체 면적의 약 12배나 되는 광대한 고원이다. 이 땅은 평균고도가 3,500m이고 세계 제일의 높은 봉우리들은 '세계의 지붕' 혹은 '하늘과 가장 가까운 대지', '은둔의 땅' 등으로 불리며 외부와 격리된 독특한 불교왕국으로 존재해 오고 있다.

먼저 티벳은 성산 '카일라스Kailash'를 빼고 말할 수 없을 것이다(사진 3의 2, 3, 4 참조).

성산 카일라스(수미산)는 아시아 4대륙의 4대강 즉 갠지스Ganges, 인더스Indus, 수트레이Sutlej, 브라마푸트라Brahmaputra의 수원지로서 특히 브라마푸트라 강은 남쪽으로 넓게 굽이쳐 흘러 중앙 티벳의 시가체; 라사, 체탕 등과 같은 인구 집중지를 지나 인도로 흘러간다.

이러한 자연의 지리적 배경은 여러 의미를 담고 있기도 하다. 다시 말해 생명수를 공급하는 것 외에 영혼도 함께 흘러 스며들어 모든 유정·무정들의 센터, 즉 심장부가 되는 셈이다.

모든 순례자들은 말한다. 카일라스는 '신비스런 힘이 솟아나오는 산, 저절로 그 앞에 무릎을 꿇어 엎드리게 되는 산, 신비스런 우주와 텔레파시를 주고받는 사바세계의 중심 안테나로서 영혼의 숨구멍'이라고.

우리의 풍수지리학에서, 기철학의 이론에서 딴뜨라의 원리에서 말하는 '천하의 하나밖에 없는 명당' 카일라스라는 산은 불교의 우주론에 나오는 상상의 산(모델)으로 세계의 중심에 솟아있

[3-2] 서로 다른 방향에서 포착한 카일라스(수미산)의 여러 모습

〔3-3〕

〔3-4〕

는 거대한 산이다. 인도인들은 이 산을 신들이 사는 힌두교 최고의 성지로 숭배하고 있다. 인도에서 힌두교는 그들의 뿌리이다. 정신·철학이 다 여기서 시작된다. 인도인들은 힌두교의 최고신의 거주처가 성산 카일라스이기 때문에 죽기 전에 그쪽 순례를 하는 것이 평생의 소원이다. 때문에 그 순례길을 가다 죽으면 그들에게는 더 없는 축복이기도 하다.

눈과 얼음에 둘러싸여 모든 산을 내려다보며 솟은 원뿔 또는 피라밋 모양으로 신비롭게 솟아있는 이 산은 고대로부터 성산으로 알려져 민족과 종교를 초월한 순례자들의 발길이 끊이지 않는 곳이다.

티벳 민족은 여러 유목민들의 집합이지만 몽골 계통의 인종으로 티벳에 불교가 깊숙이 뿌리내리기 전에는 공격적이며 호전적인 민족이었다는 사실을 많은 역사적 기록을 통해 확인할 수 있다.

그들은 눈이 시리도록 푸른 하늘과 순결한 땅, 눈으로 덮인 거대한 설산과 맑고 넓은 호수, 그리고 바위와 나무 등 각각의 장소에 살고 있을 신령스런 에너지인 자연의 정령들을 섬기고, 목숨 있는 일체의 유정물有情物을 사랑하면서 평화롭게 살아왔다. 이들은 자연의 생성원리와 흐름을 알고 여기서 나타나는 여러 현상들을 운용할 줄 알았다. 때문에 인간의 생존 조건에 맞지 않는 기후와 척박한 환경에 순응하며, 자생적인 문화를 이루어 왔다. 그래서 이들은 아직도 물질적 가치보다 정신적 가치를 우선시 한다.

이런 환경을 지닌 티벳인들의 심성은 신화에서도 느낄 수 있다. 이는 기원전에 하늘에서 내려온 '하느님의 아들'을 임금으로 맞이하여 얄룽 계곡을 중심으로 왕조를 이룩하고 설역 고원의 주인으로 뿌리를 내린 것으로부터 이어진다.

> 영겁의 시간이 흐르고 다시 무수한 시간이 흐르면서 대륙과 바다가 자리를 몇 차례 바꾼 뒤, 세상의 중앙에 거대한 땅이 솟아올랐다. 그리고 세월이 흐르면서 산과 계곡과 평야 등이 생겨나고 유정·무정의 생명체들이 생겨나 공존하면서 살았다. 인간이 나타나기 이전이었으므로 산과 바위와 거대한 나무 등에 깃들어 있던 여러 종류의 정령精靈들이 이 대륙을 차지하며 주인노릇을 하였다. 이에 인간이 살 수 있는 환경이 무르익었음을 안 남해 바닷가 보타낙가산의 관음보살은 특이한 변종으로 태어난 원숭이, 즉 유인원을 얄룽 계곡으로 보낸다. 관세음보살의 명을 받고 원숭이는 열심히 수행을 하다가 인연이 성숙되어 바위의 정령인 나찰녀와 결합하여 6명의 자식들을 낳았다. 이 여섯 아이에게서 시작된 집단이 성장하면서 티벳은 인간의 왕국이 되었다.
>
> - 『티베트 역사 산책』, 정신세계사

이러한 시조설화로 시작된 티벳 조상들의 문화와 심성은 토착종교인 뵌Bön교에서도 잘 나타나 있다. '뵌교'라는 단어의 의미는 원래 '염송念誦하는 사람'이라는 뜻인데, 그들이 항상 주문을 외운다는 관습에서 기인했지만 나중에는 그들 신앙의 이름으로,

나아가 그들 민족의 이름으로까지 확대되어 오늘의 '티벳Tibet'이라고 불리게 되었다. 이는 지금까지 흘러오면서 '마니꼬르'라는 회전용 기도도구를 돌리며 입으로 '옴마니반메훔'을 염송하는 것이 그들의 일상이다(사진 3-5 참조).

이들에게 뵌교가 생성된 배경에는 무언지 모를 신비한 힘을 간직한 것 같은 거대한 자연물과 그 속에 들어있을 것 같은 영혼(anima)과 초월적인 힘에 대한 결코 떨쳐버릴 수 없는 두려움에서 기인한다. 그리하여 그것을 숭배하고, 그 힘과 교감하며, 소위 마법魔法의 원천이 되는 초월적인 에너지 같은 그 무엇인가를 얻어내는 방법을 찾아내려 했다. 이런 배경으로 원시 샤먼신앙은 점차로 확대되면서 후에 종교로까지 조직화되기에 이른다.

〔3-5〕마니꼬르

뵌교는 파미르 고원 산악지역의 민속신앙에서 발전되어 중앙아시아 일대에서 맹위를 떨치다가 불교가 전래되면서, 지방신을 다루는 많은 이야기들과 함께 인도의 고등종교인 불교 속에 포함된다. 이는 티벳에서의 불교성립이 신과 영혼을 포함하는 토착종교 뵌교와의 상호작용을 통해 이루어진 것임을 반증하는 것이다.

『티벳 사자의 서』도 이러한 성숙된 환경과 배경 속에서 나오게 된 또 하나의 '카일라스'가 아닐까?

그러면 『티벳 사자의 서』가 어떻게 쓰여지게 되었는지 들여다보겠다.

1. 『티벳사자의 서』가 쓰여지게 된 경위와 배경

완전하고 순수함 그 자체이기에 연꽃에서 태어난 자라고 불리는 파드마삼바바Padmasambhava는 우다야나Udiyana(현재 파키스탄) 출신의 인도인이다. 왕자로 태어나 과거 인연에 의해 출가한 그는 수행을 성취하여 당시 석가모니 부처님의 환생자라고 칭송 받았다. 또 신비과학에도 정통한 성인이었고, 8세기 경 티벳에 불교를 전파하였다.

  같은 시대, 티송데짼(755-797) 왕이 통치하고 있는 설산으로 뒤덮인 고산지대의 티벳에서는 불교가 들어간 이후 뿌리를 내리지 못한 채 토착신앙인 뵌교와 치열한 파벌싸움이 끊이지 않았다.

  왕은 선대의 황제들이 인도인 스승들을 초청하고 불교전파정책을 폈던 것을 뒤이어, 티벳을 불교로 통일시키기 위해 물질적·정신적 지원을 아끼지 않았다. 그는 대신들과 의논을 거듭한 뒤, 당시 인도 날란다 대학의 교수이며, 인근 나라에까지 성취자로서 그 명성이 유명한 파드마삼바바만이 파괴적이고 부정적인 세력들을 모두 잠재우고, 부처님의 가르침을 번성시킬 수 있을 것이라는 결론을 내리기에 이른다. 이어 친서와 함께 대신들을 인도로 보내, 그가 티벳으로 와서, 티벳이 불교국가로 자리를 굳히기를 간절히 희망한다는 전갈을 보낸다.

  왕의 초청으로 티벳에 가게 된 파드마삼바바는 티벳에 불교가 뿌리내리는 데 결정적인 역할을 하였다. 그가 티벳불교의 중심인물이라는 것은 의심의 여지가 없으며, 티벳 사원 곳곳에서 그의 상을 볼 수 있는 것만으로도 이 모든 것들을 말해 주고 있다. 뿐만 아니라 그는 공동체 승단을 세우고, 많은 딴뜨라 경전들을 인도의 산스크리트 원본으로부터 티벳어로 번역하게 했다. 티벳에 불교가 전파된 데는 어느 한 개인의 전법에 의해서만이 아니다. 중세 인도 불교의 총 본산이라고 할 수 있는 날란다 대학의 정통성이 당시 스승들의 법을 전파하기 위한 원력과 티벳의 국가적인 지원에 힘입어 인도불교의 대규모 이식작업이 이루어진 것이다. 이런 전통과 보존에 힘입어, 석가모니 부처님으로부터 전해진 인도불교 1,500년 역사를 그대로 이어받은 전통 가운데 하나가 바로 티벳불교이다. 그러므로 지금의 티벳불교는 딴뜨라(금강승)를 포함한 모든 인도불교의 모습을 비교적 원형 그대로 간직한 전통을 이어오고 있다.

파드마삼바바는 티벳에 불교가 국교로서 확고히 자리잡게 하고, 티벳 경전을 제작하는 데 공헌했을 뿐만 아니라, 티벳 영토의 독자적 사상을 새로이 양성하고, 죽음의 길에서 듣고 이해하는 것만으로도 영원한 자유에 이른다는 인류 만고의 비전 『티벳 사자의 서(원제목은 바르도 퇴돌Bardo Thödol이다.)』를 저술하였다.

파드마삼바바는 『티벳 사자의 서』를 저술하기 전, 여러 스승들을 찾아다니며 점성술, 일식, 월식, 의약학 등을 공부했다. 뿐만 아니라, 철자법과 글쓰기에 통달한 요기(수행자)를 찾아가 산스크리트어와 악마의 언어와 부호, 상징, 신과 야수를 포함한 육도에 존재하는 언어를 배우고, 64개의 서체와 360가지의 언어를 배워 마침내 언어의 스승이라는 칭호까지 얻게 된다. 또한 보석과 금, 은, 동, 철, 돌을 다루는 법을 배우고 조판술 및 목공과 석공의 기술도 배웠다. 그는 옷 만드는 법, 도기 만드는 법 등을 배워 응용미술에도 일가를 이루었다.

그가 『티벳 사자의 서』를 저술하게 된 결정적 계기는 인도 후기 중관파의 대가 빠담파라는 스승을 만나는 인연으로부터다. 스승 빠담파는 제자인 파드마삼바바를 지금은 인도 히말라야 북부의 고산지대에 위치해 있는 라닥Ladākh(역사적으로 라닥은 본래 티벳 땅이었다.)으로 데리고 가서, 그곳의 장례의식절차를 지켜보도록 했다(사진 3-6부터 7 참조).

그곳에서 죽어가는 사람에게 육체로부터 의식체를 이동시키면서 정신을 한층 높은 단계로 끌어올리는 포와 의식과 죽은 후 영가에게의 설법 등을 보고 큰 충격을 받게 되었으며, 스승 빠담파가 자신을 라닥으로 데려온 연유를 깨닫게 된다. 그리고 선정에 들어 평화 42존과 분노 58존께 비밀 해탈법, 즉 생사의 비의를 전수받았다. 그런 뒤 그곳의 장례 풍습을 보며 구전으로 내려온 그들의 풍습을 오랜 기간 연구했다.

앞서 행적에서 보았듯이 불교의 생사관과 요가, 딴뜨라 등 모든 분야를 이미 터득한 파드마삼바바는 이곳의 장례풍습과 융합하여 마침내 또 하나의 사상을 양성하게 된다.

파드마삼바바가 짓고, 유가 성취녀 예세초겔이 기록한 『티벳 사자의 서』는, 가르침이 유실되는 것을 방지하기 위해서 비장秘藏하고, 제자들에게 전수되어 이어오다가 시간이 흐르면서 티벳 전

[3-6] 틱세 곰빠

[3-7] 라닥의 탑들

역에 전승되어졌다.

그는 이 비전을 법연法緣이 있는 후대의 선근善根 있는 인연자들을 위해, 영적인 아내이며 제자인 예세초겔Yeshi Chogyal과 수행을 성취한 제자들에게 티벳 전 지역과 인도, 네팔 등에 경전과 구결 등을 은닉한 뒤, 그것들이 적절한 시기에 발견되도록 축복하고 예언하였다. 이는 스승의 말세 중생들을 위한 끝없는 자비심의 발로인 것이다. 비장의 장소로는 설산과 사원, 그리고 동굴 속이나 호수, 특히 카일라스에 가장 많이 숨겨두게 하였다. 그의 예언에 의하면 이 비전은 시절 인연이 될 때, 비장의 문헌을 꺼내는 사람, 즉 땔똔Tertons들이 문헌들을 하나씩 꺼내어, 세상에 그 가르침이 펼쳐질 것이라고 하였다.

티벳의 스승들은 "철로 된 새(비행기)가 하늘을 날게 될 때, 티벳과 인접국가에서 이어져 오고 있는 비전의 가르침들이 서양으로 전해질 것"이라고 예언을 하였다. 스승들의 예언대로 이 경전은 1200여 년의 세월이 흘러 20세기에 이르러서야, 동양의 종교와 사상에 궁금증을 갖고 영적 길을 찾고 있던 서양인들에 의해 발견되었다.

심리학의 거장 칼 구스타프 융Carl Gustay Jung(1875~1961, 스위스의 정신과 의사이자 분석심리학자의 창시자)은 『티벳 사자의 서』를 읽고 나서, 서구정신학의 한계를 개탄하고 설산의 현자들이 건네 준 이 비전에 대해 '가장 차원 높은 정신의 과학'이라고까지 극찬하고, 이 경전의 심리학적 해설을 직접 썼을 정도였다.

『티벳 사자의 서』는 장례의식에 관한 문헌이 아니라, 임종에서부터 사후 바르도 상태에서 일어나는 다양한 현상들로부터 영가를 인도하고 더 높은 차원으로 끌어올려주는 안내서이다. 때문에 이 경전에서는 죽으면 무슨 일이 일어나는가, 그리고 그 상황에서 어떻게 안전지대로 피난할 수 있는지에 대해 상세히 기록되어 있다. 뿐만 아니라 사후 이러한 바르도의 전개는 영가의 전생의 삶이 그대로 드러난 결과물로 우리가 현재 어떻게 살아야 하는지를 역설적으로 가르치고 있는 '인생 네비'이다.

    당신이 이 경전에 귀를 기울인다면 삶과 죽음에서 끊임없이 제공되고 있는 해탈의 기회를 잡게 될 것이다.

2. 『티벳 사자의 서』에 등장하는 중요한 의식절차

『티벳 사자의 서』에서는 보통 심장이 완전히 멎었다고 판단되면, 시신을 흰 천으로 덮는다. 이는 시신이 죽음의 과정에 있어서 방해받지 않도록 건드리지 못하게 하기 위한 것으로, 영혼이 육체로부터 완전히 분리될 때 죽음의 과정이 끝이 난다고 보고 있기 때문이다. 이때 의식체(영혼, 중음신)를 분리하는 과정을 '포와Pho-wa'라고 하며, 이 의식을 거행할 수 있는 스승이 없을 경우, 3일 반 내지 4일이 걸려야 의식이 육체로부터 떠난다고 하고 있다.

포와는 살아 생전에 하는 것과 사후에 하는 방법이 있는데 여기서는 죽음의 과정에서 타인의 의식체를 해탈하게 하거나 더 높은 차원으로 인도하고, 죽은 지 얼마 되지 않은 사람의 의식체가 재탄생할 수 있도록 하는 것을 말하고 있다. 또 우리의 본성(지혜)이 더 깊은 혼란 속으로 떨어지는 것을 막는 의미도 있다. 즉 개념적인 정신을 빛 속으로 녹여(융합)버리거나 재탄생토록 하는 것이다(포와는 인도와 티벳에서조차도 가장 조심스럽게 수호되는 비밀요가이다. 포와는 『티벳 사자의 서』 전체에 걸쳐 진수이지만 남용될 우려 등으로 함부로 다루지 못하도록 하고 있다. 그러므로 여기서는 포와 방법은 생략하고 사후 49일간의 의식만 소개하겠다).

또한 스승이 포와를 성공했다고 하더라도 영가는 대개 3~4일이 지나야 자신이 몸으로부터 떠났다는 사실을 깨닫게 된다. 그러므로 이 기간 동안은 시신을 처리하지 않는다.

『티벳 사자의 서』 가르침을 안내함에 있어서는 죽음의 순간 '치카이 바르도' 편을 사후 3~4일까지 읽어주고, 사후 17일까지는 존재의 근원을 체험하는 '초에니 바르도' 편을, 사후 22일째부터는 태어날 길을 찾아주는 '시드파 바르도' 편을 읽어주면서 영가를 일깨운다.

이렇게 하는 데는 죽음의 징후가 나타나는 출발에서, 임종 직후 뒤따르게 되는 실신과 무의식 상태로부터 영가를 깨어나게 해 완전한 의식을 되찾게 하고, 낯선 저승의 환경에서 그를 적응할 수 있도록 하기 위함이다. 무엇보다도 죽음 너머의 세계로 가는 여행자의 의식을 끌어 올려 해탈과 바른 환생을 인도하기 위한 것이다.

평소에 많은 수행을 하여, 임종의 순간 정광명을 만나 빛 속으로 들어간 영가에게는 『티벳 사자의 서』를 읽어줄 필요가 없고, 만약 의식 전이가 이루어지지 않았으면, 『티벳 사자의 서』를 영가의 시신 곁에서 발음이 분명하고 문장이 명확하게, 3번 또는 7번을 읽어 주도록 하고 있다. 이때부터는 영가를 위해 공덕을 쌓아 전생의 부정한 업을 제거해 주고, 영가가 빛을 가려 해탈할 수 있는 기회를 제공해 주어야 하는데 전적으로 그 역할이 가족이나 친지, 지인 등에게 달렸다 할 것이다.

지금 현재 우리의 의식은 육신 안에 갇혀 있다. 이처럼 육신 안에 갇혀 있으면 의식은 자유로울 수가 없다. 그러나 사후부터 의식이 다음 생을 위해 자궁 안으로 들어가기 전까지 의식과 몸이 분리되어 있다. 요컨대 의식이 육신이라는 족쇄에 묶여있지 않기 때문에 쉽게 깨달음에 이르도록 인도할 수 있다.

죽었다가 깨어난 임사체험자들이 증언한 바에 의하면 죽음을 맞이한 순간부터 3~4일 동안 대부분의 경우 의식체는 자신이 육체로부터 분리되었다는 사실을 알지 못한 채 기절상태 또는 무의식(수면)상태에 빠져 있다고 한다.

죽음을 맞이하는 이 기간이 첫 번째 바르도이며, 치카이 바르도Hchikhahi Bardo, 곧 '죽음의 순간 바르도'라고 부른다.

1) 죽음의 순간 일어나는 정신적인 현상(치카이 바르도)

치카이 바르도는 죽음의 순간부터 사후 3~4일 동안을 말한다. 사후의 학습을 받지 못한 보통사람들은 이 기간 동안 무의식 상태에 머문다고 한다.

죽음의 순간 최초의 투명한 빛이 영가 앞에 나타나는데, 그 빛은 모든 존재의 근본 마음 상태(불성佛性)부터 밝아오는 순수한 빛이다. 그러나 영가는 그 밝고 순수한 빛을 두려워하거나 인식하지 못하고, 자신이 지은 업 때문에 흐릿한 빛을 선호한다. 이때 만약 영가가 흐릿한 빛 속으로 들어가면 육도에 윤회하게 된다. 그러므로 다음과 같은 방법으로 영가가 깨어 근원의 빛을 인식하고 그 섬광 속으로 들어가도록 인도한다.

먼저 날숨이 멎으려 하면 임종자를 숨이 멎기 전 오른쪽으로 눕히고, 맑고 다정한 음성으로 빛의 길을 찾도록 가르침을 반복하여 안내한다.

아! 고귀하게 살다간 ○○○이시여! 그대는 이제 길을 찾아야 하는 시점에 도달했습니다. 그대의 숨이 끊어지는 순간 인위의 정광명이라 부르는 근원의 눈부신 빛이 나타납니다. 이 빛은 진실 그 자체이며 허공과 같아서 어떤 꾸밈도 없습니다. 그대 앞에 깨끗하고 맑은 하나의 의식이 출현하게 됩니다. 그때 그것을 인식해서 정광명의 상태 속에 들어가 머물도록 하십시오. (이것을 임종을 맞이하는 사람의 귀에 호흡이 완전히 멎기 전이라도 그의 마음에 깊이 새겨지도록 반복해서 읽어준다.)

　　집중하고 잘 들으시오. ○○○는 이제 이 죽음을 이용하여 허공처럼 많은 생명을 가진 모든 것들에게 자비의 마음을 갖도록 하십시오. 그리고 그것들을 위해 완전한 깨달음을 얻기 위해 노력하고, 지금이야말로 그대가 모든 생명력을 가진 것들의 이익을 위해 존재의 근원에서 나오는 투명한 빛을 깨달을 수 있는 더 없는 귀중한 기회임을 잊지 말지어다. 고귀하게 살다간 ○○○이시여! 그대의 마음은 본래 텅 비어있으며, 스스로 빛나는 것이며, 태어남도 죽음도 없는 자리입니다. 본래 텅 빈 그대의 마음이 부처임을 깨닫고 그것이 곧 그대의 참된 의식임을 알 때 그대는 빛 속에 머물게 될 것입니다.

(『티벳 사자의 서』 원문에서는 임종에서부터 49일까지 의식 절차가 매우 길다. 그 내용들은 영가 전생의 환경과 삶의 과정에 맞춰 설해진 것들이다. 때문에 이 책에서는 그런 부분을 생략하고 그 핵심적 줄거리만 소개하겠다.)

영가가 죽기 전에 사후에 대해 학습할 기회가 전혀 없었거나, 죽음의 순간 가르침을 전해 줄 안내자가 없다면, 강한 빛이 두렵게 느껴지고 공포에 휩싸여 이후에도 계속 방황하게 된다.

앞서 '제1장 1의 2) 죽음의 여행에서 일어나는 현상들'에서 설명한 바와 같이 사후 각 챠크라의 에너지와 원소들이 우주 속으로 흡입되는 과정에서 빛과 소리 등이 나타난다. 때문에 만약 영가가 앞에 나타나는 현상들을 두려워하게 되면 몸의 각 에너지에 영향을 주게 되고, 소리나 색채 등이 더욱 어지럽고 무섭게 느껴질 수밖에 없다.

그러나 이때는 업력의 환영이 아직 등장하기 전이기 때문에, 소중한 가르침이 그에게 잘 전달된다면 틀림없이 목적을 이룰 것이다. 이런 현상은 종교와 인종에 상관없이 누구에게나 나타난다. 단지 다른 모습으로 나타날 뿐 그 본질은 같다.

2) 존재의 근원을 체험하다(초에니 바르도)

첫 번째 바르도가 끝나면 영가는 자신이 죽었다는 사실을 알아차리게 되고, 이어 두 번째 바르도인 초에니 바르도 Chösnyid Bardo, 즉 '존재의 근원을 체험하는 바르도'의 과정을 겪게 된다.

이 바르도에서는 영가가 기절상태에서 깨어났을 때, 그의 앞에 상징적인 환영들이 하나씩 나타나기 시작한다. 죽기 전 육체를 갖고 있을 때 행한 행위들이 카르마의 환영들로 출몰하는 것이다. 이는 심리 작용으로 죽을 때의 마음가짐과 살아생전의 업이 나타나는 양상으로, 이 역시 자신이 만들어 낸 결과물들이다.

영가는 자신이 죽었음에도 불구하고 여전히 살과 뼈가 있는 육체를 갖고 있다는 착각에 빠지게 된다. 우리가 잠을 잘 때 꿈속의 일들이 사실인 줄 알고 반응했던 것처럼 사후에 일어나는 일들도 견고한 것으로 받아들인다.

영가가 최초의 빛을 알아보지 못했을지라도 다시 투명한 빛을 가려 섬광 속으로 녹아 들어가면 방황은 끝이 난다. 이때 먼저 영가의 이름을 부르고 나서 분명하고 정확한 목소리로 다음과 같이 일깨워 준다.

오, 고귀하게 태어나 착하게 살다간 ○○○여! 마음을 집중해서 주의 깊게 들으시오. 그대는 자신의 순수한 마음에서 나온 근원의 투명한 빛이 나타났으나, 그대는 그것을 붙잡을 수 없어서 여기까지 오게 된 것입니다. 이제부터 그대에게 어떤 공포와 두려움이 밀려올지라도 그대는 다음에 하는 말을 잊지 말아야 합니다.

우리가 곁에서 당신을 도울 것입니다. 그러니 안심하고 진리의 가르침에 귀 기울여 듣고 따르도록 하시오.

그대 앞에 어떤 환영들이 나타나든지 그것이 그대 자신의 마음속에서 나온 것임을 깨닫고, 그 환영을 꿰뚫어 보시라. 그대의 육체와 마음이 따로 분리되어 있는 이때, 그대는 순수한 진리의 세계를 잠깐 경험하게 될 것이오. 그것은 밝고 눈부시고 미묘하여 무서울 정도로 빛이 납니다. 그것을 보고 당황하거나 두려워하지 말고, 그대 자신의 참 본성임을 깨달으시오.

그 빛 한 가운데서 천 개의 천둥이 동시에 울리는 것처럼 존재의 근원에서 나오는 자연스런 소리가 들려올 것입니다. 그것도 그대 자신의 참 본성의 자연스런 소리이니 두려워하거나 무서워하지 말지어다. 그대는 살과 뼈로 만든 육체를 갖고 있지 않으므로 어떤 것이 그대 앞에 나타나든지, 그것이 소리이든 빛이든 형상이든 그 어떤 것도 그대를 해치거나 죽일 수 없습니다. 이 모든 것은 환영으로 그대 자신의 생각에서 나온 것임을 명심하시오. 그대 앞에 나타나는 것들을 두려워하게 된다면 빛과 소리와 현란한 색채들이 그대를 더욱 공포에 떨게 만들 것이오.

또한 그대가 빛과 소리와 색채의 본질을 깨닫지 못하면 윤회계 속을 방황하게 될 것입니다. 그러나 그대 앞에 일어나는 모든 세계가 환영임을 깨닫게 되면 그것들은 모두 사라지고 눈부시게 찬란한 빛이 드러날 것입니다. 그것은 그대의 참 본성인 밝은 빛이 나타나는 것이므로 안심하고 그 빛 속으로 들어가십시오.

거듭된 인도에도 불구하고 대부분의 영가는 49일 동안 바르도 기간을 거치게 된다. 그것은 영가 자신의 업 때문이다. 이때부터는 영가가 겪어야 하고 넘겨야 할 위험과 시련들에 대해 자세히 설명해야 한다. 사후 3~4일 후부터 일주일 동안(사후 10일까지) 평화의 신(자비존)들이 밝아온다(사진 3-8 참조).

• ─── (1)평화의 신 등장

다섯 원소들이 해체되고 백화, 적화, 흑화의 경험이 일어난 뒤에는 '의식이 공간 속으로 용해되는' 현상과 함께 섬광이 펼쳐지기 시작한다. 그런 다음에 '광명 속으로 공간이 용해되고', '광명은 합일(음과 양, 방편과 지혜, 모든 것을 포용하는 순수함) 속으로 용해되며', 광명이 합일 속으로 용해되는 순간, 백 가지의 평화와 분노의 모습들이 나타난다. 이때 영가가 평화존들을 알아보지 못하면 업력의 성향이 다시 나타나고 두려운 나머지 태어날 곳(숨을 곳)을 찾기 시작한다. 하지만 이 사이 언제라도 모든 것들이 자신의 마음에서 나온 것들이라는 것을 깨닫게 되면 바르도는 끝이 난다.

평화의 신들은 가슴에서 나오는 42명의 자비로운 신들이다.

이 신들은 다섯 원소(地·水·火·風·空)의 속성을 상징하는 명상하는 합존불 모습으로 등장한다. 여기에 나타나는 합존불은 음과 양, 방편과 지혜의 원리를 표현하고, 나타나고 존재하는 모든 것들의 일체를 포용하는 순수함이다. 즉 현상은 정신적인 것에 불과하며 본래의 존재성은 없기 때문에 공성과 분리할 수 없는 순수한 표현일 뿐이다. 모든 현상은 본래 완벽하다는 것을 보여 주고 있는 것이다. 이들은 동·서·남·북·중앙의 분명한 방향에 위치하여 우주의 영적인 속성들을 표현하고 있다. (지금부터 출현하는 평화·분노존들의 모습들은 북방불교의 딴뜨라 수행자들에게 나타난다. 종교에 따라 환경

〔3-8〕

에 따라 다르게 나타난다. 하지만 다섯 원소가 흩어지면서 나타나는 빛은 모두에게 비춘다. 여기서 중요한 것은 빛이다.)

중앙의 비로자나불은 영적인 존재의 모습을 보여주는 우주의 에너지로 다가온다. 또한 동쪽의 금강살타는 아촉불의 반영으로, 나쁜 카르마를 씻어 내도록 기원하는 우주의 힘으로 나타내고 있다. 남쪽에서 비추는 보생불은 원하는 모든 것을 재생하도록 기원하는 우주의 힘이고, 서방의 아미타불은 장수와 지혜를 얻도록 기원하는 우주의 힘이다. 북쪽에서 모습을 드러낸 불공성취불은 예술과 공예에서 성공하도록 기원하는 우주의 힘 등으로 표현된다. 그 부처님들은 다음과 같은 순서로 나타난다.

[3-8] **평화의 신들 만다라** _ 중앙에 비로자나불의 합존불이 위치하고 있다. 오른쪽 위는 보생여래의 합존불, 왼쪽 위는 아미타불의 합존불, 오른쪽 아래는 금강살타(아촉불)의 합존불, 왼쪽 아래는 불공성취불의 합존불이 위치하고 있다. 그 사이와 위·아래의 팔방에 수호신들이 위치하고 있다.(만다라에 따라 위치가 약간씩 차이가 있다.)

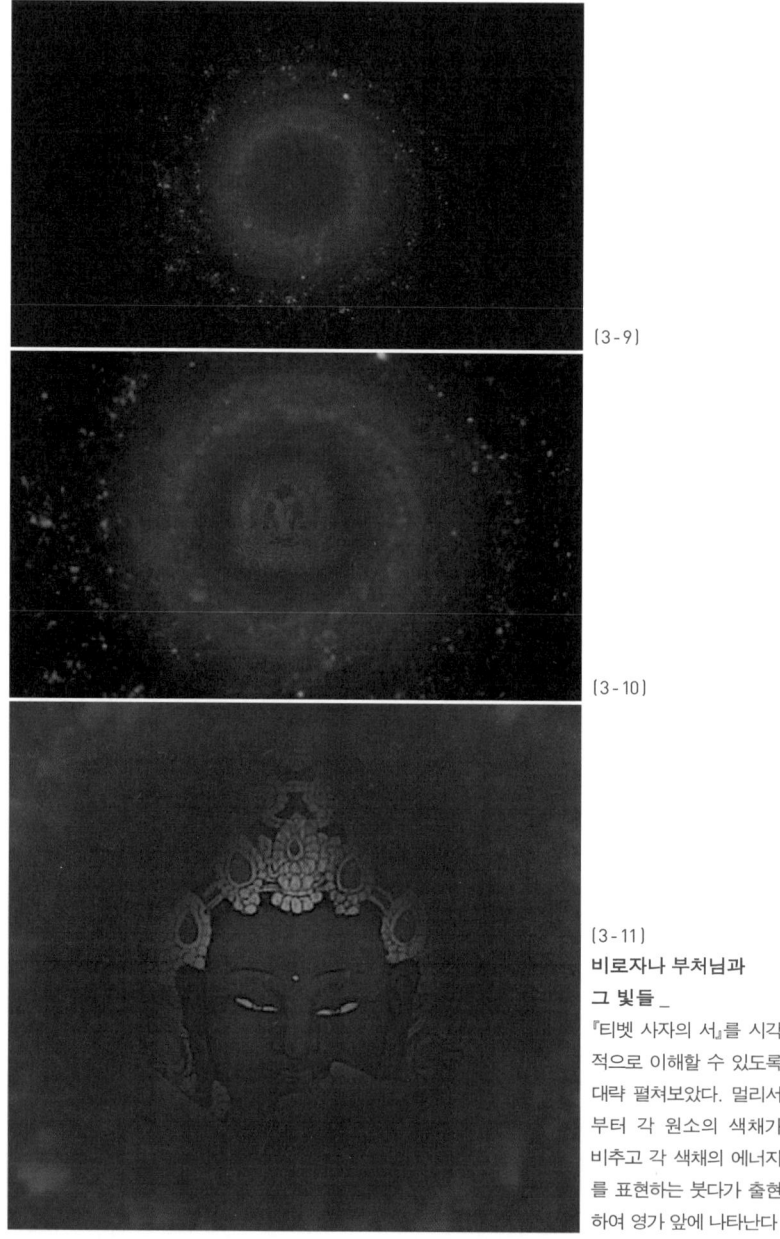

(3-9)

(3-10)

(3-11)
비로자나 부처님과 그 빛들 _
『티벳 사자의 서』를 시각적으로 이해할 수 있도록 대략 펼쳐보았다. 멀리서부터 각 원소의 색채가 비추고 각 색채의 에너지를 표현하는 붓다가 출현하여 영가 앞에 나타난다

첫째 날 바이로차나(비로자나불)가 눈부신 청색 광명으로 나타난다.

영가는 마치 맑고 푸르디 푸른 가을하늘처럼 보이는 온통 청색 계통의 파란 색을 보게 된다. 존재의 모든 것들의 근본실체를 이루는 이 빛은 색온色蘊을 상징한다(사진 3의 9부터 11 참조).

바이로차나의 빛인 청색 광명이 나타나는 이때 또한 천상계의 부드럽고 옅은 흰빛도 함께 나타난다. 살아생전에 착한 업을 쌓은 영가는 이 바르도 기간 중 부드럽고 흰 천상의 빛을 보고 기분이 날아갈 듯 기쁘고 편안하여 하늘세계를 선호하게 된다. 그러나 천상에 태어나도 수명이 다하면 다시 윤회하는 고통이 뒤따르게 된다. 그러므로 영가가 반드시 청색의 빛 속으로 들어가 정토에 태어나도록 도와야 한다.

이때 영가에게 친절하고 다정하게 다음과 같이 일깨워주도록 한다.

오, 고귀하게 살다간 ○○○이시여! 그대는 지난 사흘 반 동안 기절상태에 놓여 있었습니다. 그대는 그동안 의식을 잃고 지내다가, 깨어나면서부터 '내게 무슨 일이 있었는가'를 생각하게 될 것이오. 그대는 지금 사후 바르도에 들어와 있음을 깨달으십시오. 이제부터 모든 현상들이 빛과 '부처의 몸'으로 출현하게 됩니다. 하늘은 전체가 청색 광명으로 나타납니다.

그때 중앙에서 백색의 비로자나불이 출현합니다. 이 비로자나불은 사자의 보좌 위에 앉아서, 손에는 여덟 바퀴살의 법륜을 들고 자신의 명비明妃며 우주 공간의 어머니인 아까샤 다뜨-위스와리(허공계 자재모虛空界 自在母)와 교합한 모습으로 그대에게 나타납니다.

맑고 찬란한 한 줄기 청색 광명이 비로자나불의 합존불의 심장에서 발산되어 그대 앞에 나타납니다. 그것은 모두 그대 영혼에서 투영된 것이므로 청색광명이 아무리 강렬하게 뿜어 나올지라도 속거나 두려워하지 말고, 간절한 흠모의 마음으로 그 빛을 믿고 우러러보도록 하십시오. 그 빛만이 그대를 구할 것이오. 그대 앞에 눈부시게 빛나는 그 빛을 따라가십시오.

이때 만약 천상계의 흐릿한 백색 빛에 애착을 갖게 되면, 천상계에 유랑하게 되어 육도에 윤회하게 됩니다.

그러므로 비로자나 부처님께 바르도의 험난한 길에서 구원하고 정토로 인도해달라고 기원하십시오. 마치 어린아이가 엄마에게 모든 것을 맡긴 것과 같이 겸허하게 기도하면, 비로자나 합존불의 빛 속으로 녹아든 뒤, 다시는 고통스런 윤회계에 태어나지 않게 됩니다.

이와 같이 일깨워 줄지라도, 분노와 죄업과 장애의 나쁜 영향들로 인해서 빛과 광선을 두려워하여 달아나게 되는 영가가 대부분이다. 왜냐하면 마치 어린애가 이 세상에 태어나 새로운 것들에 적응해야 하듯, 영가는 바르도에서 일어나는 일들이 모두 혼돈처럼 여겨지기 때문이다.

그래서 간절히 기원을 드릴지라도 마음이 뒤엉켜 혼란에 휩싸인다.

초에니 바르도의 **둘째 날**에는 동쪽에서 물의 에너지인 금강살타의 흰빛이 영가를 향해 쏟아지고, 동시에 지옥계의 흐릿한 회색빛이 영가를 데리러 올 것이다(사진 3의 12부터 14 참조).

이때 영가의 이름을 부르며 다음과 같이 지극 정성으로 들려줌으로써 바르도의 험로에서 벗어날 수 있도록 한다.

오, 고귀한 가문에서 태어난 ○○○이시여! 산란함이 없이 마음을 모으고 귀담아 잘 들으십시오.

바르도의 둘째 날에는 청정한 물 원소의 백색광명이 나타납니다.

그때 동방의 정토에서 금강살타가 코끼리의 보좌 위에 앉아서, 손에는 오고금강저를 들고, 명비인 붓다로짜나[불안불모佛眼佛母]와 교합한 모습으로 나타납니다.

그리고 그의 권속 끄시띠가르바[지장地藏]와 마이뜨리야[미륵彌勒]의 두 남성보살과 라쓰야[미희천모媚嬉天母]와 쁘스빠[구화천모具花天母]의 두 여성 보살이 에워싼 모양의 여섯 명의 부처들이 무지개의 광명 속으로부터 그대에게 나타납니다.

그대 마음의 근원 자리에서 나온 눈부신 백색광명을 두려워하지 마십시오. 바르도의 공포에서 구원하고 부처님의 정등각지로 인도해달라고 간절히 기원함으로써 금강살타 합존불의 빛 속으로 녹아든 뒤 동방의 정토에서 완전한 부처의 경지에 이르게 됩니다.

(3-12)

(3-13)

(3-14)
금강살타와 그 빛들

만약 영가가 전생에 나쁜 업을 지었다면 금강살타의 빛을 보고 두려움을 느껴 피하게 된다. 영가는 슬픈 음악소리를 들으면서 동굴이나 깜깜한 지하를 건너는가 하면, 흐릿한 회색빛 속으로 들어가 지옥에 떨어지고, 결국은 참고 견딜 수 없는 늪 속에서 빠져 나오지 못하게 된다. 그것은 해탈의 길을 막는 장애임을 경각시키고 끌려가지 않도록 흔들림 없이 기원하고 인도해야 한다.

이와 같이 일깨워도 나쁜 업연과 자만심으로 생겨난 장애물 때문에 금강살타의 자비의 빛이 내려와도 두려워 달아나게 된다. 만일 이 영가도 그런 사람 중의 한 사람이라면, **셋째 날**에는 남쪽에서 흙의 에너지인 보생여래의 성중들과 눈부신 황금빛이 영가를 향해 쏟아진다(사진 3의 15부터 17 참조).

동시에 인간계의 악업에서 발산되는 흐릿한 청색빛의 길이 그를 맞으러 올 것이다. 이때 다음과 같이 영가의 이름을 부르며 계속해서 일깨워 주어야 한다.

오, 고귀한 가문의 자손 ○○○이시여! 주의를 기울여 잘 들으십시오.

이제 그대 앞에 청정한 땅의 원소인 황금빛 광명이 나타납니다. 보생여래가 준마의 보좌 위에 앉아서, 손에는 중생의 온갖 소망을 채워주는 보주를 들고, 명비인 마마끼(유아불모有我佛母)와 교합한 모습으로 나타날 것입니다.

권속인 아까샤가르바(허공장虛空藏)와 싸만따바드라(보현普賢)의 두 남성보살과 말라(구발천모具髮天母)와 두빠(구향천모具香天

(3-15)

(3-16)

(3-17)
보생여래와 그 빛들

母)의 두 여성 보살이 에워싼 모양의 여섯 명의 부처들이 무지개 광명 속으로부터 그대에게 나타납니다.

눈부신 금빛광명에 대하여 두려워하지 마십시오. 간절히 바르도의 공포에서 구원하고 부처님의 정등각지로 인도해 달라고 기원함으로써 보생여래의 빛 속으로 녹아든 뒤 영광으로 가득 찬 남방의 정토에서 부처님의 경지를 얻게 됩니다.

만약 여기서 인간계의 흐릿한 청색빛을 좋아해서 탐애하면 남녀가 결합하는 모습을 보게 된다. 한번 어머니의 자궁에 들어가게 되면 빠져나올 수가 없으므로 인간계에 떨어지게 되고 태어나고 늙고 병들어 죽는 고통을 겪으면서 육도의 윤회에서 벗어날 길이 막막해진다.

이와 같이 반복하여 일깨워주면 영가는 다시 의식이 돌아오면서 해탈의 기회를 맞게 된다. 그러나 이토록 여러 차례 알려 줄지라도 악업을 크게 쌓은 자들은 사후세계를 제대로 인식하지 못한다. 탐욕과 죄업과 장애에 가려서 소리와 빛에 두려움을 느끼면서 달아나게 되고, **넷째 날**에는 서쪽에서 불의 에너지인 붉은 광명이 아미타불의 성중들과 함께 나타난다(사진 3의 18부터 20 참조).

이때 욕심과 집착으로부터 생겨난 아귀계의 어두운 연붉은 빛도 영가를 맞이하기 위하여 나타나게 된다. 이 엷은 빛은 욕심의 업에서 나오는 기운으로 영가는 어두운 곳으로 피신하려 한다. 계속 영가를 일깨워 다음과 같이 안내한다.

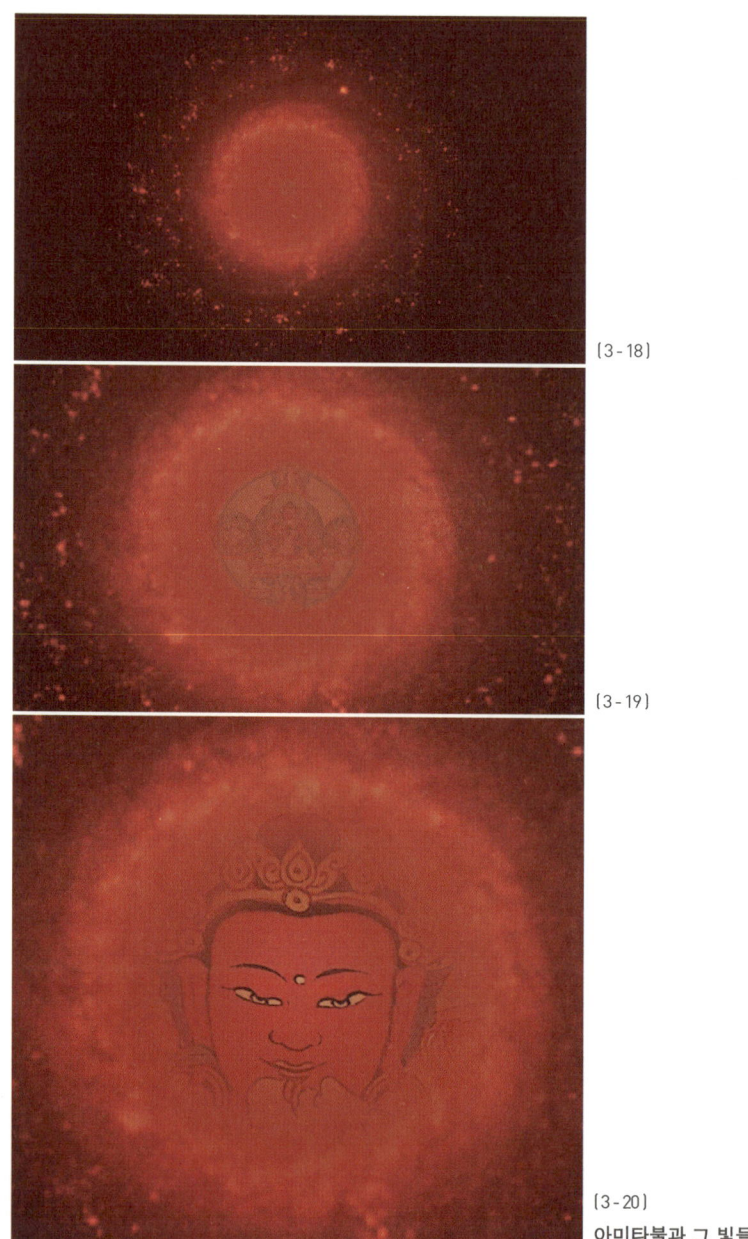

[3-18]

[3-19]

[3-20]
아미타불과 그 빛들

오, 고귀한 ○○○이시여! 마음을 집중하고 잘 들으시오. 이제 그대 앞에 청정한 불 원소의 적색광명이 나타날 것입니다.

그때 서방의 정토인 쑤카와띠(극락세계極樂世界)로부터 적색의 아미타불이 공작의 보좌 위에 앉아서, 손에는 연꽃을 들고, 명비인 빤다라와씨니(백의불모白衣佛母)와 교합한 모습으로 나타날 것입니다.

권속인 아왈로끼떼쓰와라(관자재觀自在)와 만주쓰리(문수文殊)의 두 남성보살과 기따(가음천모歌吟天母)와 알로끼(명등천모明燈天母)의 두 여성 보살이 에워싼 모양의 여섯 명의 부처들이 무지개 광명 속으로부터 그대에게 나타납니다. 붉게 빛나며, 크고 작은 빛의 명점들로 장식되고, 밝고 맑으며, 찬란하고 눈부신 한 줄기 적색 광명이 아미타불의 합존불의 심장에서 그대의 심장을 향해서 눈을 찌르듯 세찬 눈부심으로 일으키며 비춰올 것입니다.

눈부신 적색광명을 두려워하지 마십시오. 간절히 그 광명 위에 마음을 안치해서 인도해 달라고 기원함으로써 아미타불 합존불의 빛 속으로 녹아든 뒤 서쪽 세계에서 성불하게 됩니다.

만약 이때 아귀계의 흐릿한 적색 빛에 애착을 갖게 되면 아귀계에 떨어져서 참지 못할 처절한 갈증과 배고픔의 고통을 받게 된다. 그러므로 아귀계의 어두운 붉은 빛에 이끌리지 않도록 일깨워주어야 한다.

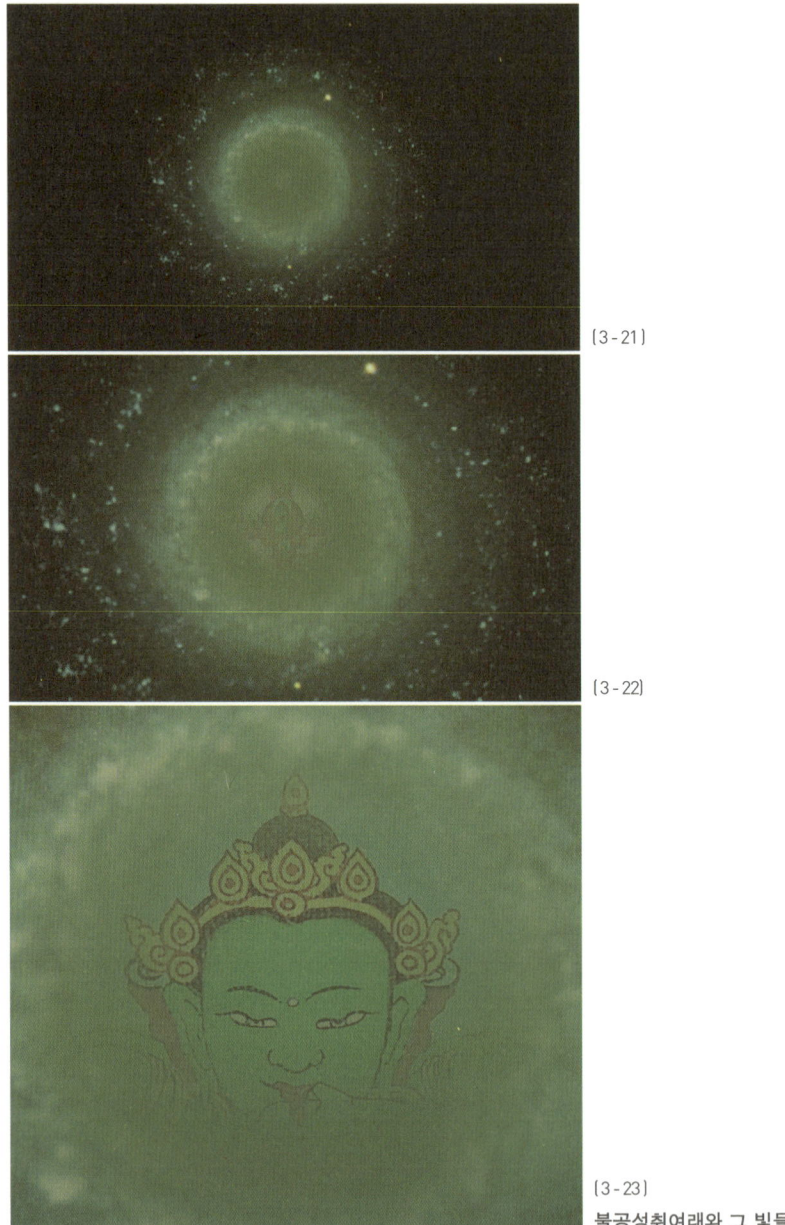

[3-21]

[3-22]

[3-23]
불공성취여래와 그 빛들

이와 같은 안내에도 불구하고, 인간 존재들은 오랜 세월 동안 악습에 물든 영향으로 습기를 버리지 못하고, 질투와 악업의 힘에 이끌려 소리와 빛을 두려워하고 무서워한다. 따라서 자비의 밧줄을 잡는 데 실패하고 방황하다가 **다섯째 날**에 이른다. 그때 북쪽에서 바람의 에너지인 맑고 깨끗한 초록빛과 함께 불공성취여래의 성중들이 자비의 광명과 함께 나타난다(사진 3의 21부터 23 참조).

또한 번뇌와 질투로 생긴 아수라의 흐릿한 초록빛도 영가를 맞이하기 위해 나타난다. 어두운 초록빛은 성내고 샘내는 업의 기운에서 나타나는 영향으로, 영가는 아름다운 숲이나 불바퀴가 도는 것 등을 보고 좋아서 그쪽으로 향하게 된다. 이럴 때 영가를 일깨워주기 위해 다음과 같이 들려주도록 하라.

오, 고귀한 가문의 자손 ○○○이시여! 정신을 차리고 잘 들을 지어다.

다섯째 날의 청정한 바람 원소의 초록색 광명이 나타납니다.

그때 북방의 정토인 쁘라꾸따(묘업세계妙業世界)로부터 초록색의 아목가씻디(불공성취불不空成就佛)가 금시조의 보좌 위에 앉아서, 손에는 갈마 금강저를 들고, 명비인 싸마야 따라(서언도모誓言度母)와 교합한 모습으로 나타납니다.

권속인 바즈라빠니(금강수金剛手)와 제개장보살의 두 남성 보살과 간다(도향천모塗香天母)와 나이웨다(신공천모神供天母)의 두 여성보살이 에워싼 모습의 여섯 명의 부처들이 무지개의 광명 속으로부터 나타납니다.

'이 빛은 불공성취불의 대비의 광명이다. 나는 여기에 귀의하리라'고 생각한 뒤 간절한 믿음과 존경으로 기원을 드림으로써, 불공성취불의 합체존의 빛 속으로 녹아든 뒤, 북방의 정토에서 성불하게 됩니다.

만약 이때 아수라계의 흐릿한 녹색광명을 좋아해서 집착하면 아수라계에 떨어진 뒤, 투쟁과 전쟁 등의 참지 못할 고통을 받게 된다. 그러므로 영가가 대자유의 길을 방해받지 않도록 지극 정성으로 도와야 한다.

누구나 태어나면서부터 갖고 있는 불성佛性(자신의 참 본성)의 원리를 사후에 영가는 자신을 시험하고 자신 안에 있는 부처님의 속성들이 꽃피어났는가 어떤가를 발견하기 위해서 마치 입문식의 상징적인 절차를 거치듯이 하나씩 안내받게 된다.

그것은 즐거운 것일 수도 두려운 것일 수도 있지만, 마치 신비연극을 보는 것처럼 날마다 새로운 배우들이 영가의 정신적인 무대 위에 캐스팅되며, 영가는 유일한 관객이다. 그리고 연출자는 카르마다.

위 다섯 부처님은 우리의 타고난 성품[불성佛性]을 인격화하여 표현한 것으로 그 본질을 알고 자신 속에서 완전히 꽃피우면 영가는 영원한 자유의 경지인 니르바나로 인도되는 것이다.

그러나 부분적으로 꽃피우면, 보다 행복한 상태로 나타나게 된다. 육도의 윤회 중 천상이나 아수라가 아니면 인간의 세계에 태어나게 된다.

　이렇게 계속 정성을 다해 알려 줌으로써 아무리 선업이 적은 사람일지라도, 앞의 하나를 깨닫지 못하였어도, 뒤의 하나를 깨닫게 되거나 어느 단계에서든 눈부신 빛을 알아 볼 수 있게 될 것이다. 그럼에도 불구하고 여러 차례 인도를 해 주어도 악업의 습기가 두터운 까닭으로 빛과 형상들이 두려움과 공포로 느껴지면서 계속 유랑하게 되는 영가들이 다수이다.

　다섯째 날이 지나고부터는 환영들은 점차 신적인 속성이 사라지고 영가는 현란한 환영들의 세계 속으로 점점 깊이 빠져든다. 그리고 다섯 부처님의 빛들은 점차 저급한 성질의 빛들로 퇴색해 간다. 그러다가 마침내 사후 세계의 꿈들이 저절로 희미해지고, 그의 마음에 담긴 사념들이 악몽 속의 유령들처럼 출몰할 때, 영가는 사후세계의 중간상태를 지나 인간계나 그 밖의 다른 세계에 다시 태어나게 된다.

　아직도 바르도 세계에서 방황하고 있는 영가에게 **여섯째 날**에는 앞에 나타난 다섯 부처님들이 수행신들을 데리고 일제히 나타나 빛들을 한꺼번에 내려 비춘다. 또한 그때 육도의 업력인 흐릿한 여섯 빛도 함께 나타난다. 계속해서 다음과 같이 영가를 일깨워주도록 한다.

　오, 고귀하게 살다간 ○○○이시여! 마음을 집중하고 잘 들으시라. 어제까지 평화의 다섯 신들이 차례로 나타나, 그대를 인도했지만 전생의 업력으로 인해 그들을 두려워하고 방황하다가 여기까지 흘러오게 되었습니다. 이제 다섯 신단의 신들에게서 나오는 모든 빛이 그대를 맞이하러 나타날 것이오(평화존 만다라 사진 3-8 참조). 이것은 흙·물·불·바람의 원소인 원초적 색의 빛들로 일제히 그대를 비출 것이오. 또한 다섯 평화의 신들과 그 수호신들이 동시에 그대를 비추러 나타날 것입니다.

그대 앞에 나타나는 빛과 부처님들과 수호신들을 두려워하지 말고 정토로 인도해 달라고 간절히 기도하십시오. 그러면 그대는 대자유를 성취하게 될 것입니다.

그러나 이때까지도 근기가 낮아 기회를 다 놓치고 유랑하게 되면, **일곱째 날**에는 목에너지 센터로부터 나온 10명의 중심이 되는 신들이 등장한다. 이들은 동·서·남·북·중앙에서 오른손으로는 항복수인降伏手印을 지으면서 보배칼을 높이 들고 왼손에는 피가 담긴 해골을 들고 춤추며 영가에게 빛을 내린다(평화존 만다라 3-8 참조). 맹렬한 빛과 함께 몇 배로 증폭된 천둥소리가 터지고 손에 흉기를 든 무서운 귀신들이 쫓아오는 것 같은 공포에 놀란 영가는 이때 축생의 길로 이끄는 파란 빛으로 들어서려 한다. 영가는 계속 쫓기다가 바닥이 보이지 않은 낭떠러지에 이르러 동굴이 보이면 너무 기쁜 나머지 동굴 속으로 들어가려 한다. 그러나 그 동굴은 짐승의 세계다. 이 모든 것들이 업력의 환영임을 일깨워 주면서 축생계에 떨어지지 않도록 지극정성으로 계속 영가를 위해 기도해야 한다.

오, 고귀하게 살다간 ○○○이시여! 잘 들으시오. 일곱째 날에는 정화된 마음으로부터 나오는 다양한 색채의 빛들이 그대 앞에 나타날 것이오. 그리고 동·서·남·북·중앙에서 성스런 극락세계의 신들이 일제히 그대를 맞이하기 위해 나타날 것이오. 그대 앞에 나타나는 색채와 신들에 대해 두려움을 갖지 말고, 강한 믿음과 겸허한 마음으로 순수한 극락의 세계로 인도해 달라고 간절히 기도하십시오. 그렇게 기도하면 그대는 무지개 빛 속으로 녹아든 뒤 순수한 극락의 세계에 태어나게 될 것입니다(사진 3-24 참조).

[3-24] 영혼이 무지개 빛 속으로 들어가고 있다

이렇게 앞의 일곱 단계는 평화의 신들이 나타나는 위험한 길이었다. 지금까지 나타난 평화의 신들은 영가의 심장과 목의 에너지 센터로부터 생긴 형상이었다. 어느 단계에서든 영가가 이 가르침을 듣고 깨달음을 얻었다면 니르바나에 이르렀을 것이다.

그러나 험난한 과정에서도 악업이 광대하고, 죄장은 심대하고, 습기에 물듦이 오래된 연유로, 아직까지 험난한 바르도에서 떠도는 영가들이 훨씬 많다. 이제부터 화염에 싸여서 선혈을 마시는 '헤루까'로 불리는 58명의 분노의 신들이 출현하게 된다.

• ─── (2) 분노의 신 등장

이 분노의 신들은 머리의 에너지 센터로부터 생긴다(사진 3-25 분노존 만다라 참조). 이들도 앞에 나타난 평화의 신들과 성격이 같다. 단지 영가의 업력으로 인한 마음상태와 장소에 따라 모습을 바꿔 나타난 것일 뿐이다. 하지만 이들은 평화의 신들과는 모습이 전혀 다르다.

우주의 힘이며 청색광명으로부터 나오는 비로자나 부처님의 모습은 붓다 헤루까로 출현하고, 부정의 업을 씻어주는 물의 원소인 금강살타는 바즈라 헤루까로 등장한다. 모든 것을 재생하도록 해 주는 흙의 원소인 보생여래는 라뜨나 헤루까로 나타나고, 장수를 도와주는 에너지인 불의 원소인 아미타불은 빠드마 헤루까로, 예술의 힘인 바람의 원소인 불공성취불은 까르마 헤루까로 모습을 바꿔 출현한다.

부처의 속성들이 왜 이렇게 모습을 바꿔 나타난 것일까?

[3-25] **분노의 신들 만다라** _ 중앙에 붓다 헤루까의 합존불이 위치하고 있다. 붓다 헤루까를 중심으로 오른쪽 위에 라뜨나 헤루까, 왼쪽 위는 빠드마 헤루까, 오른쪽 아래는 바즈라 헤루까, 왼쪽 아래는 까르마 헤루까가 위치하고 있다. 그 사이와 위·아래의 팔방에 가우리 여신들과 갖가지 얼굴을 한 삐샤찌 여신들이 위치하고 있다

그것은 영가 자신이 만들어서 전혀 다른 모습으로 출현하는 것이다. 우리가 오늘 밤에 잠을 자면서도 무슨 꿈을 꿀 지 예측하지 못하는 것과 같이, 사후에 대한 학습이 없는 영가는 앞에 나타나는 형상들과 색채들에 공포와 두려움을 느끼고 피하거나 도망다니다가 점점 아래로 퇴타한다. 이러한 추락은 혼절을 거듭하면서 날이 갈수록 빛이 조잡해지고 환영은 더욱 공포스러운 모습으로 변한다. 의식이 점점 흐릿해지면서 나타나는 현상들일 뿐이다. 그러나 영가가 나타나는 형상과 빛의 성격을 알게 되면 언제든지 바르도의 위험에서 탈출할 수 있다.

눈의 착시현상으로 새끼줄을 보고 뱀으로 착각하는 현상과 다를 바 무엇이겠는가?

이러한 모습들은 우리가 살아서나 꿈속에서나 사후에까지 현실을 직시하지 못하고 얼마나 잘못된 생각으로 살고 있는가를 역설적으로 말해 주고 있다.

그 나타나는 순서를 펼쳐보면 다음과 같다.

먼저, **여덟째 날**(사후 11일째)은 머리가 셋에 팔이 여섯이며, 몸빛은 검은 자색이고 네 다리를 벌리고 서있는 붓다-헤루까가 출현한다(사진 3의 26부터 28 참조).

그는 오른쪽 얼굴은 희고, 왼쪽 얼굴은 붉고, 가운데 얼굴은 검은 자색이다. 몸에는 지혜광명의 불길이 타오르고, 아홉 개의 눈은 분노를 가득 품고 바라보며, 눈썹은 번개처럼 꿈쩍인다. 송곳니는 붉은 구리처럼 번뜩이고, 머리칼은 주황색에 위로 불타듯이 휘날리고, 해와 달과 마른 해골로 장식된 보관을 쓰고 있으며,

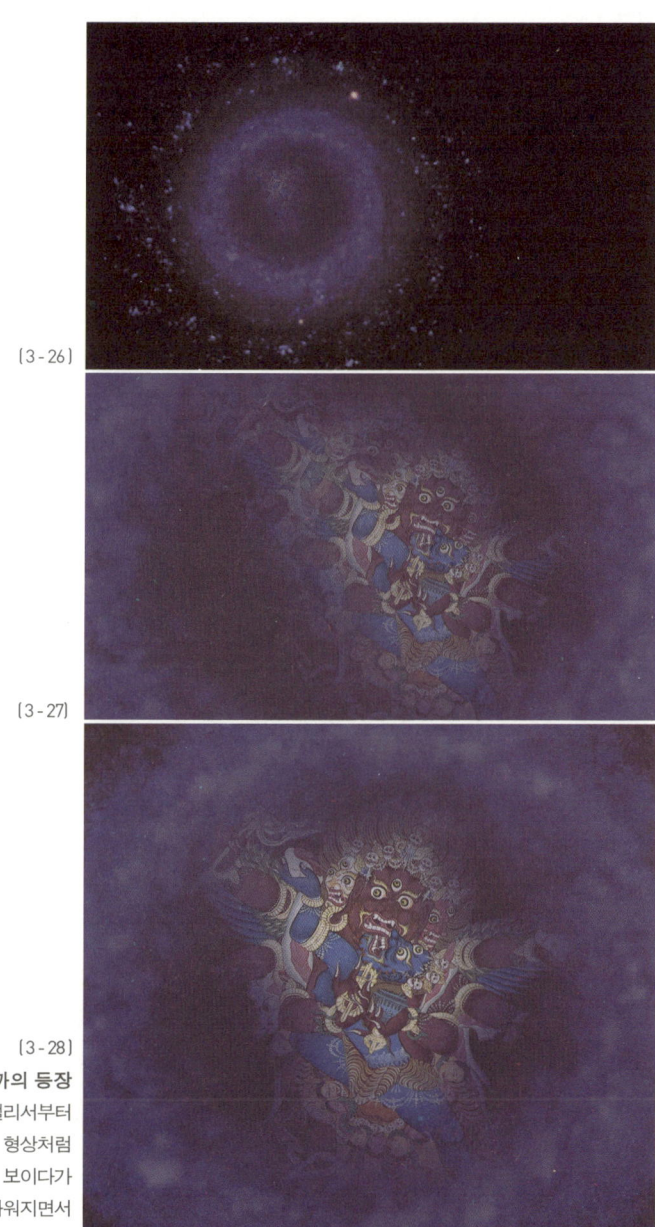

〔3-26〕

〔3-27〕

〔3-28〕
붓다 헤루까의 등장
멀리서부터
괴물의 형상처럼
희미하게 보이다가
가까워지면서
뚜렷이 나타난다

검은 뱀과 선혈이 뚝뚝 떨어지는 인두를 몸에 걸치고 있다. 그의 명비인 붓다-끄로디이쓰와리와 포옹하고 있다.

　이는 실제로 비로자나불의 합존불이 영가를 건져 주려고 나타낸 모습이다. 업의 과보로 겁에 질린 영가의 뇌 속에서 이와 같이 출현하여 나타난 것이다.

　이제부터는 분노의 신들이 나타나므로 영가는 더욱 어려운 처지에 놓여있게 된다. 그러므로 진리의 길을 찾도록 일념으로 염불하면서 도와주어야 한다.

　오, 고귀하게 태어나 잘 살다간 ○○○이시여! 잘 들으시오. 지금까지 평화의 신들이 당신을 맞이하러 출현했지만, 그대의 업력으로 인해 아무것도 깨닫지 못한 채 공포 속에 유랑하다가 여기까지 오게 되었습니다. 이제 피를 마시는 분노의 신들이 나타나 그대를 비출 것이오. 아무리 무서운 형상이 그대 앞에 나타날지라도 무서워하거나 도망가지 말고 그 수호신 속으로 녹아들어가 하나가 되십시오. 붓다 헤루까의 수호신들의 모습은 비로자나 합존불로 모두 그대의 마음이 투영되어 형상으로 나타난 것입니다. 그러므로 간절히 기도하고 의지하면 바르도에서 벗어나 대자유의 길에 이르게 됩니다.

　만약 죄장이 더욱 무거워 그들을 무서워하고 달아나게 된다면, **아홉째 날**에는 머리가 셋에 팔이 여섯이며, 몸빛은 검은 청색에 네 다리를 벌리고 서 있는 바즈라-헤루까가 출현한다(사진 3의 29부터 31 참조).

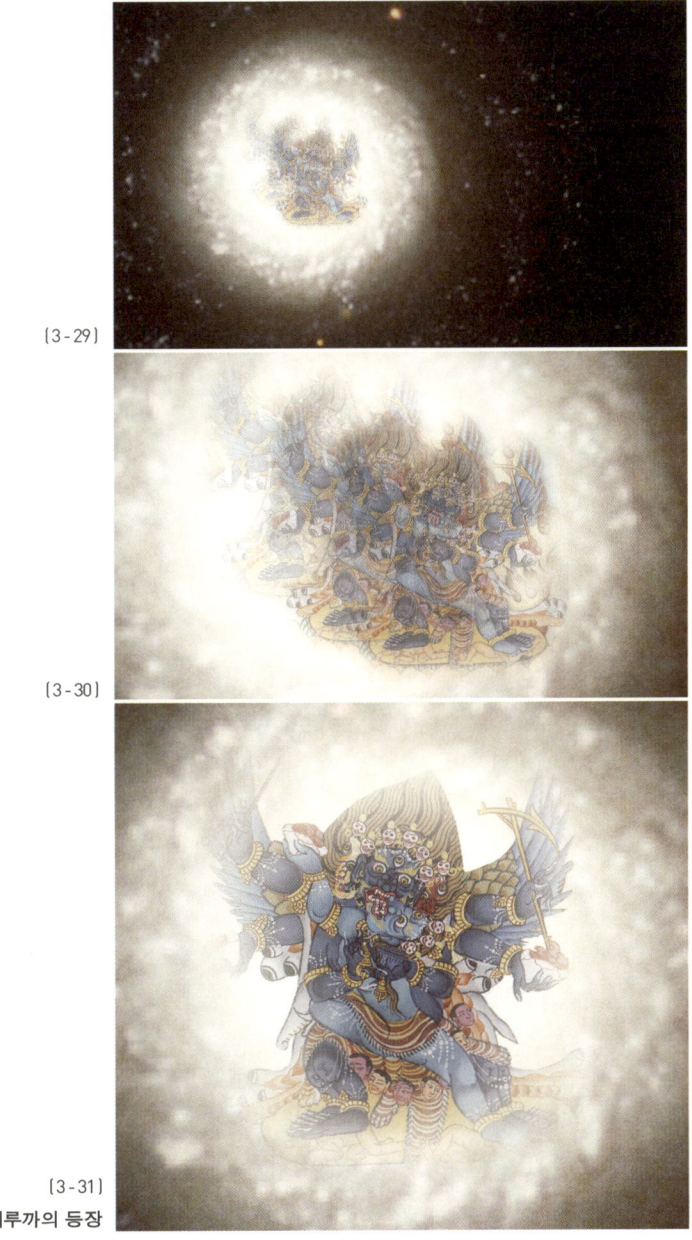

(3-29)

(3-30)

(3-31)
바즈라 헤루까의 등장

그는 명비 바즈라-끄로디이쓰와리와 포옹하고 있으며, 이는 영가의 업식에 따라 나타난 금강살타불의 합존불이 이와 같은 모습으로 출현한 것이므로 귀의하게 되면 정토에서 태어난다.

오, 고귀하게 태어난 ○○○여! 마음을 모아 잘 들을지어다. 이제 바즈라 신단에 속하는 피를 마시는 바즈라 헤루까가 그대를 맞으러 올 것이오. 이들도 본디 금강살타의 모습으로 그대 자신의 수호신이니 두려워하지 말고 그 신들을 신뢰하십시오. 그들 속으로 녹아들어가 하나가 되어 대자유를 찾도록 하십시오. 그러면 그대는 험난한 바르도의 유랑은 끝이 나고 부처의 경지에 이르게 될 것입니다.

그리고 **열째 날**, 머리가 셋이고 팔이 여섯이며, 몸빛은 검은 황색에 네 다리를 벌리고 서 있는 라뜨나-헤루까가 출현한다(사진 3의 32부터 34 참조).

그는 명비인 라뜨나-끄로디이쓰와리를 포옹하고 있는데, 이는 보생여래 합존불의 실질이다.

오, 고귀하게 살다간 ○○○이시여! 그대가 살아생전에 쌓은 악업이 두터워, 아직도 그대 앞에 나타난 신들이 그대의 수호신들이며 그들은 그대 자신의 마음속에서 나온 투영이라는 사실을 알지 못한 채 쫓기고 달아나 여기까지 유랑하게 되었습니다. 이제 보석 신단의 피를 마시는 라뜨나 헤루까가 그대를

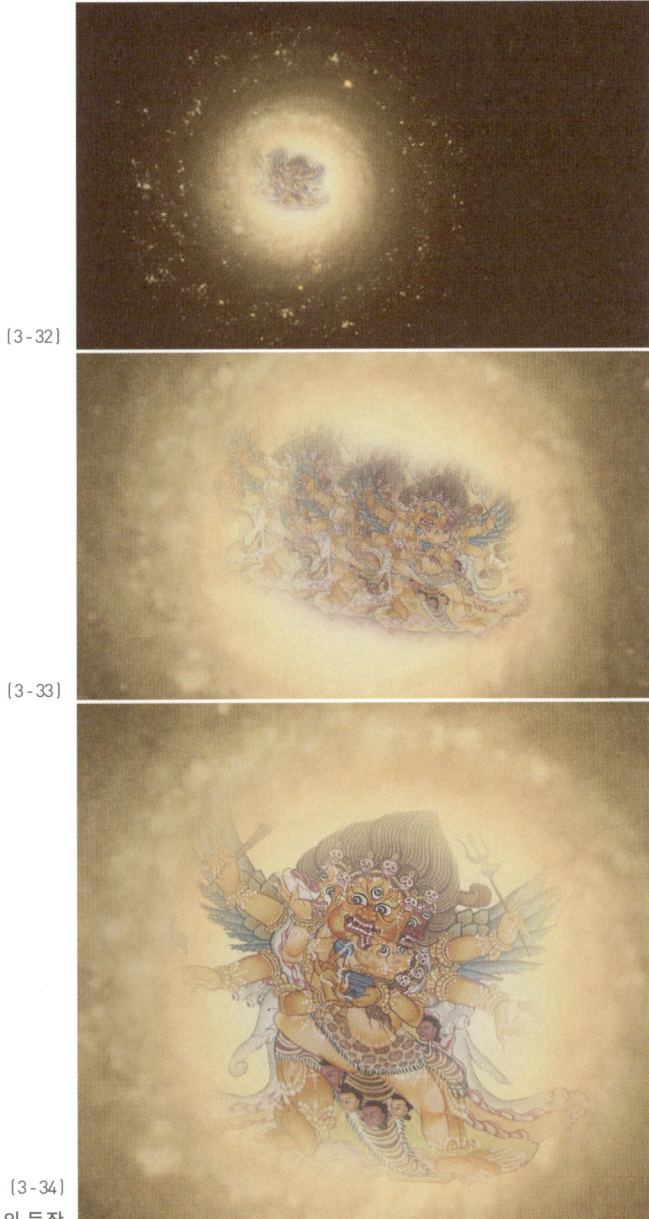

[3-32]

[3-33]

[3-34]
라뜨나 헤루까의 등장

맞으러 올 것이오. 이는 본디 보생여래의 모습이 그렇게 나타
난 것일 뿐입니다. 어떤 형상이 그대 앞에 나타날 지라도 공포
에서 벗어나 정신을 집중하고 그들 속으로 녹아 들어가 하나
가 되면 붓다의 경지를 얻게 될 것입니다.

열하루째 날에는 연꽃 신단의 머리가 셋에 팔이 여섯이며, 몸빛은 검붉으며, 네 다리를 벌리고 서 있는 빠드마-헤루까가 그의 명비 빠드마-끄로디이쓰와리와 함께 나타난다(사진 3의 35부터 37 참조). 이는 아미타여래 합존불의 실질이다.

오, 고귀하게 살다간 ㅇㅇㅇ이시여! 이제 연꽃 신단의 피를 마시는 빠드마 헤루까가 그대를 맞으러 올 것이오. 그들은 아미타여래의 합존불로 그대를 구하러 온 것이니 공포에 떨지 말고 기쁜 마음으로 받아들이십시오. 그리고 그들 속으로 녹아 들어가 하나가 되면 대자유의 경지에 이르게 됩니다.

열 두째 날에는 까르마 신단의 출현으로 머리가 셋에 팔이 여섯이며, 몸빛은 검은 녹색인 까르마-헤루까가 그의 명비 까르마-끄로디이쓰와리와 함께 나타난다(사진 3의 38부터 40 참조). 이 또한 영가의 업력에 따라 달리 나타난 불공성취불의 합존불의 모습이다. 이제라도 두려움에서 벗어나 믿고 귀의하면 정토에 태어난다.

오, 고귀하게 살다간 ㅇㅇㅇ이시여! 그대는 악업의 업력으로

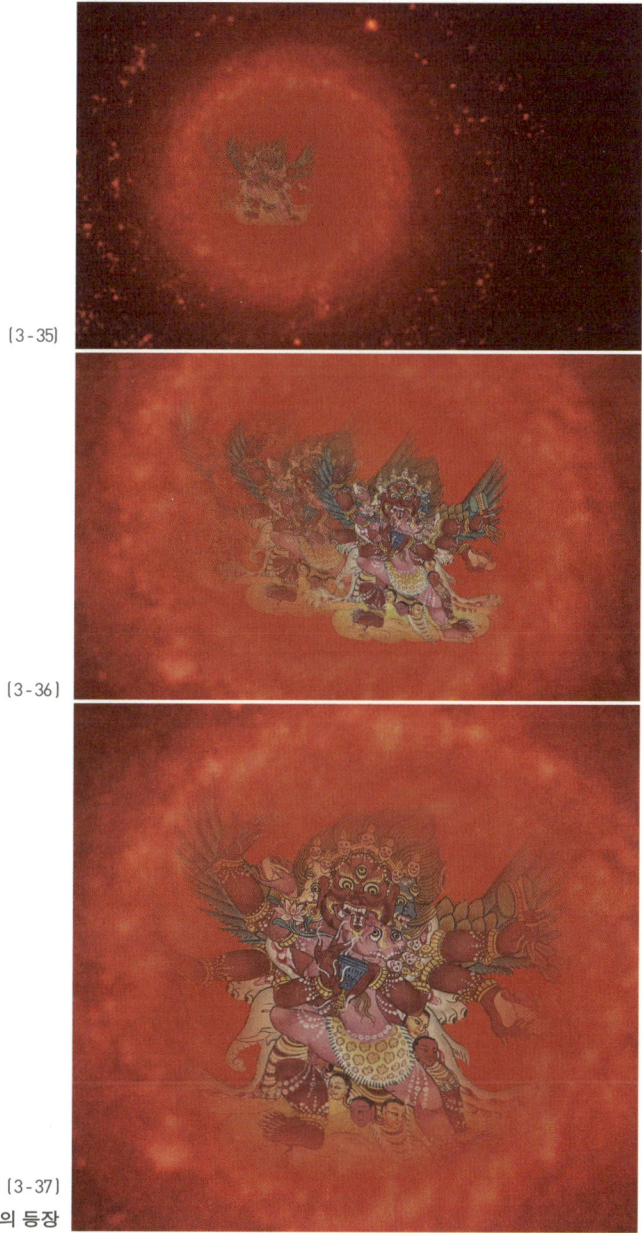

[3-35]

[3-36]

[3-37]
빠드마 헤루까의 등장

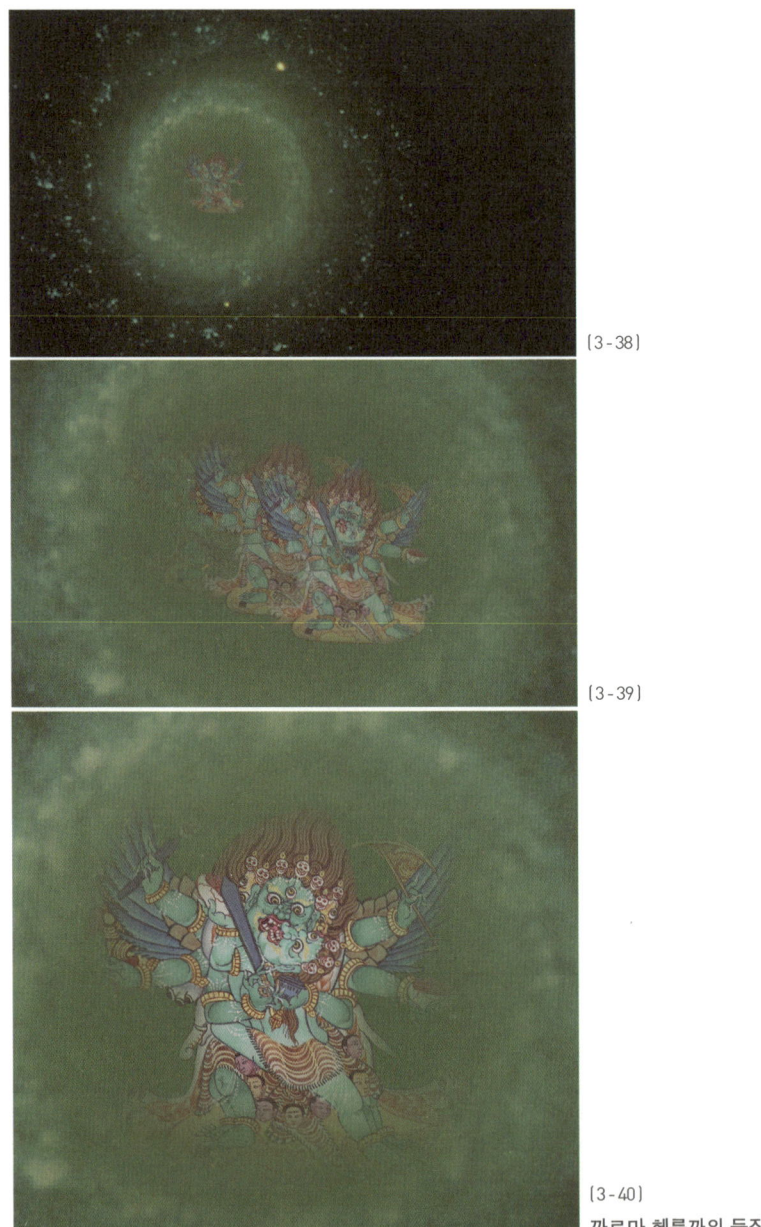

(3-38)

(3-39)

(3-40)
까르마 헤루까의 등장

인해 지금까지 그대를 구하러 나타난 모든 신들을 알아보지 못한 채 그대를 해치려는 두려움의 대상으로 여기고 겁이 나 여기까지 흘러오게 되었습니다. 이제는 까르마 신단의 피를 마시는 신들이 그대 앞에 나타날 것이오. 그들은 불공성취불의 변형된 모습이므로 겁먹거나 피하지 말고 그대를 구하러 온 그들을 신뢰하십시오. 마음을 집중하고 그들을 알아본다면 그대는 그들 속으로 녹아 들어가 부처의 경지를 얻게 될 것입니다.

열셋째 날에는 동·서·남·북, 그리고 그 사이와 위, 아래의 팔방八方에서 성교의 경험이 없는 백색의 8명의 가우리 여신들과 갖가지 얼굴을 한 삐샤찌 여신들이 자신의 뇌 속에서 출현하여 나타나게 된다. 이때는 영가의 업력에서 나오는 집착으로 그 경계에서 벗어나지 못해 매우 위험하다. 업에서 일어난 환상이니 절대로 겁먹거나 달아나지 말고 한마음으로 귀의하면 정토에 태어나게 된다(분노존 만다라 3-25 참조).

오, 고귀하게 살다간 ○○○이시여! 마음을 모아 잘 들을지어다. 그대의 두뇌 속에서 가우리 여신들이 나와 그대를 비출 것이오. 이 모든 것들은 그대의 업력에서 나온 집착으로 인해 생겨난 것들입니다. 그들을 두려워하거나 도망가지 마십시오. 그들을 신뢰하고 그들 가슴속으로 녹아들면 부처의 경지에 이르게 됩니다.

열넷째 날(사후 17일째)에는 만다라의 사문을 수호하는 네 수문천녀들이 영가의 뇌 속에서 출현한다. 뇌의 동쪽에는 호랑이 머리를 한 백색의 앙꾸샤 여신이, 남쪽에는 돼지머리를 한 황색의 빠샤 여신이 올가미를 들고 나타난다. 뇌의 서쪽에는 사자머리를 한 적색의 쓰룽칼라 여신이 손에 쇠사슬을 들고, 북쪽에는 뱀의 머리를 한 녹색의 간따 여신이 손에 금강령을 들고 나타난다(분노존 만다라 3-25 참조).

이 같은 분노존들은 모두 자비심에서 나타난 모습이므로 두려워하지 말고 일념으로 기도하며 일깨워야 한다.

오, 고귀하게 살다간 ○○○이시여! 이제 네 명의 여성문지기 신들이 그대의 뇌 속에서 나와서 그대를 비출 것입니다. 다시금 깨닫도록 마음을 집중하여 들으시오. 아무리 무섭고 두려운 형상일지라도 모두 그대 마음의 투영에 불과하다는 것을 자각하고 그 신들에게 의지하고 간절히 기원하십시오.

바르도 세계를 방황하고 있는 자신에게 자비를 저버리지 말고 구해 달라고 청하십시오. 그리고 그들 속으로 하나가 된 상태로 녹아 들어가면 대자유의 길로 오르게 될 것입니다.

지금까지는 사후 17일간 『티벳 사자의 서』에 나타난 신들과 빛 그리고 그에 따른 의식을 축약하여 정리해 보았다.

이러한 노력에도 불구하고 만약 영가가 49일 중 남은 32일 동안에도 계속 헤매게 된다면 온갖 사악한 모습의 형상들이 흉악

하고 난폭한 모습으로 그를 잡아먹을 듯할 것이다. 이때마다 영가가 공포와 두려움에서 벗어나 본성을 찾도록 계속 그에 따른 안내의 가르침을 읽어주면서 인도해야 한다.

살아 있을 때 종교적 수행을 하였든 하지 않았든 죽음의 순간 영가를 현혹하는 온갖 환영들이 나타난다. 그렇기 때문에 『티벳 사자의 서』는 우리가 살아가는 데 있어서 필수적인 안내서이다. 살아 있을 때 사후 대처할 학습과 명상을 하였다면 이런 상황에서 더 큰 힘을 발휘할 수 있기 때문이다.

사후 세계의 이런 단계들에서 17일 동안 최선을 다해 인도해도 이때까지 자신의 참 본성을 깨닫지 못하고 있다면, 영가는 두려움 속에 헤매면서 더 아래쪽으로 방황해 들어가고 육체를 소유하려는 강렬한 욕망에 사로잡히기 시작한다. 그리하여 몸을 찾게 되고 환생의 길을 찾는 세 번째 바르도의 상태로 흘러 들어간다. 그것은 시드파 바르도Sridpahi Bardo로 '환생의 길을 찾는 바르도'이다.

3) 태어날 곳을 찾아서(시드파 바르도)

다섯 원소들이 해체되고 빛이 나타나고, 빛은 백 가지의 평화존과 분노존의 모습으로 나타난다. 영가는 이들의 본질을 알아채지 못하고 업력의 성향이 나타나면서 환생의 길을 찾게 된다. 하지만 이때도 마음의 본성을 깨달으면 해탈에 이를 수 있다.

악업에 걸려 공포와 두려움에 질식한 영가는 이제부터 더욱 처참하고 괴롭고 무서운 경계를 만나게 된다. 길게는 시드파 바르도 기간인 32일(사후 49일까지)까지 잠깐 기쁨을 느끼다가 강렬한 두려움에 휩싸인다. 맹수들에게 쫓기거나 뜨거움에 녹아들어가고, 큰 물에 떠내려 가거나 얼음, 암흑과 타오르는 불길 등을 끊임없이 만나고 쫓기게 된다. 살생을 많이 한 사람은 동물이나 곤충들에게 잡아먹히거나 갈기갈기 찢겨지는 것 같아 도망다닌다. 대개 이 기간 동안 힘든 고통을 당한다고 하지만, 업력의 영향이 결정적이기 때문에 일정하게 딱 정해진 기간이 있다고 말하기 어렵다.

이때 영가가 자신이 머물던 몸을 찾지만 그 몸은 이미 얼었거나 썩고 있거나 아니면 화장된 뒤다. 영가가 실망에 빠져 지칠 대로 지쳐 있다가 이 무렵에 나타나는 육도로 이끄는 창백하고 윤기 없는 빛을 보게 되면 어디로든 들어가려 하게 되어 있다. 그러므로 영가에게 무섭고 두려운 상황들이 허상임을 계속 일깨워 주고, 마음을 기울여 험한 바르도에서 벗어날 수 있도록 정성을 다한다.

먼저 삼보님께 정성을 다해 공양을 올리고 나서 불보살님의 구원을 청하는 기원문을 독송해 준다.

오, 고귀하게 태어나신 ○○○이시여! 정신을 집중하고 잘 경청하시오.

그대는 그동안 자비존과 분노존의 모습들이 나타났을 때, 그들이 자신임을 깨닫지 못했습니다. 그래서 지금까지 유랑하며, 공포에 눌려서 기절하며 지내왔습니다. 혼절에서 깨어나면 의식은 한층 더 밝아져 있고, 이전과 같은 하나의 몸(중음신, 바르도체)이 홀연히 생겨났을 것입니다.

이제 그대는 사납게 불어오는 업풍에 쫓겨서 또한 한 곳에 오래 머물지 못합니다. 몸이 없는 마음은 바람 속의 깃털처럼 정처 없이 떠돌게 됩니다. 이제는 밤낮 없이 머리 위로부터 흰 빛과 같은 흐릿한 빛이 항시 그대를 비추게 됩니다. 그와 같은 바르도의 상태가 49일까지 또한 계속되기도 합니다(사진 3의 41부터 42 참조).

어떤 것이 그대 앞에 나타날지라도 바르도의 환영임을 알고 두려워하거나 공포에 눌려서는 안 됩니다. 당신은 지금

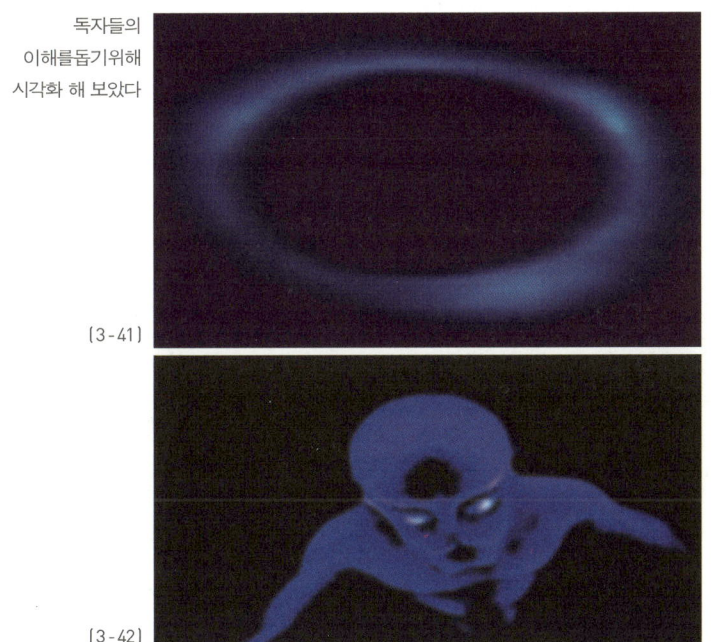

독자들의 이해를돕기위해 시각화 해 보았다

(3-41)

(3-42)

까지 바르도의 공포 때문에 쫓기고 도망다니다가 여기까지 헤매고 있는 것입니다.

하얗고, 검고, 붉은 색이 나는 낭떠러지는 실제 낭떠러지가 아니고 그대의 분노이며, 탐욕과 어리석음인 에너지의 표출입니다. 그러므로 어떤 색채와 장소에도 방황하거나 속지 말고 간절히 기도하십시오.

두려움과 공포와 무서움이 사라지게 해 달라고 기도하십시오. 근원의 본성인 투명하고 행복한 빛이 그대를 비추게 해 달라고 기원하십시오. 그때 당신은 편안한 빛 속으로 안내되어 영원한 자유에 이르게 될 것입니다.

살아 있을 때 행한 부정한 업력 때문에 죽은 자가 깨닫기 어렵다면 이 가르침은 더욱 횟수를 늘려 일깨워 주어야 한다. 그렇더라도 믿음이 약하고 지금까지 들려준 가르침을 이해할 수 없는 영가라면, 사후 세계의 환영들이 그를 압도하고 그는 겁에 질린 나머지 이를 피하기 위하여 자궁 입구를 방황하면서 어디든 들어가려 할 것이다. 그러므로 이때부터는 자궁의 문을 닫는 가르침이 매우 중요하다.

또한 이러한 노력에도 불구하고 업력으로 윤회해야만 한다면 다시 태어나는 것을 잘 선택해야 한다. 동물한테 들어갈 수도 있기 때문이다. 그러므로 다음과 같이 영가를 안내하면서 자궁으로 들어가는 것을 막거나, 인간의 빛을 선택할 수 있도록 도와주면서 남은 바르도의 마지막 기회를 갈무리하도록 해야 한다.

오, 고귀하게 태어난 자여. 전생의 업력으로 지금까지의 가르침을 이해하지 못했다면 그대는 위로 올라가거나, 수평으로 이동하거나, 아래로 떨어지는 듯한 느낌을 갖게 될 것입니다. 수없이 많은 환영들과 악령들에 시달리고 다른 중음신들이 카르마에 따라 이리저리 쫓기는 듯한 느낌도 받게 될 것이오. 그리고 그대에게도 환생할 곳의 징후가 나타나게 될 것입니다.

어두운 붉은 빛은 아수라 세계로부터 오는 빛입니다(사진 3-43, 44 참조). 그 빛을 따라가지 말고 두려움과 불안에서 벗어나 텅 빈 세계에서 비쳐 나오는 투명한 빛을 명상하십시오. 또 어

[3-43]

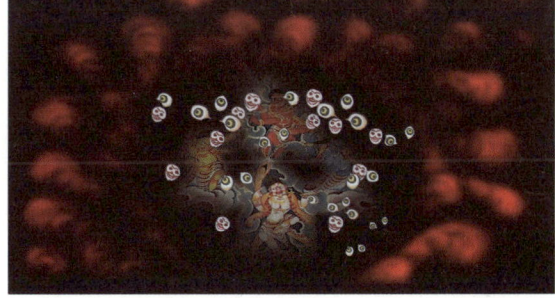

[3-44]
아수라 빛과 그 세계
아수라계는 전쟁과 투쟁 등이 끊이지 않는다.

두운 푸른색 빛은 동물세계로부터 오는 빛입니다(사진 3-45, 46 참조). 그 빛을 따라가지 말고 두려움과 불안에서 벗어나 텅 빈 세계에서 비춰 나오는 투명한 빛을 명상하십시오. 동물계에 태어나면 어리석음과 강한 것에 잡아먹히고 노예 같은 생활이 끊이지 않게 됩니다. 그러므로 투명한 빛을 명상하고 그 속을 녹아들어 가십시오.

어두운 초록색 빛은 아귀의 세계로부터(사진 3-47, 48 참조), 회색 빛은 지옥세계로부터 오는 빛입니다(사진 3-49, 50 참조).

(빛의 색과 육도에는 약간씩 차이가 있다.)

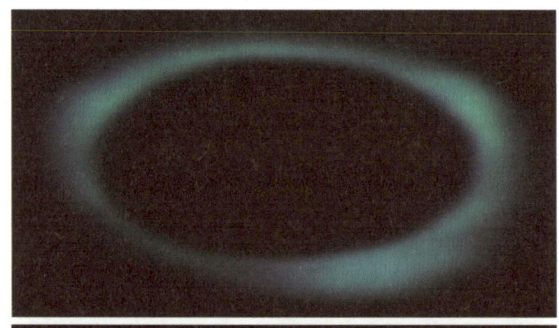

[3-45]

[3-46]
동물 빛과 그 세계
동물계에는 노예같은 생활과 어리석음으로 고통 받는다

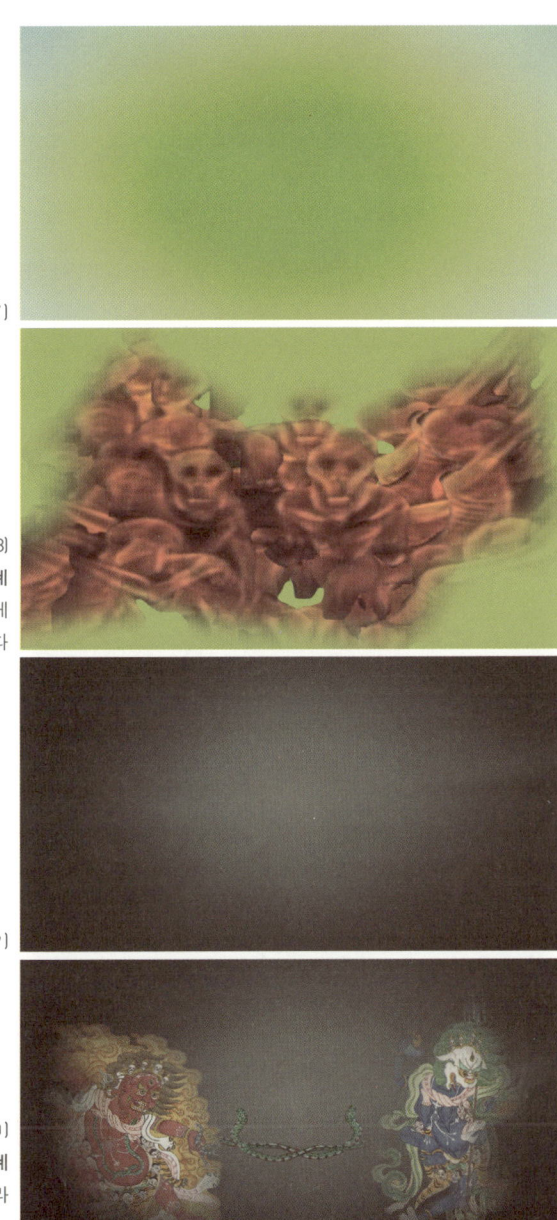

[3-47]

[3-48]
아귀의 빛과 그 세계
배고픈 귀신들이 갈증과 배고픔에
먹을 것을 달라고 애원하고 있다

[3-49]

[3-50]
지옥의 빛과 그 세계
영가의 전생의 업력에 따라
과보를 받고 지옥계는
추위와 더위에 고통받는다

그 빛을 따라가지 말고 두려움과 불안에서 벗어나 텅 빈 세계에서 비쳐 나오는 투명한 빛을 명상하십시오. 그렇게 함으로써 그대는 자궁 속으로 들어가는 것을 피할 수 있게 됩니다. 그리고 정토에서 비추는 투명한 빛 속에 들어가 머물게 되면 안전지대로 피난하고 바르도의 위험 속에서 벗어나게 됩니다.

이러한 노력에도 불구하고 중음신이 인간으로 태어날 업력이라면, 미래의 부모가 교합을 이루는 곳에 도착할 때까지 계속 태어날 곳을 찾아 헤맨다. 자궁 입구에는 고기 주변에 파리떼가 들끓듯 많은 존재들이 기다리고 있다.

남자로 태어날 경우 영혼은 아버지에게 공격적인 감정을, 어머니에게 열정을 느낀다. 여자로 태어날 영혼은 반대로 감정을 느낀다. 이런 열정과 공격성의 힘을 통과하면 중음신은 즉시 자궁 안으로 들어간다. 의식은 파리와 같고 아버지와 어머니에게 받은 흰 원소와 붉은 원소는 접착제와 같다. 인간의 의식이 이 접착제에 달라붙는 것이다. 일단 자궁 안으로 들어가면 영혼은 떠날 능력을 상실한다. 그러므로 다음과 같이 안내하여 좋은 부모의 연을 맺도록 정성을 다한다.

오, 고귀하게 태어난 ○○○이시여! 그럼에도 불구하고 만일 그대가 업력의 영향으로 자궁에 들어가야만 한다면, 자궁을 선택할 수 있도록 가르침을 설명할 것이니 잘 듣고 따르도록 하십시오.

만일 그대 앞에 육도의 어떤 자궁이나 환영이 나타나더라도 눈에 보이는 대로 그것을 받아들이면 안 됩니다. 그것들에 유혹되지 않으면 좋은 자궁을 선택하게 될 것이오.

○○○이시여, 이제 그대 수호신의 형상을 뚜렷하게 떠올리고 육도의 세계에서 나온 빛들이 모두 사라질 때까지 수호신 속으로 녹이는 명상을 하십시오. 그 빛들이 모두 사라지면 다시금 수호신을 명상하십시오.

그리고 우주의 왕으로, 성직자로, 결점이 없는 훌륭한 가문의 잘 사는 부모에게로, 종교적인 믿음이 강한 집안에 태어날 수 있도록 간절히 기원하십시오. 또한 모든 방향에서 부처님과 그의 수호신들이 자비의 에너지를 비추고 있다고 믿고, 좋고 싫고 등의 편견을 버리고 나면, 천상계에서 나오는 흰색 빛의 길과 인간세상에서 나오는 노란색 빛의 길이 그대 앞에 펼쳐질 것입니다. 그 길을 따라걸어가면 보석들로 장식된 대저택과 아름다운 정원이 보일 것입니다. 그 정원 속으로 들어가십시오(사진 3의 51부터 54).

환생의 바르도에서 이렇게 가르침을 안내함은 영가에게 선업의 흐름을 이어줌이, 마치 끊어진 수로에 배수관을 연결해 줌과 같은 것이다.

그러므로 정성을 다하여 부처님께 공양을 올리고, 영가에게 이 가르침을 들려줌으로써 산 자들의 의무를 다했다고 할 것이다.

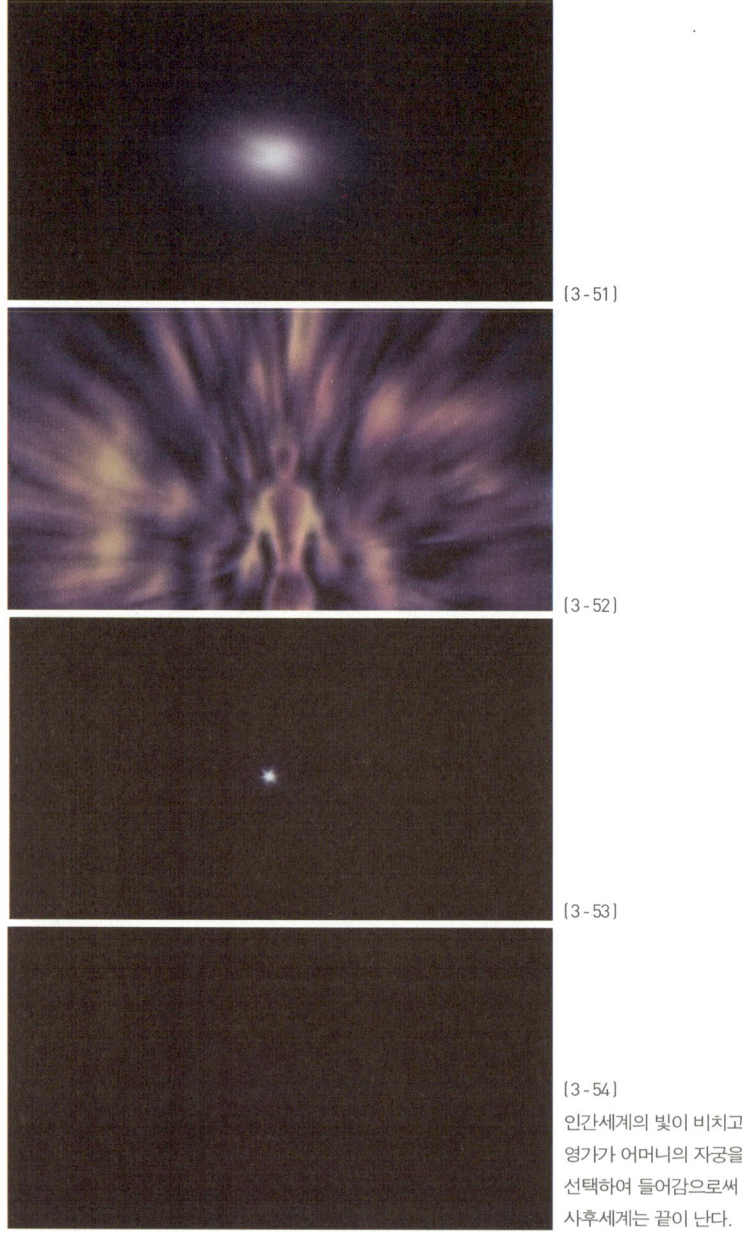

(3-51)

(3-52)

(3-53)

(3-54) 인간세계의 빛이 비치고 영가가 어머니의 자궁을 선택하여 들어감으로써 사후세계는 끝이 난다.

이제 영가는 마침내 자신의 카르마가 선호하는 결정에 따라 이 세상이나 다른 어떤 세상에 환생을 하고, 그것으로써 사후세계는 끝이 난다. 이때까지 영혼은 실신상태에 빠졌다가 깨어나면서 다음의 바르도로 넘어가며 또다시 기절상태에 빠지곤 한다. 일반인들에게 이것이 정상적인 과정이다.

그러나 명상수행을 하고 위대한 지식과 깨달음을 지닌 사람들은 바르도의 처음 며칠 동안 한층 높은 영적인 단계를 경험한다.

높은 깨달음을 얻은 수행자들은 바르도 상태를 거치지 않고 곧바로 대 평화의 니르바나로 들어가거나, 아니면 육신을 버리자마자 곧바로 자궁을 선택하여 이 세상에 환생한다. 이는 원력에 따른 환생으로서 티벳에서 말하는 린포체나 보살을 말하기도 한다. 그리고 이 모든 과정에서 줄곧 깨어있는 의식상태를 유지한다.

세상에 나타나는 현상은 모두 다 생각이고 선하든 악하든 생각이 모든 행위의 모태이다. 그리고 누구나 뿌린 대로 거두게 된다.

영가가 사후 중간상태에 머물러 있는 기간도 각자의 업에 달려 있다. 49일이라는 정상적인 기간 안에 2가지의 기회가 동시에 나타난다. 니르바나에 도착하는 길과 윤회하게 되는 길로, 영가는 선택의 기회를 동시에 맞이하게 된다.

이때 바르도 상태로부터 두터운 업연으로 탈출에 성공하지 못한 영가는 계속해서 모든 업의 환영에 시달려야만 한다. 경우에 따라 그 환영은 즐거운 것일 수도 있고, 고통스러운 것일 수도 있지만, 환영이 실재인 줄 알고 벗어나지 못할 경우 다음 과정으로 나아가는 것이 불가능해진다. 어떤 영혼은 구천을 떠돌다 전생에 가장 가까운 친족이나 친구, 때로는 다른 사람의 몸에 접신되어, 또 다른 업을 짓게 되는 악순환의 연속적인 과정을 순환하기도 한다.

사후 열반의 경지를 성취하는 깨달음은 힘들더라도, 일반인들이 깨달음을 얻을 수 있는 유일한 희망은 다시 인간 존재로 태어나는 것이다. 왜냐하면 인간 세계가 아닌 다른 세계에 태어난다면 윤회를 반복하게 되고 본성을 깨닫는 데 그만큼 시간이 더 걸리고 아득할 뿐이기 때문이다.

"태어난 인간은 늙지 않을 수 없고, 늙은 인간은 죽지 않을 수 없고, 죽은 인간은 다시 태어나지 않을 수 없다."

티벳 사람들은 생일잔치를 하지 않는데 그 이유는 태어난 날을 기억하는 일보다 죽는 날을 알 수 있도록 명상을 하고 착하게 살아야 한다는 스승들의 가르침을 따르기 때문이다. 수행을 제대로 하지 못한 보통사람들이 윤회의 괴로움에서 벗어날 수 있는 가장 좋은 기회가 죽음의 순간과 다시 환생할 때까지 49일 동안의 바르도 상태다.

우리는 이제부터라도 죽음의 과학을 통해서 삶의 지혜를 터득하고, 지금 이 순간 주어진 삶을 깨달음을 얻기 위한 소중한 기회로 여기면서 하나하나 실천해야 한다. 죽음에 대한 깊은 이해는 삶을 뿌리부터 바꾸어 놓기 때문이다.

4) 『티벳 사자의 서』 혈맥

훔!
    우전국의 연꽃에서 태어나셨네.
    모든 수행법을 다 성취하시고 그 명성 널리 알려지셨네.
    수많은 제자들을 거느리고 다니시는 구루 린포체이시여!
    저도 제자로 받아주소서. 가피를 주시옵소서.
    구루 린포체이시여!
    옴아훔 벤자구루 뻬마씨띠 훔!
    옴아훔 벤자구루 뻬마씨띠 훔!
    옴아훔 벤자구루 뻬마씨띠 훔!

    구루 린포체 파드마삼바바는 『티벳 사자의 서』를 어떻게 저술했을까?
    지금까지 보아 왔듯이 『티벳 사자의 서』는 고대로부터 행하여지고, 구전되어 내려오던 내용과 요가철학, 딴뜨라, 불교 등과 융합되었다. 그러나 무엇보다도 파드마삼바바가 이 모든 것들을 수행으로 성취한 깨달음의 세계를 적용하여 탄생시킨 경전이기에 모든 것을 아우르면서 초월한다. 따라서 이 경전의 뼈대를 구축하고, 혈관을 잇고, 살로 마무리한 이러한 철학과 사상을 간단히 정리해 보고 책장을 넘겨야 할 것 같다.
    먼저 이 경전에 나타난 의식의 절차를 보면, 요가에서 기인하고 있다.

요가Yoga는 산스크리트어의 유즈yuj에서 나온 말로 '묶다, 결합하다, 연결하다'의 의미를 갖고 있다. 즉, 인간 내부에 있는 낮은 차원의 본성과 높은 차원의 신적인 본성을 한데 묶어서 높은 것이 낮은 것을 이끌도록 하는 것을 말한다. 이것은 『티벳 사자의 서』의 가르침을 성공적으로 실천하는데도 같은 원리다. 죽음의 순간 행해지는 '포와' 의식은 그야말로 짧은 순간 낮은 차원에서 가장 높은 해탈의 차원까지 끌어올리는 요가 행법이다. 그리고 남은 49일간의 '생성바르도' 기간 동안의 가르침들을 낱낱이 살펴보아도 그 가르침들 역시 낮은 단계에서 높은 단계로 징검다리를 놓아 끌어올리고 있다.

요가는 본래 우리들의 청정한 모습에 낀 때를 벗겨내고 투명한 모습 그대로 드러나도록 하는 방법을 쓰고 있다. 우리가 태어나면서부터 죽는 순간까지 '이생의 바르도' 기간 동안에도 이와 마찬가지로 우리들의 내면에 잠재해 있는 본성을 밝히기 위해 노력하고 있는 것이다. '이생의 바르도'에서 투명한 빛을 인식하고 사후에도 끊어짐이 없도록 닦고 끌어올리기 위해 요가는 꼭 필요하다.

사실 『티벳 사자의 서』의 가르침 역시 바른 깨달음과 지식 없이는 이해할 수도, 적용할 수도 없다.

두 번째로, 이 경전의 주된 내용이 탄생과 죽음과 환생의 과학이고 우주에 살고 있는 다양한 존재, 즉 천상, 아수라, 인간, 축생, 아귀, 지옥들에 대한 설명 등은 오래 전부터 인도에 있어온 딴뜨라적 요소들을 함축하고 있다.

딴뜨라는 우주의 진리를 둘러싼 사항과 신비적인 말에 대한 사항을 주제로 하고 있다. 딴뜨라의 의미를 넓게 생각하면 그 가르침은 고대 인도인들의 원주민에까지 거슬러 올라가게 된다. 지금부터 5,000년 이전에 인더스 문명에 속하는 하라파Harappa 문화 가운데에 요가의 자세라든가 여신숭배사상의 형태 등의 자료에서 이를 알 수 있다. 이후 3,500년경 전에 만들어진 브라만교의 성전인 베다veda와 만나면서 밀접한 관계를 갖게 된다. 때문에 딴뜨라의 의례에는 베다의 행법에 기원을 두고 있는 것이 많이 발견되고 있다. 이러한 영향을 받은 딴뜨라는 여러 형태의 영적 수련, 종교의식, 명상, 요가, 법률, 관습 외에 원자이론이며 시·공간의 관계, 천체 관찰, 우주론, 수상학, 의약, 점성술, 화학, 연금술 등을 고도의 수준으로 끌어올려 과학의 모든 영역을 아우르고 있다. 요가철학에 바탕을 둔 딴뜨라의 이러한 특징들은 이후 대부분 다시 인도철학의 기초를 이룬다. 이와 같이 다양하고 광범위한 의미들을 포함하고 있는 딴뜨라의 내용들은 오늘날 티벳 불교를 포함해 대승불교에서도 얼마든지 볼 수 있다.

『티벳 사자의 서』에서도 딴뜨라에 바탕을 둔 것은 그 속을 들여다보면 해당되지 않는 곳이 거의 없다. 생명 에너지 센터(챠크라)에 대한 언급, 이 챠크라들의 빛 속에서 나오는 합존불과 생명의 바람이라고 일컫는 기氣에 대한 움직임이나 작용들을 다룬 것이 그러하고, 신체의 에너지 통로(나디nadi)에서 발산되는 빛과 만다라, 만트라 등의 시원이 딴뜨라이다.

생명 에너지 센터와 여기에서 나오는 부처님들의 속성과 에너지에 대한 움직임이나 에너지 통로에서 발산되는 빛 등은 이 경전의 '의식절차'에서 설명했기 때문에 여기서는 만다라와 만트라에 대해서만 언급하고자 한다.

만다라는 인도말로 중심이나 핵심, 본질의 의미로, 깨달음의 실상세계를 형상으로 보여주는 '고향 가는 지도'와 마찬가지이다. 또한 만다라의 핵심은 통합과 초월로 불보살님의 무한한 자비심과 완전한 지혜, 공덕의 세계를 표현하고 있으며, 인연법과 공성을 깨달아가는 철학을 이야기하고 있다.

만다라에 쓰이는 오색가루는 동·서·남·북·중앙의 오방을 나타내고 우주의 5대 원소 즉, 흙·물·불·바람·허공의 원소를 뜻한다. 또한 중생의 오온이 다섯 부처님의 지혜로 바뀌는 것을 뜻하고 우리 몸의 차원에서는 오감과 오장을 나타낸다.

이 외에도 만다라는 여러 가지 뜻으로 설명할 수 있다. 법계의 진리를 표현하는 방법, 또는 법계의 제불보살이 거처한다는 장엄궁, 아니면 어느 특정 불보살의 수행에서 도상으로써 표시하는 상징 등을 의미한다. 보편적으로 진리를 형상화한 도형이다.

만다라는 명상의 형상으로 사용하고 있으나, 그 의미가 심오하고 방대하여 정식 자기 법계나 불보살의 가르침을 공부하지 않고서는 색깔이나 방향, 모양의 뜻을 알 수가 없다. 그러나 만다라의 표현은 차이가 있어도 종국에는 공성空性으로 귀결된다. 이 경전에 나타난 만다라의 원리도 이와 같다.

다음으로 만트라를 들여다 보면, 『티벳 사자의 서』에 등장하는 금강살타 안에는 이 경전의 만다라 안에 나타나는 모든 평화의 신들과 분노의 신들이 녹아 들어가 있다. 그래서 '금강살타

100자 만트라'는 우리의 업력을 융해시키는 데 그 위력이 가장 강력하다고 전해지고 있다. 바꿔 말해 만트라 한 자 한 자가 신들의 표현이고 만트라를 염송함으로써 가슴과 목과 머리 속의 카르마를 정화시켜 마침내 금강살타로 승화되는 것이다.

이러한 만트라의 음율은 과학에 있어서 진동의 법칙과 같다. 세상 만물은 다 끊임없이 운동으로 진동하는 에너지장이고, 자기만의 고유한 진동수를 갖고 있다. 물질의 가장 하부단위에서 태양에 이르기까지 각각 고유한 진동수를 가지고 있다. 이 진동수를 알게 되면 그것을 신비적으로 사용해 그 유기체를 분해할 수 있다는 것이다.

다시 말해 관세음보살에 해당하는 "옴마니반메훔"의 만트라는 관세음보살과 정신적으로 통신을 주고받는 법이다. 일종의 텔레파시로 요즘 인공위성을 띄우거나 안테나 등을 설치해 놓고 네비, TV채널, 전화기 등으로 수많은 교신을 주고 받는 것과도 같은 것이다.

이렇게 소리에서 나오는 힘의 원리를 과학의 실험결과에서 빌리자면, 일반적으로 외부에서 진동계를 진동시킬 수 있는 힘을 가했을 때, 그 고유의 진동수와 외부에서 가해주는 힘의 진동수가 같으면, 그 진동은 심해지고 진폭도 커진다고 한다. 또 진동체가 서로 연결되어 있는 경우, 양쪽 진동수가 같으면 공명에 의해 에너지를 서로 교환하기 쉽게 된다고 증명하고 있다.

우리가 지금 이 자리에서 '옴마니반메훔'을 염송하면 즉시 관세음보살의 숨결과 하나가 된다.

세 번째, 앞서 본 바와 같이 딴뜨라 형식이 끊임없이 발전해 가는 동안 우파니샤드나 불교 등의 사상이 생겨나고 그 영향을 받으면서, 인도 중세의 8세기를 전후로 완전히 꽃피면서 이웃 나라에까지 전파되었다.

요즘 학자들은 이 요가 수행이 인도의 바라문 출신인 아상가(무착無着)에 의해 대승불교에 소개되었다고 말하고 있으나, 티벳 사람들은 부처님께서 직접 딴뜨라의 가르침을 전했으며 후대에 와 일반에 널리 알려지기 전까지는 근기가 성숙된 자격 있는 제자들에게만 밀밀히 전해졌다고 믿는다. 앞서 말한 대로 다양한 면모를 가진 딴뜨라의 성격이나, 석가모니 부처님의 성도 과정 등을 볼 때 충분히 근거가 있는 주장이다. 파드마삼바바가 라닥에 갔을 때 그곳에는 딴뜨라 행법과 경전 등이 잘 보존돼 있었다고 한다. 또 앞서 '공성空性, 연기에 의한 바르도의 흐름이나 영가의 속성, 해탈에 이르는 가르침' 등 불교의 기본 사상들이 내재된 부분들을 이미 설명한 바 있다.

불교의 성격이 새로운 토지에 이르면 새로운 사상을 끊임없이 생산하고 융합하면서 전체로서 새로운 줄기를 형성하고 불교라는 간판을 지고 독립해 가듯, 딴뜨라도 불교에 도입되어 독특한 밀교 철학을 발전시키고 마침내 딴뜨라(금강승) 불교를 탄생시켰다.

마지막으로 『티벳 사자의 서』는 파드마삼바바가 스승 빠담파와의 인연이 없었다면, 이 세상에 드러나지 못했을 것이다. 스승은 중생들에게 마음속 깊이에서 우러난 큰 자비심의 발로에서 죽음의 순간, 또는 사후에라도 중생들을 윤회의 고통에서 구하고

자 하는 원을 세웠다. 그리고 제자 중 가장 특출한 파드마삼바바를 라닥으로 데리고 갔다. 스승 빠담파는 왜 하필이면 제자를 라닥으로 데리고 갔을까?

라닥은 히말라야 북서쪽 끝에 위치해 있는 세상에서 가장 높은 곳으로 '하늘의 정거장'이라고도 한다. 파드마삼바바가 라닥에 도착했을 때 쉐이곰빠에만도 이미 100여 명의 고승들과 많은 수행자들이 정진하고 있었고, 산스크리트어 원전의 경·율·론장들이 잘 보존되어 있었다(사진 3-6, 7 참조). 무엇보다도 파드마삼바바가 놀란 것은 인간이 수태에서부터 태어나 성장하고 죽음에 이르기까지 전 과정이 그려져 있는 '인체도'가 있을 정도로 의학이 발달돼 있었다. 때문에 이러한 가르침의 보존과 의학의 발달은 육체에서 의식체를 분리시킬 정도로까지 발전해 영혼을 해탈케 하는 '포와 의식'까지 할 수 있게 된 것이다. 부처님의 가르침이 그대로 살아 실행되어 지고 있는 곳이기도 하고, '포와 의식'을 체험시키고 그 비의를 전수코자 스승은 제자를 험한 산악지대까지 데려갔던 것이다. 스승 빠담파는 그곳에서 죽어가는 사람과 시신의 장례절차 등 고대로부터 행해지고 있는 현장을 제자에게 체험할 수 있는 기회와 함께 죽음과 환생의 과정을 통제할 수 있는 가르침을 전수했다.

지금도 라닥에 살고 있는 사람은 거의 대부분 티벳인들이며, 수행의 전통과 가르침이 가장 잘 보존돼 오고 있고, 세계 각지에서 수많은 수행자들이 스승을 찾기 위해, 무문관 수행 체험을 위해 그곳을 찾고 있다.

그러나 유감스럽게도 이러한 성스러운 가르침의 전통과 과학적이고 합리적인 사상을 왜곡하거나, 오해와 편견으로 가르침을 악용하고 있기도 하다. 따라서 수행을 성취한 스승들은 오랜 수행기간을 거친 자격 있는 제자에게만 특별한 능력을 전수할 뿐이다. 성스런 가르침의 악용을 막기 위해 오늘날 티벳 스승들로부터 전 세계 수행자들에게 활발하게 전해지고 있는 딴뜨라(금강승)의 수행 전통은 현교顯敎, Sutra적 내용을 바탕으로 한 수행 전통을 유지하고 있다. 티벳 불교 승가에서는 현교의 전반적인 내용들을 20~30년씩 공부하고 있다.

딴뜨라를 밀교라고도 하는데 티벳 스승들은 밀교라는 말을 잘 사용하지 않는다. 딴뜨라라는 말은 비밀이라는 뜻이 아니다. 다만 근기가 부족한 이들이 그 깊은 뜻을 다 알아듣지 못하고 오해할 여지가 많기 때문에, 근기에 맞추어 조심스럽게 이야기하는 전통을 밀교라고 하는 것이다. 그래서 진짜 비밀은 없다고들 한다. 단지 눈을 뜨고도 그 뜻을 알아듣지 못하는 것일 뿐이다. 때문에 스승들은 거대한 영적인 힘을 지닐 수도 있지만, 항상 그것을 자신 안에 지킬 따름이다. 이는 티벳 전통이 권장하는 것이기도 하다. 참된 스승은 어떤 경우일지라도 자기 자신을 드러낼 목적으로 그들의 능력을 사용하지 않는다. 특별한 환경과 상황 아래 다른 사람에게 진정으로 이익을 줄 때만 보살행으로 활용한다. 하지만 그 법맥은 한 번도 끊이지 않고 확실하게 이어오고 있다. 그것은 수많은 수행자들이 그 전통에 따라 성취하였고, 지금도 그 법맥에 따라 수행하고 있기 때문이다. 마치 족보 속의 인물들이 이어지는 것과 같이 법맥의 전수자들이 한 생에서 다음 생으로 딴뜨라의 법을 전해 준 증거들을 고스란히 남기고 있다.

이러한 티벳 가르침의 전통을 이해하지 못한 외국인들이 가끔 스승을 찾는데 결국 스승을 찾지 못하고 세월만 보내고 만다. 그들이 찾는 스승은 그렇게 아무 데서나 볼 수 있는 것이 아니고, 스승을 알아볼 수 있는 능력, 즉 수행의 힘이 있어야 알아볼 수 있는 것이다.

성실히 묵묵히 수행하면 스승은 저절로 현현한다. 몽중夢中, 명훈冥熏, 현전現前의 형태로, 꿈속에서 가르침을 받는 몽중가피와 눈에는 보이지 않지만 불보살님께서 암암리에 자비를 더해 가피를 주시는 명훈가피, 그리고 불보살님께서 교화하려는 상대에게 맞추어 몸을 변해 나타나는 현전가피가 그것이다. 우리가 이런 전통을 보호하고 유지시킴으로써, 현 시대의 어려운 문제들을 더욱 효과적으로 다룰 수 있고 한층 확대된 가르침으로 세상을 더욱 풍요롭게 할 것이다.

이상은 『티벳 사자의 서』에 흐르고 있는 사상에 대해 간략히 알아보았다. 다음은 이 경전의 심리학적 해석으로 독자들에게 더 가까이 다가가 볼까 한다.

3. 『티벳 사자의 서』의 심리학적 해석

『티벳 사자의 서』를 조금이라도 더 쉽게 접근할 수 있도록 심리학의 거장인 칼 융이 이 경전을 심리학자로서 해석한 것을 보겠다.

『티벳 사자의 서』가 영국의 옥스퍼드 대학 출판부에서 출판되기 전 융은 하룻밤 사이에 이 경전을 독파한 후, '이런 책도 세상에 있을 수 있구나' 하고 감탄하며 서문을 쓰고, 심리학적 해석을 하기에 이른다.

융은 『티벳 사자의 서』를 읽고서 자신이 그때까지 쌓아 온 모든 것이 무너지는 것을 느꼈고, 파드마삼바바에 비해 정신병리학자로서의 자신은 너무나 보잘 것 없고 초라했다고 고백하고 있다.

그 무렵 그는 정신병리학을 연구하며 취리히 대학 부설 정신병원에서 일하면서 정신분열증의 심리학적 이해와 정신치료를 처음으로 시도했다. 그는 취리히 대학에서 최면학을 강의하면서, 최면을 통해 환자의 무의식 세계를 열어봄으로써 병의 근원을 찾아내기도 했다. 또한 최면을 통해 사후 세계나 윤회, 전생으로부터 환생문제까지 접근하기도 했다고 한다.

융이 이런 방편을 함께 사용하면서 환자들의 병을 치유할 수 있게 되자, 또 다른 난관에 부딪치게 된다. 다른 학자들의 시기 질투, 사람들의 몰이해와 거센 비난이 그것이다. 결국 견디지 못한 대학 측의 만류로, 그는 학교와 프로이트의 곁도 떠나고, 자신이 시도했던 모든 것들을 중단했다.

그렇게 헤매던 중에 사후의 세계를 밝혀 혼들을 제도하고, 산 자들에게까지 탈출구를 열어주는 『티벳 사자의 서』를 만나게 되었으니, 그 충격은 짐작하기에 충분하다. 그래서 그는 프로이트나 자신의 과오까지도 솔직히 밝힌다. 그리고 서문을 쓰고 비전에 대한 자신의 심리학적 해설까지 하게 된다.

융은 『티벳 사자의 서』와 불교를 접하면서, 세상을 바라보는 시각이 더욱 넓어졌다. 자기 자신의 무의식과 수많은 사람들의 심리분석 작업을 통해서 얻은 방대한 경험자료를 토대로, 원시 종족의 심성과 여러 문화권의 신화, 민담, 동서양의 철학과 사상, 종교현상 등을 서로 비교 고찰하기도 했다. 그 결과 인간심성에는 무의식과 자아의식, 집단적 무의식의 층이 존재함을 확인하게 됐다. 즉, 인간의 무의식에는 억압된 충동뿐 아니라, 인간의 행동을 유발하는 원초적이며 보편적인 원천이 있다고 보았다.

그의 학설은 치료와 병리적 현상을 이해하는 데 도움이 되는 것은 물론, 건강한 사람들을 폭넓게 이해하고, 이들이 자기를 통찰하는 데 도움을 주었다. 또 시대적·사회적 현상을 분석하는 데 기본적인 토대를 마련해 주었다. 그렇기 때문에 융의 이론은 정신의학이나 임상심리학 이외에 많은 다른 인접분야, 즉, 신학, 신화, 민담학, 민족학, 종교심리학, 문예학, 심지어 물리, 수학에 이르기까지 적지 않은 영향을 끼쳤다.

다음은 융의 『티벳 사자의 서』에 대한 심리학적 해석 중 간추린 내용이다.

원 제목『바르도 퇴돌』은 죽음에 대한 지침서이다. 이 책은 세 부분으로 나누어져 있다.

제1부는 치카이 바르도로 '죽음의 순간에 일어나는 정신적인 현상'을 설명하고 있다. 제2부인 초에니 바르도는 '사후에 곧바로 일어나는 꿈의 상태와 이른바 카르마의 환영들'을 다루고 있으며, 제3부 시드파 바르도는 '환생을 갈구하는 영가의 본능과 환생 직전에 일어나는 사건들'을 그려 보인다.

무엇보다『티벳 사자의 서』의 독특한 점은 죽음의 실제 과정이 일어나는 동안에 깊은 통찰력과 깨달음으로 대 자유를 얻을 수 있다는 것을 역설하고 있다는 점이다. 그리고 얼마 지나면 마침내 환생으로 인도하는 환영들이 나타나기 시작한다. 깨달음의 빛은 점점 희미해지고 조잡해지며, 환영들은 더욱더 공포스러운 것으로 변한다. 이러한 추락은 의식체가 점점 육체적인 환생에 가까워짐에 따라 영원한 자유의 진리로부터는 멀어짐을 말해 준다.

『티벳 사자의 서』의 목적은 영가에게 그가 목격하는 환영의 성격을 이해시키고, 잇달아 그를 현혹하는 망상들로부터 벗어나 그의 주의력을 영원한 자유의 길에 붙들어 두는 데 있다. 그래서 티벳에서는 사람이 죽으면 라마승들이『티벳 사자의 서』를 사자 앞에서 소리 내어 읽어준다.

언제나 너무 많이 말하게 하거나, 아니면 할 말이 별로 없게 만드는『이집트 사자의 서』와는 달리『티벳 사자의 서』는 원시적인 야만인이나 신들의 세계가 아닌 인간 존재를 향해 말을 걸어오는 지성적인 철학이다. 그 철학에는 불교심리학의 핵심이 담겨 있다. 이 점에서 이 책은 어떤 것과도 비교할 수 없는 탁월한 책이다.

이 책에서는 영가에게 나타나는 분노의 신들뿐만 아니라, 평화의 신들조차 인간 정신의 투영에 지나지 않는다고 역설한다. 이런 주장에 대해 지성을 가진 현대인이라면 쉽게 동의할 것이다. 그들이 보기에도 그들은 너무도 명백한 사실이기 때문에 굳이 설명할 필요조차 없을 것이다.

그러나 그 신들이 생각의 투영물이라는 것은 쉽게 동의할 수 있을지 몰라도, 동시에 그것들이 실제로 존재하는 것이기도 하다는 점을 설명하는 데는 현대인들은 매우 어려움을 느낄 것이다.

『티벳 사자의 서』는 바로 그렇게 하고 있다. 이 책의 핵심을 이루는 어떤 부분에서는 무지한 현대인들과 마찬가지로 지성을 가진 현대인들조차도 어리둥절해질 수밖에 없다. 드러내 놓고 말하지는 않지만 『티벳 사자의 서』의 특징은, 그 속에 담긴 모든 형이상학적인 주장들이 이율배반적인 성격을 갖고 있다는 것이다. 그리고 인간의 의식에는 다양한 수준이 있으며, 그 수준마다 질적인 차이가 있고, 그 차이에 따라 그 존재상태가 결정된다는 것이다.

『티벳 사자의 서』는 바로 이 위대한 심리학적 진리로부터 시작한다. 이 책은 장례의식에 관한 문헌이 아니라, 바르도 상태에서 일어나는 다양한 현상들로 사자를 인도하는 안내서

이며 죽은 자를 위한 가르침이다. 이 책에는 사후에서 환생까지 49일 동안의 상태에 대한 설명이 적혀 있다.

동양에서는 영혼이 일회적인 삶을 사는 것이 아니라 계속해서 윤회한다는 것을 자명한 사실로 받아들인다.

『티벳 사자의 서』는 죽은 사람에게 최고의 궁극적인 진리를 설명해 준다. 그 진리란, 신들조차도 우리들 자신의 영혼에서 비치는 빛이고 우리들 영혼에서 투영된 모습이라는 것이다.

영혼, 다시 말해 인간의 마음이 모든 것의 근원자리임을. 이는 매우 사려 깊은 일이다. 왜냐하면 그것은 삶이 우리에게 분명히 해 주지 않는 하나의 문제이기 때문이다. 우리는 항상 우리를 밀쳐내고 억누르는 수많은 것들에 둘러싸여 있기 때문에 우리에게 주어진 이 모든 것들이 과연 누구에 의해서 주어진 것인지 궁금해 할 시간적 여유가 없다.

영가는 바로 이 주어진 것들의 세계로부터 자신을 해방시켜야 하며, 『티벳 사자의 서』의 목적도 이런 자유의 길로 그를 인도하기 위한 것이다. 우리가 만일 우리 자신을 영가의 입장에 둔다면 우리는 『티벳 사자의 서』로부터 결코 적지 않은 보상을 얻게 될 것이다. 왜냐하면 이 책은 그 첫 문장부터 모든 주어진 것들의 '주는 자'가 바로 우리 자신 안에 있다는 사실을 깨우쳐 주기 때문이다. 우리가 모든 것을 창조해 낸 장본인이고, 모든 결정을 내린 주인공이라는 것이다.

우리가 그 사실을 깨닫는 것은 더없이 중요하고 필요한 일이다. 하지만 우리는 가장 작은 것에서부터 가장 큰 것에 이르기까지 온갖 증거가 널려 있음에도 불구하고 그 진리를 잘 알지 못한다. 마치 그런 앎은 존재의 목적을 확실히 이해하고자 하는 명상가들만의 몫으로만 여긴다.

어쩌면 우리들 대부분의 경우에, 세상을 자신의 마음이 창조했다고 보는 것은 결코 쉬운 일이 아니다. 그러기 위해선 무엇보다도 관점의 대전환이 필요하며, 여기에는 많은 희생이 뒤따르기 때문이다.

영가를 위해 행해지는 가장 차원 높은 정신적 노력은 『티벳 사자의 서』의 가르침에서 확실하게 찾을 수 있다. 그 가르침들은 더없이 자세해서 영가가 처한 상황 변화에 따라 완벽하게 적용할 수 있다. 따라서 진지한 독자들이라면 이 지혜로운 고대의 영적 스승들이 4차원의 세계를 다 들여다 본 다음에 생의 위대한 비밀을 우리 앞에 펼쳐 보인 것이 아닐까 하고 스스로 묻게 될 것이다.

설령 그 진리가 줄곧 실망스럽게 느껴지는 사람이 있다 해도, 그는 적어도 바르도의 체험에 대해서만큼은 인정하고 싶어질 것이다. 어쨌거나 우리가 종교적 상상력을 발휘해 한껏 숭고하고 장엄한 그림을 그려 갖고 있는 사후세계에 대해 『티벳 사자의 서』는 섬뜩한 색채로 칠해진 그림을 우리 앞에 들이민다. 그리고 그 그림은 점점 낮은 차원으로 떨어지는 공포스런 꿈의 상태를 묘사하고 있다. 다른 것은 제쳐 놓고라도 이 점만큼은 더없이 독창적이다. 사후세계에서 가장 높은 차원의 체험은 바르도의 맨 마지막 순간에 오는 것이 아니라 최초의 순간, 곧 죽음의 순간에 찾아온다. 그 다음부터는 점점 깊어지는 환영과 어둠 속으로의 추락이 있을 뿐이고, 마침내는 새로운 육체로 환생을 하기에 이른다.

　　영적 체험의 클라이막스는 생이 끝나는 순간에 다가온다. 따라서 인간의 삶은 가장 높은 차원의 완성을 위한 하나의 수레라고 할 수 있다. 영가로 하여금 어떤 대상에도 집착하지 않고 텅 빈 충만[空]의 영원한 빛 속에 살며, 생과 사의 온갖 환영으로부터 벗어나 윤회의 수레바퀴의 중심축에서 휴식할 수 있게 하는 것, 그런 위대한 카르마를 가능케 하는 것이 바로 인간의 삶이다. 바르도 체험은 영가에게 영원한 보상이나 징벌을 가져다 주는 게 아니라 다만 새로운 삶으로 끌고 내려갈 뿐이다. 이 새로운 삶은 그가 궁극적 목적에 한 걸음 더 다가갈 수 있도록 해 줄 것이다. 그러나 이것은 그가 지상의 삶에 대해 최선을 다하고 힘들게 노력할 때 비로소 얻어지는 최후의 열매다. 『티벳 사자의 서』의 이런 시각은 고상할 뿐만 아니라 또한 대담하고 영웅적이다.

　　사후세계의 중간 상태인 바르도에서는 시간이 지날수록 점점 낮은 차원으로 떨어져 내리게 된다는 이 시각은 서양의 영적 문헌들에서도 찾아볼 수 있다. 하지만 그것들은 이른바 영계로부터 오는 통신이 너무 상투적이고 어리석은 내용 일색이어서 늘 사람을 넌덜머리나게 할 뿐이다. 과학자들은 이런 책들에 적힌 내용들이 교령회交靈會에 참석한 사람들과 영매들의 무의식세계로부터 나온 것이라고 해석하기를 주저하지 않는다. 또한 그들은 이런 해석을 『티벳 사자의 서』에 묘사된 사후세계의 내용에까지 적용하려고 든다.

사실 이 책 전체가 인간이 가진 무의식의 원형들로부터 창조된 것임은 부정할 수 없는 사실이다. 그것들은 물질적이든 영적이든 실체를 가진 것들이 아니다. 하나의 정신 현상일 뿐이고 정신적 체험의 자료일 뿐이다. 이 점에서는 우리 서양인들의 이성적 판단이 꽤 정확하다. 그러나 어떤 것이 주관적으로 존재하든 객관적으로 존재하든 그것이 존재한다는 사실에는 변함이 없다. 『티벳 사자의 서』는 바로 그 사실을 말하고 있는 것이다. 이 책에 등장하는 다섯 명의 명상하는 붓다는 그 자체가 인간의 의식 속에 담긴 자료이기 때문이다. 영가가 깨달아야만 하는 것이 바로 그것이다. 물론 그는 살아 있을 때 이미 그 사실을 깨달았어야만 한다. 모든 자료는 사실 그 자신의 정신에서 나온다는 사실을 말이다. 신들과 영들의 세계는 사실 내 안에 있는 '집단무의식'에 지나지 않는다. 이 문장을 뒤집어 읽으면 다음과 같다.

'집단 무의식이 곧 신들과 영들의 세계이다. 거기에는 어떤 지적인 곡예도 필요하지 않다. 다만 인간의 전 생애, 어쩌면 완성을 향해 한 걸음씩 다가가는 무수히 많은 생들이 있을 뿐이다.'

내가 '완전함을 향해 다가간다.'고 하지 않고 '완성을 향해 다가간다.'고 말한 것에 주목하기 바란다. 완전함을 자랑해 마지않는 사람들은 전혀 다른 종류의 발견을 할 것이기 때문이다.

『티벳 사자의 서』는 그것에 대해서 어떤 해설을 쓰더라도 '닫힌' 책으로 시작해 '닫힌' 책으로 남는다. 왜냐하면 그것은 다만 영적인 이해력을 가진 사람에게만 열리는 책이기 때문이다. 그런 이해력은 누구의 경우든 결코 타고나는 것이 아니라 특별한 명상수행과 특별한 체험을 통해서만 얻어지는 것이다. 어떤 점에서 보나 이런 '쓸모없는' 책들이 세상에 존재한다는 것은 더 없이 좋은 일이다. 어차피 이런 책들은 현대문명의 의미와 목적과 쓸모에 더 이상 매달리지 않는 '별난 사람들'을 위한 것일 테니까.

― 『티벳 사자의 서』 중에서, 류시화 옮김, 정신세계사

4. 『티벳 사자의 서』에 대한 의문들

지금까지 여러 각도로 삶과 죽음의 순환과정들을 들여다보았다. 무엇보다도 독자들이 『티벳 사자의 서』를 쉽게 이해하고 기억할 수 있도록 애를 써보았다. 그러나 이러한 노력에도 불구하고 사후 일어나는 현상, 즉 빛과 환영들의 출현이나 환생의 과정들을 단순히 종교적 또는 그 나라의 풍습일 뿐이라고 마음을 덮어버린 사람들이 있을 수 있다.

성하, 달라이라마께서는 이런 물음에,

당신은 당신의 할아버지를 보았는가? 보았다면 증조할아버지를 보았는가? 또한 3대 할아버지를, 그 위 4대조 할아버지를 (…) 선대의 조상들을 보았는가?(…) 만약 당신이 태어날 때 3대, 4대의 할아버지가 이미 죽은 뒤라서, 그분들의 얼굴을 보지 못했다고 하여, 그들은 존재하지 않았다고 할 수 있는가?.

라고 반문하신다.

다음은 『티벳 사자의 서』에서 풀리지 않은 의문들과, 죽음과 관련된 궁금증들을 문답식으로 풀어보았다. 또 『티벳 사자의 서』에 나타난 가르침과 같이, 우리 민족에게도 이와 유사한 사후의 가르침들이 있었는지, 있었다면 어떤 형식으로 유지되어 오고 있는지에 대해서도 알아보고자 한다.

〔문〕 『티벳 사자의 서』에 등장하는 평화와 분노의 신에 대해서, 티벳 문화권을 제외한 대부분의 다른 나라 사람들은 그들의 존재를 알아채지 못한다. 바르도 안에서 공포와 슬픔, 분노를 알아차리는 것이 가능할까?

〔답〕 그것이 바로 『티벳 사자의 서』를 번역·출판하고 세상에 배포한 이유가 아니겠는가. 각 나라의 문화 환경 등에 따라 각각 다른 양상의 환영이 등장한다. 어떤 형상이든 그것들을 경험한다는 것만은 분명하다. 평화의 신은 종교에 따라 다른 성인이나 성채의 모습들이 떠오를 것이다. 분노의 신 역시 종교나 환경에 익숙한 영상들이 영가 앞에 나타날 것이다. 그외 종교가 없을지라도 전생에 친숙했던 모습들, 예를 들어 조상이나 존경했던 사람들은 평화의 신으로, 염라대왕이나 저승사자, 괴물 같은 귀신들은 분노존을 대신한다고 할 수 있다. 고대로부터 남겨진 벽화나 다른 자료들에서 보면 종교마다 선·악에 따라 이러한 표현들을 하고 있다. 사후 일어나는 일들이 약간의 차이는 있을지라도, 모든 인류가 공감하고 매스컴 등에서는 이를 증명이라도 하듯 앞다퉈 재조명하는 시대가 되었다.

이러한 현상들은 영가의 전생의 업과, 임종시 의식이 몸의 어느 부위를 통해서 밖으로 빠져 나가느냐와 연관되어 있다.

대부분의 사람들은 죽음의 순간 우리 몸을 구성하고 있는 원소의 일부 또는 전체가 극도의 혼란을 일으킴으로써 해지절이라는 고통이 온다. 이는 마치 칼로 자른 것과 같은 심한 고통이다. 그러나 평소 선업의 종자를 쌓아 온 이들에게는 이러한 현상이 거의 없다.

　불선不善한 마음으로 맞는 죽음은, 온갖 흉측한 모양들을 봄으로 인해 몸에서 큰 고통이 발생하고, 털끝이 곤두서며, 손발을 부들부들 떨고, 똥오줌을 싸고, 허공을 움켜잡으려 버둥거리고, 눈알이 뒤집히며, 입에 거품을 품는 등 망측한 현상들이 일어나는 임종을 맞게 된다.

　그러므로 평소 우리가 마음공부를 하지 않는다면 계속 업만 쌓을 것이기 때문에 결국 삶을 포기하는 것과도 같다. 이러한 사실들에 비추어『티벳 사자의 서』에 대한 학습은 사후 바르도에서뿐만 아니라, 당신의 다음 생에도 긍정적인 영향을 미칠 것이다.

〔문〕_ 만약 어떤 사람이 불교에 대해서 알지 못하더라도, 바르도를 알아볼 수 있을까?

〔답〕_ 만약 어떤 사람이 자신의 업보로 인해 나타난 다양한 형상을 알아보지 못하고 헤맨다면 영가에게 어려운 일임에는 틀림없다. 그는 죽음의 순간부터 환생할 때까지 일어나는 상황에 대해 견고한 실재로 알아차린 채 공포와 두려움 속을 넘나들고 방황하다 흐릿하고 어두운 빛 속으로 피신을 하게 될 것이다. 하지만 그가 살았을 때, 죽음 이후에 대해 학습할 기회가 있었거나 그렇지 못했다고 할지라도 유족들이 만약 바르도에 대한 가르침을 이 죽은 사람을 위해서 암송한다면, 영가에게는 매우 이로운 일이 될 것이다.

『티벳 사자의 서』의 가장 큰 매력은 평소에 불교의 가르침을 배우고, 실천한 적이 없는 평범한 사람들도 구제의 대상으로 삼는다는 데 있다. 이는 죽음과 그 과정에서 발생하는 영가의 내면의식의 변화와 현상들이 자기 마음속에 축적된 잠재의식의 발현 또는 투영임을 명확하게 인식시켜 줌으로써, 영가가 죽음의 공포를 극복하고 인간 본연의 모습인 완벽한 깨달음의 상태로 돌아갈 수 있도록 자세히 인도하고 있기 때문이다.

〔문〕_ 죽음의 순간에 부드럽거나 또는 강한 빛이 뒤따라올 때 먼저 나타난 빛을 놓쳤다면, 뒤따라오는 또 다른 빛을 잡을 기회를 가질 수 있을까?

〔답〕_ 만약 한 사람이 첫 번째 날 그 빛을 알아보고도, 그 빛을 선택하지 않았다면, 영가는 두 번째 날에 실수를 하지 않을 것이다. 왜냐하면 그 사람은 중요한 빛을 계속해서 알아볼 수 있기 때문이다.

〔문〕_ 낙태되거나 또는 어린 나이에 죽은 아이의 의식은 어떻게 될까?

〔답〕_ 태어나기 이전에, 태어나면서, 또는 어린 나이에 죽은 사람의 의식은 다시 한번 바르도 상태의 여행을 통해 다른 존재 형태를 띠게 될 것이라고 스승들은 말하고 있다. 이러한 영가들에게도 죽은 사람을 위해 진행하는 것과 똑같이 가치 있는 천도나

갇힌 짐승을 풀어주는 등 자비를 행해야 할 것이다.

낙태의 경우도 마찬가지이다. 앞서 '출생의 바르도 전개과정'에서 보았듯이 '중음신이 부착된 수정란'도 이미 생명의 범위에 속한다. 그 기간이 얼마이건 낙태행위는 분명히 살인의 악업이 된다. 부모는 그 악행을 저지른 데 대해 잘못을 참회하고 아기 영가의 미래를 위해 기도를 일심으로 하여야 할 것이다.

〔문〕_ **자살한 사람의 의식에는 어떤 일이 일어날까?**

〔답〕_ 어떤 사람이 자살했을 때, 그의 의식은 당연히 부정적인 업이 따르게 된다. 왜냐하면 한 생의 업력이 다하여 맞는 죽음(수진사壽盡死)이 아니기 때문에 그 업력이 끝나지 않았다면 마땅히 과보를 받아야 한다. 그런데 과보를 받기 싫어 괴로움을 인내하지 못하고 스스로 목숨을 끊는다면 오히려 나쁜 업을 짓게 되어 다음 생에 더 많은 괴로움을 받게 된다.

우리가 죽을 때 마지막 의식이 다음 생生을 지배한다. 요즘 세간에 이어지는 자살은 주로 명예나 재물욕에서 오는 것으로 죽는 순간 그에 따른 한을 남기게 된다. 그 한은 영가의 갈 길을 가로막는 족쇄가 되고 악령이 되어 주변을 떠돌 수 있다. 그러므로 스스로 목숨을 끊는 일은 크게 어긋나는 행위로, 죽으면 끝이라는 견해는 잘못된 생각이다. 자살의 근본원인도 욕심과 분노와 어리석음에 있다. 어쨌든 자살은 생명을 죽이는 것이기 때문에 편안하게 죽지 못하여 남아있는 가까운 인연에게 고통을 안겨주고 원한관계를 맺게 되는 악순환의 연속일 뿐이다. 이런 부정적인 생각의 연으로 죽음의 순간 해로운 악령이 달려들어 그의 생명력을 점유하기 때문에 주변에도 나쁜 영향을 끼칠 수 있다. 때문에 자살의 경우 능력 있는 스승이 죽은 자의 의식을 자유롭게 하기 위해서 정성을 다해 천도를 하여야 한다. 그리고 가족의 끊임없는 기도가 함께 해야 할 것이다.

〔문〕 _ 뇌사상태에 있을 때나 죽을 때, 신체 기관을 기부하는 행위를 어떻게 봐야 할까?

〔답〕 _ 스승들은 신체기관의 기부는 보시의 매우 적극적인 행동 중 하나라고 가르치신다. 그런 행위는 다른 사람을 돕고자 하는 순수한 자비심에서 비롯하기 때문에 죽어가는 사람이 그런 행위를 진정으로 바랄 때, 육신에서 떠나고 있는 의식에 어떤 방식으로도 해를 입히지 않을 것이라는 것이다. 또한 이렇게 관대한 마지막 행위에 의해 선업이 쌓이게 되어 영가의 미래에 긍정적인 영향을 받게 된다.

성하, 달라이라마께서는 자신의 신체기관을 기부하는 과정에서 어떤 괴로움과 고통, 그리고 순간순간마다 일어나는 마음의 혼란이 선업으로 변한다고 하셨다.

2006년 조계종 총무원장이었던 법장 스님은 자신의 온 몸을 기증했다. 말이나 설명보다는 스님의 장례식 중 빛으로 다시 나투신 모습은 우리가 지금까지 공부해 온 모든 것들을 말하고 있다(사진 3의 55부터 56 참조).

〔3-55〕

〔3-56〕 조계사에서 법장 스님의 장례식 중 하늘에 떠오른 빛과 모습, 독자들은 여기서 무엇을 볼 수 있을까?

〔문〕_ 최근에는 동물복제와 줄기세포연구가 논란 속에서도 재화를 획득할 수 있는 미래의 최고부가가치로서 각축을 벌이고 있다. 체외수정을 통해 만들어진 배아를 해체하는 것과, 체세포복제를 통해 줄기세포를 생성하는 행위를 어떻게 보아야 할까?

〔답〕_ 만일 줄기세포 제조의 동기가 재화를 획득하려는 탐욕에 있다면, 인간 개념의 주변부에 위치하는 '체세포복제배아'는 생명의 범위에 들어오며, 이를 해체하는 것 역시 살인행위가 된다. 그러나 난치병의 치료라는 선한 마음에서 한 행위는 고통받는 환자들을 치료해 주기 위한 자비의 실천이기 때문에 살인행위라고 볼 수 없다.

불교의 '업' 이론에 비추어 볼 때 모든 살생행위가 전적으로 악행과 관계된 것만은 아니다. 예를 들어 생선횟집을 운영할 경우, 매일매일 수많은 활어를 살해하는 측면은 악행이지만, 이를 손님에게 제공하여 허기를 채워주는 측면은 선행이다. 개인적인 욕망에 근거한 배아연구라고 하더라도 배아를 해체하는 것은 악행이지만, 이를 통해 개발된 기술로 환자를 치료해 준다면 이는 선행이 될 것이다.

-「생명조작」에 대한 동국대학교 불교학과 김성철 교수 토론문 중에서

〔문〕_ 『티벳 사자의 서』의 가르침과 같이 우리 민족도 사후를 위한 가르침이 있었을까? 과연 그와 유사한 것들이 존재했다면 어떻게 실행되었을까?

〔답〕_ 아주 옛날 우리 조상들은 시체를 땅이나 널빤지 위에 놓고 위아래를 풀섶으로 덮어 놓은 상태로 시신을 처리했는데, 들에다 두고 풀이나 나뭇가지, 또는 돌로 시신을 덮어 두었다고 한다. 이를 풍장風葬이라 한다.

후세에 오면서 시신을 매장할 때, 시신을 덮고 있는 땅의 압력으로 인해 시신이 상할 것을 염려하여 관곽棺槨을 사용하게 되었다.

삼국시대의 조령관 내지는 생사관을 간단히 살펴보면, 부여夫餘에서는 사람이 죽으면 얼음을 넣어 장사를 지내고, 대목관을 사용하였으며, 고구려와 백제는 바로 매장을 하는 것이 아니고 경우에 따라서는 100일간 또는 5개월간 장례식을 한 기록이 있다. 부모와 남편의 경우 3년복을 입기도 했다.

그러나 고구려나 백제와는 달리 신라는 불교의 영향을 받아 화장을 하고 검약하게 장례 절차를 시행하도록 하는 기록들이 발견되고 있다. 『삼국사기』에는 문무왕이 자신의 시신을 서역(인도) 법식에 의하여 화장을 하고, 그 절차를 검소하고 검약하게 시행토록 유언한 기록도 볼 수 있다. 또한 신라는 사람이 죽으면 염殮을 하여 관을 써서 장사를 지내고 무덤을 만들기도 하여, 화장과 토장이 병행되었다.

이러한 화장법은 통일신라를 거쳐 고려시대에 이르기까지 크게 성행을 하다가 고려高麗말 주자학朱子學이 도입되면서 배척, 반발을 받기 시작한다.

한편 장례의식은 삼국시대부터 전래 보급된 유교가 점점 널리 발전되면서, 불교적 분위기에 유교적 분위기가 더하여 지기 시작하였다.

고려사회에서 조선사회로의 이행은 단순한 왕조교체王朝交替 이상의 의미를 갖는다. 조선은 건국초기부터 주자가례朱子家禮를 시행하였다.

그러나 국가의 의지와는 달리 백성들이 이를 시행하지 않자, 세종조에서부터는 강력한 독려와 함께, 우선적으로 사대부가士大夫家를 중심으로 강제적으로 시행되었다. 사대부의 경우 엄격한 규제로 인하여 불교식 장례가 거의 폐지되었으나, 일반 백성들 사이에는 여전히 불교식이나 무속적인 장례풍습을 이어오기도 하였다.

이렇게 조선조 500년을 거쳐 현재까지도 시행되어온 관계로 유교식 상장의례가 우리 고유의 습속인 것으로 알려져 있다. 그러나 그것은 유교문화에 의한 외래적 요소임이 밝혀졌다. 조선 중·후기로 내려오면서부터는 우리 실정에 맞게 수정되고 근래에 와서는 시대적 요구에 따라 더욱 간소화되고 있다.

근래 우리의 장례문화는 거의 대부분 3일장을 치르는데, 상주들은 그 3일간은 거의 잠도 자지 않고 조문객을 맞이한다. 또한 산업화되면서부터 낮보다는 밤에 조문을 더욱 많이 하는 계기가 되었으며, 가까운 친지나 친구, 이웃 등은 함께 밤을 지새워주며, 힘을 덜어주고, 그동안 지인들과의 만남도 함께 이루어지는 등의 풍습은 여전히 이어져 오고 있다. 이는 또한 상주에 대한 조문객의 예의이기도 하다. 산 자의 영가에 대한 예는 옛날이나 지금이나 큰 변화가 없는 듯하다.

　산 자가 영가에 대한 예를 갖추는 것은 누구나 죽음을 피할 수 없는 자신의 일이기도 하지만, 영가에 대한 공포심, 즉 영가를 잘못 다루었을 경우 산 자에게 어떠한 해로움을 주지는 않을까 하는 심리적 두려움이 내재되어 있다고도 볼 수 있다. 영가에 대한 공경심 또한 시신을 중요시 다루는 하나의 요인이기도 하다.

　이런 절차나 심리를 볼 때 『티벳 사자의 서』에서처럼 체계적으로 죽음에 대한 기록들이 정리되지 않았을 뿐 산 자가 죽은 자를 바라보는 방식이나 죽음 이후의 세계를 묵인하지 않았음을 알 수 있다.

　최근 장례의식의 절차에서도 이런 현상이 나타난다.

2007년 8월에는 영남기호학파의 거유巨儒인 화재華齋 이우섭李雨燮 선생의 장례절차가 세간의 화제가 되었다. 이 장례행렬에 등장한 '방상씨탈'은 우리 조상들의 장례절차를 복원한 매우 인상적인 장면이었다(사진 3의 57, 58 참조).

(…) 방상씨탈은 망자의 저승길을 편안하게 인도해 주는 역할을 한다. 사람이 육신을 벗으면 낯선 저승길로 접어든다. 이 저승길로 가는 도중에는 인간 세계처럼 여러 가지 깡패와 사기꾼들이 있어서, 망자의 혼령을 괴롭힐 수 있다고 한다. 이를 막아주는 것이 바로 방상씨탈이라는 것이다.

　이 장례행렬에 등장한 방상씨탈은 2개이다. 하나는 입 모양이 웃는 탈이고, 다른 하나는 입을 다물고 엄숙한 표정을 한 탈이다. 상여행렬의 맨 앞에 서는 방상씨方相氏는 황금색의 눈을 네 개나 가진 귀신 쫓는 탈로서 두 사람이 이 탈을 쓰고, 긴 칼이나 창과 방패를 들고 앞장서서 잡귀를 몰아내는 구실을 한다. 죽은 이의 저승길을 깨끗이 닦아주는 셈인데, 이를 '희광희춤'이라 한다.

웃는 방상씨탈은 악귀들을 달래서 보내는 역할을 하고, 엄숙한 모습의 탈은 달래도 말을 듣지 않는 악귀들을 혼내서 쫓아내는 역할을 한다고 한다. 탈의 재료는 가볍게 얼굴에 쓸 수 있도록 오동나무를 사용하고, 그 위에 황토를 바른 다음에 붉은색, 검은색, 흰색 등의 안료를 쓴다.

탈은 그 개념을 확대하면 나무, 새, 지렁이, 물, 바위, 구름, 바람 등 천지 만물이 모두 알아듣는, 즉 천지 만물과 교통할 수 있는 위력을 지니고 있으므로, 요사스러운 귀신을 물리치는 벽사辟邪의 힘을 지니고 있다고 한다.

- 「조선일보」 '조용헌 살롱' 중에서

여기에 등장하는 방상씨탈의 의미는 『티벳 사자의 서』에 등장한 환영의 모습과 그 의미가 거의 같음을 우리는 금방 눈치챌 수 있다. 웃는 방상씨탈은 자비존의 대표적 형상이고, 엄숙한 모습의 탈은 분노존을 표현한 것이다.

『티벳 사자의 서』에서는 영가의 심상에서 스스로 그 모습들이 현현하지만, 우리의 풍속은 영가의 주변에서 영가가 겪는 고

(3-57)

(3-58) 장례행렬을 이끌고 광중의 잡귀를 몰아내는 방상씨탈

통을 덜어주거나 미리 막아줌으로 해서, 영가가 평온하게 다음 환생길로 가도록 돕고 있다는 것이다. 이는 영가가 저승으로 가는 여행길을 돕는 의미도 있지만, 더 확장해서 들여다 보면 남은 자들, 즉 그 장례절차를 지켜보는 자들로 하여금 험난한 저승의 세계를 미리 가르쳐 주는 기회가 아니고 무엇이었겠는가.

그리고 상여가 나가면서 상여를 메고 가는 상두꾼들이 '상여소리'를 하는데, 앞소리꾼이 "간다 간다 나는 간다 북망산천으로 나는 간다."라고 노래가사를 시작하면, 그 가사에 따라 상여가 움직이면서 상두꾼들은 "너호 너호 에이넘차 너호" 하고 뒷소리를 받으며 장지로 향한다.

'북망산천'은 시신을 묻는 장소를 상징하는데, 중국 대륙에서 제일가는 명당이 '북망산'이라고 한다. 죽으면 누구나 명당에 묻히고 싶은 심리적 표현으로, 죽음 이후까지를 걱정하고 발원하는 의미가 있지만, 자연으로 돌아가는 곳을 뜻하기도 한다. 그리고 상여의 노랫말들은 무상無常 즉, 공수래공수거空手來空手去를 가르치는 가사들로 구성되어 있다.

여기서 '빈손으로 왔다 빈손으로 간다'는 것은 물질적인 부분을 말하는 것이고, 부처님의 가르침은 한 발 더 나아간다. 비록 물질적인 것들은 놓고 갈 지라도 자신이 쌓은 업은 가지고 가기 때문이다. 그러나 조금만 깊이 들여다 보면 그 의미는 함께 만난다.

우리 선조들의 가르침은 평생 욕심을 부리지 말고 살라는 것이고, 탐하지 않고 사는 것은 악업을 짓지 않는 것이다. 불교에서 삼독, 오독을 말할 때 '탐심'이 제일 앞선다. 다시 말해 욕심으로 인해 화가 나고 화가 나면 이성을 잃고 사리분별력을 잃게 되기 때문이다. 무엇보다도 부처님의 가르침이 더욱 돋보이는 것은 윤회의 주체를 설해 놓으시고, 그로부터 해방되는 약을 각각의 환자에 맞게 처방해 놓으신 것이라 할 수 있을 것이다.

내가 아홉 살(1970) 삼복더위에 아버지가 돌아가셨다. 요즘 같으면 간경화나 간암이 아닌가 싶다. TV도 없던 시절, 시골이라 특히 여름에는 특별한 일이 없으면 마을 사람들은 남녀노소 없이 마을의 정자나무 아래로 모인다. 그곳은 우리 동네 사람들에게 어머니 품과 같은 곳이다. 내가 그곳에서 삶의 철학을 배웠다는 것을 이후 성장하면서야 깨달았다.

아버지가 임종하시기 전날 밤, 나는 저녁을 먹고 일과처럼 정자나무 밑으로 갔다. 어린 내가 시간만 나면 그곳에 간 이유는 나이든 어른들의 옛날 역사 이야기며, 전설 같은 이야기가 내게는 너무도 흥미로웠기 때문이다.

그날도 얘기가 한창 무르익을 때쯤 마을에서 제일 나이 드신 어른이 갑자기 "어! 혼불 나간다." 하니 모두의 시선이 혼불로 향했다. 혼불의 색은 황금색에 올챙이 비슷한 모양을 하고 둘레에는 약간 푸르스름한 빛을 띠고 있었으며, 크기는 큰 접시 같았다. 그 혼불은 마을 앞 작은 동산 너머로 순식간에 사라졌다.

"저 혼불 재문이 집에서 나오네. 길이를 보니 이틀을 못 넘기겠구만."라고 하셨다.

나는 우리 아버지가 죽을 것이라는 말에 울면서 집으로 단숨에 달려왔다. 집으로 돌아오는 길에 그 어른의 음성이 귀에 꽂혀 떠나질 않았다. 지금 이 글을 쓰는 순간에도.

그날 밤이 지나고 새벽 2시에 가족들이 지켜보는 가운데 아버지는 한 생의 인연을 다하고 우리들과 작별하셨다.

3일간 유교식 장례를 하고 그날 밤에는 무당이 와서 아버지가 무엇으로 환생했는지 굿을 하였다. 무당은 영매 역할을 하며 아버지의 영혼을 자기 몸으로 불러들여 아버지를 대신해 전생의 일을 말해 가며, 가족과 마을 사람들을 돌아가며 대화를 하였다. 놀랍게도 그 무당은 아버지의 살아생전의 음성과 행동으로 영가의 의도를 전달하였다. 그리고 마지막으로 곡식 등을 까불러 쭉정이나 티끌을 골라내는 키에다가 고운 밀가루를 펼쳐 그 위를 창호지로 덮어 놓고 무당이 한참 동안 영혼을 집에서 완전히 내보내는 의식을 하였다. 그리고 그 징표로 밀가루 위에 발자국이 남아있고, 그것으로 윤회를 확인하였다. 이러한 절차는 영가가 전생에 어떻게 살았는가의 흔적이기도 했다. 우리 아버지는 사람의 발자국이 서너 개 나 있었다. 꾸며서 만든 발자국이 아니었다.

사람들은 키 위에 찍힌 자국이 사람의 발자국이면 가장 좋은 것으로 믿고 있었다. 당시 우리 동네는 누구네 집이든 똑같은 장례 절차를 밟았다(사진 3-59부터 60 참조).

나는 어렸을 때부터 그런 것에 관심이 많아서 누구네 집에서 장례식이나 굿 등을 하면, 처음부터 끝까지 밤을 새워 지켜보곤 하였다. 그런데 심술 사납기로 유명한 마을의 어느 할머니는 신기하리만큼 선명하게 뱀의 자국 형태가 남아 있었고, 그외에 기

[3-59]

[3-60] 혼을 내보내는 씻김굿

억으로는 개와 새 발자국이 가장 많았던 것 같다.

　1970년의 일이지만, 사람이 죽어가는 조짐을 보는 눈이나 절차와 의식의 모든 형태는 『티벳 사자의 서』와 거의 유사하다. 필자가 어릴 적에는 집안에 임종을 앞둔 사람이 있으면 가축들이 교배하지 못하도록 각각 나누어 가두었다. 이는 죽어가는 사람이 동물로 태어나는 것을 막기 위함이었다. 또 어른들은 마을에서 사람이 죽으면 삼칠일 동안 부부가 동침하지 말 것을 권하였다. 인간일지라도 다시 태어남이 고통이라는 것을 모르고 어찌 이런 단속들을 할 수 있었겠는가.

　사람이 죽어가는 순간 성욕이 가장 강하게 일어나는데, 이는 환생의 본능 때문이다. 그래서 영혼은 가까운 곳에 자궁이 보이면 그것이 동물이든 사람이든 어디든 들어가려 한다. 우리 선조들도 이런 지혜를 가지고 있었으며 수십 년 전만 해도 실천해 왔다는 증거이다. 거슬러 올라갈수록 함께 공유해 왔던 전통들이 역사의 흐름 속에서 시대적 요구에 따라 역할이나 기간 등이 변하고 축소되어 온 형태라고 해야 더 맞는 것은 아닐까.

　이러한 증거는 지금도 우리나라 사찰의 장례의식에서 대부분 나타나고 있다.

　얼마 전 문정영 원로스님의 다비식에서도 그 의식은 불교의 가르침을 그대로 전승하면서도, 약간씩 중간 중간 생략한 것인지, 아니면 조선 500년의 배불排佛 역사와 일제 치하를 거치면서 그 흔적이 사라진 것인지 정확히 알 수가 없으나 『티벳 사자의 서』 장례의식 절차의 기본 골격은 그대로 유지하고 있었다.

다비식에서 불보살의 위덕을 표시하는 장엄도구인 번幡(깃발)이 영가보다 먼저 화장터를 향해 출발하는데, 그 번의 출발 순번이 인로왕보살(죽은 이의 영을 접인하여 극락세계로 인도하는 보살)부터 시작하여 오방불이 그 뒤를 이었고 그 다음은 『티벳 사자의 서』에 등장하는 각각의 평화·분노 백존들의 이름을 새긴 번들이 그 행렬을 이었다. 뿐만 아니라, 번의 색깔도 『티벳 사자의 서』에서 그랬듯이 지·수·화·풍·공의 색상을 각각 표현하였는데, 이는 물론 불교의 가르침을 그대로 반영한 것으로 우리나라에서도 그 의식을 그대로 유지 실현하고 있다는 또 하나의 증거였다(법장 스님 장례행렬사진 3의 55부터 56 참조).

물론 위에서 보았듯이 선조들의 역사를 대대로 거슬러 올라가다보면 불교 이전부터 우리도 이런 자연스런 인류 공동의 문화 대열에 함께 참여하였을 것이다.

청전 스님(티벳의 망명정부인 인도 달람살라에서 달라이라마를 스승으로 모시고 20여 년 수행 중)이 카일라스를 가던 중 티벳인들의 숙소에서 머물면서 있었던 일화이다.

보름달이 떠오르는 밤, 티벳인에게 망원경을 주면서 달을 보라고 했더니 '어! 토끼가 없네.' 하여 너무 놀랐다. 티벳 사람들도 달에 토끼가 있다고 생각했던가. 우리나라 정서와 어찌 이리도 닮았단 말인가! 토끼가 없다니.
… 어쨌든 티벳 사람과 우리나라는 같은 몽골리언의 혈통이라 그런지, 여러 가지 정서가 비슷하고 음식이나 기구 등도 비슷

한 게 많다. 놀라운 것 중 하나는 사람 이름이다. 어렸을 적에 동네에 '개똥이'라는 사람이, 좀 커서 알고 보니 자식을 나면 다 죽어나가는 집안에서 이름을 천하게 지어 액땜을 한다 하여 이름이 개똥이였다. 그런데 이곳 티벳 사람들도 그와 똑같은 발상의 이름을 찾아볼 수 있으니, 개똥이라는 이름을 지어 받은 사람은 안 죽고 오래 산다고 믿는 것이다.

- 『달라이 라마와 함께 지낸 20년』, 지영사

이상에서 보았듯이 딴뜨라의 가르침이나 『티벳 사자의 서』의 사후에 대한 설명들은 약간씩 축소되고 변형돼 실천해 오고 있을 지라도 우리 삶 속에 그대로 이어 흐르고 있다.

그러므로 『티벳 사자의 서』는 단순히 불교적인 것이나, 아니면 저 멀리 히말라야 설산의 사람들에게나 필요한 가르침이 아니다. 우리 모두가 이 생에서 반드시 이해하고 알아야 하며, 자연스럽게 심신에 스며들어야 할 과제이다.

카일라스 될라마 고개의 내리막길에서 "오체투지"로 순례를 하고 있는 두 여인
그곳은 높고 급경사길이어서 그냥 걷는 것도 힘든 길인데,
이들은 그야말로 원칙대로 자벌레처럼 기듯 오체투지를 하면서 고갯길을 내려가고 있다.

니르바나로.

지금까지의 가르침에서 보았듯이 금생에 몸의 수명이 다하였을 때, 우리에게는 역으로 고통에서 벗어나고 영원히 대자유에 이를 수 있는 최고의 기회가 온다.

    바른 가르침으로 바르게 잘 수행한 고귀한 사람은 임종시에 의식의 전이轉移를 통해서 바르도를 통과할 필요가 없이 위대한 초월의 길을 통해 니르바나에 이른다. 이보다 낮은 단계의 체험을 얻은 사람은 임종의 바르도에서 정광명을 인식해 개념적인 사고를 섬광 속에 녹임으로써 해탈하게 된다. 그리고 이보다 더 낮은 단계의 사람들은 바르도의 단계에서 2주간에 걸쳐 평화와 분노의 모습들이 차례로 출현할 때, 각자의 선업과 근기의 차이로 또 인도자의 역량과 가족들의 정성 어린 노력으로 인해, 앞의 하나를 통해서 해탈하지 못하면, 뒤의 다른 하나를 통해서 해탈하게 된다. 비록 높고 낮음의 단계가 많이 있을지라도 영가 자신의 앞에 나타난 형상들의 속성을 바르게 인식할 수 있다면 그 순간 해탈하게 된다.

그러나 죄장과 악업을 크게 쌓은 사람들은 이것을 깨닫지 못한 채, 아래로 추락하여 지옥, 아귀, 축생의 바르도에서 윤회하며 유랑하게 된다. 『티벳 사자의 서』에서는 이때 또한 이들을 이끌어주는 종류의 가르침들을 사다리의 디딤널처럼 순서대로 일깨워 주도록 해놓음으로써, 가능한 한 인간의 몸을 받아서 다음생에 다시 해탈의 기회를 제공받을 수 있도록 하고 있다.

그렇다면 우리는 지금부터 어떻게 살아가야 할까? 『티벳 사자의 서』는 바로 우리가 어떻게 살아야 하는가를 가르치고 있다. 그것은 죽음의 순간부터 찾아 올 선·악의 형상들에 대해 두려워하지 않고 자신의 심상의 표출이라는 것을 인식하는 것, 그리고 그 인식이 가능하도록 지금 이 생에서 계속 연습하는 것이다. 또한 이렇게 사는 삶은 지금 현재를 똑바로 판단하고 살아가도록 하는 유일한 길이기도 하다.

그동안 이 책에서는 우리들의 일상생활 속에서 몸과 마음을 관찰하고, 또 그 관찰하는 마음을 챙기면서, 카르마에 끌려다니지 않도록 마음 단속을 해야 한다는 것을 여러 차례 강조해 왔다.

이렇게 삶에 진지하게 대면하여야 한다는 것이 우리가 깊은 산 속의 스님들이나 옛 스승들처럼 살면서 삶 전체를 명상 수행에 바쳐야 한다는 것을 뜻하지는 않는다.

　일을 하고 돈을 벌어야 하며 복잡하게 얽힌 현대사회에서 우리가 할 일은 마음의 균형을 잡고 살아가는 것이다. 또한 본질과 무관한 활동이나 편견에 지나치게 걸려들지 않고, 극도로 복잡한 시대에 우리의 삶을 더욱 단순화하는 것이다. 현대의 삶에서 균형을 잡아 행복하게 사는 열쇠는 '단순함'에 있다. 마음의 여유와 평화는 단순함에서 나오기 때문이다.

　단순해짐으로써 쉴 수 있는 틈새가 생긴다. 숨을 쉴 수 있고 일을 쉴 수 있고 따라서 카르마의 에너지도 멈추게 된다. 그렇게 쉬게 되면 그동안 우리를 짓눌러 왔던 모든 것들이 풀리고 그런 다음 창조의 에너지가 샘솟듯하여 맺힌 고리가 다 풀리고 맺을래야 맺을 고리마저 사라진다.

　우리가 따로 시간을 내어 명상을 하기 좋은 조건을 갖추기란 매우 어렵다. 하지만 대수롭지 않은 세속의 일에서도 자신에게 어떤 기회가 주어졌을 때 놓치지 않으려는 것과 같이, 수행을 할 때도 지금 이만큼의 조건을 갖추었을 때 슬기롭게 활용하지 못한 채 지나쳐버려서는 안 된다.

　옛 스승들은 세속의 일이란 턱수염과 같다고 하였다. 턱수염이 밀어내면 길어나고 또 밀어내도 길어나듯이 세속의 일도 끝이 없다. 언제 염라대왕 앞에 갈지 우리는 모른다. 나이가 많다고 먼저 가고, 젊다고 나중에 가라는 순서도 없다. 오는 순서[出生]는 있어도 가는 순서(죽음)는 없기 때문이다.

　지금 이 순간부터 닦지 않으면 평생 차일피일 이런저런 조건만 따지다가, 어느 날 염라대왕이 문을 두드릴 날이 오고 말 것이다. 당신이 마음만 내면 지금 이 순간부터 당신의 삶 하나하나에 자연스럽게 적용하며 명상을 할 수 있다. 달리 말해 우리의 삶 속에서 수행의 대상이 아닌 것이 없다.

예를 들어 한국 사람들은 성격이 급해서 화를 자주 낸다. 이는 감정의 기복이 그만큼 심하다는 것이다. 직장에서 상사는 부하에게 화를 내고, 부하는 퇴근하여 가족들에게 직장에서 받은 스트레스를 푸는 연결고리를 맺어간다. 이런 방법으로는 스트레스가 풀리는 것이 아니라, 오히려 수많은 사람들에게 연속하여 부정의 영향이 퍼져나간다. 우리는 그때 어떻게 화를 수행의 대상으로 삼을 수 있을까?

부처님께서는 "누군가 나를 위해 선물을 가져왔는데, 내가 그 선물을 받지 않으면 그 선물을 가지고 온 사람이 다시 가지고 가야 한다. 즉 그 선물은 가지고 온 사람의 몫이 되는 것이다."라고 말씀하셨다.

이와 같이 상대가 나에게 화를 내거나 억울한 소리를 할 때마다 자신의 마음을 들여다보라. 상대의 감정에 내가 이미 흡수되어 그의 의도대로 내 마음이 이미 화가 나서 그의 노예가 되었다면, 당신은 선물을 받은 것이다. 아니면 반응을 하려다 감정이 일어나는 것을 알아차리는 순간 사라지든지, 그것도 아니면 그때그때 관찰하는 마음이 강해져서 오히려 상대에게 연민의 마음을 갖게 된다. 그러면 그 선물은 다시 상대의 몫으로 돌아가게 된다. 그리고 잠시 그가 받을 업보를 생각하면, 한 발 더 나아가 그에게 자비의 방사를 보낸다. 이렇게 한 번, 두 번 하다보면 몸에 자연스럽게 배어서 어떤 상황에도 물들지 않고 초연해진다.

그러므로 우리의 삶에서 수행의 대상이 아닌 것은 하나도 없다. 이렇게 해 나아갈 때 나에게 적이 없어지고 모든 이들이 호감을 갖게 되며, 만사가 막힘없이 순조로워진다.

우리가 명상을 하는 가장 큰 가치는 우리 인간의 생각을 바꾸고, 그렇게 함으로써 업을 바꾸어 나와 더불어 세상을 안락하게 만드는 것이다. 그것은 자기통찰을 통하여 잘못된 관행과 관습을 깨닫는 데 있다. 사람은 깨닫고 나면 비로소 잘못된 것을 고칠 수 있기 때문이다.

잘못된 생각이란 자신만이 옳다는 자만, 항상 남을 믿지 못하는 의심, 내 것에 대해 집착하는 탐심과, 욕심에서 비롯된 화, 그리고 인과와 무상 등을 모르고 모든 것을 자기중심적으로만 사는 어리석음을 말한다. 그러나 오래도록 살아온 습관을 고치기가 그렇게 쉬운 일은 아니다.

그것은 공덕행을 쌓는 데 많은 노력을 하면서, 일체 중생의 행복과 해탈을 위하여 자신의 모든 것을 희생한다는 원력과 실천이 있어야 한다. 또한 깨달음을 향한 필수적인 선정을 개발하여 공성空性을 체험함으로써, 삼법인(無常·苦·無我)과 인과를 알게 될 때, 비로소 업業에 얽매여 살지 않고, 업을 제도하면서 살 수 있게 된다. 이런 삶은 죽음을 맞이할 때 니르바나로 승화된다.

그러면 지금부터 '니르바나'로 향해 사다리의 디딤널을 한 칸씩 올라가 보도록 하겠다.

1. 삶과 죽음을 자유롭게 하기 위한 가르침
(니르바나로)

니르바나nirvāna는 열반涅槃, 영원한 대자유 등으로 표현되며, 모든 번뇌의 속박에서 해탈하고, 나지도 죽지도 않는 법을 체득한 경지를 말한다.

여기서 해탈이란 고苦의 바퀴, 윤회에 우리를 붙들어 매는 모든 괴로움과 속박으로부터 벗어나 마음을 자재케 하는 것을 말한다. 이는 곧 우리의 본래 청정한 마음을 더럽히는 모든 정신적 오염원인 다섯 가지 독을 씻어내어 마음을 깨끗이 하는 것이다. 다섯 가지 독을 되풀이하는 윤회에서 벗어나는 것이 해탈이다. 하나하나 잘못된 악습을 되풀이하지 않음으로 인해 별해탈別解脫이 이루어지고 차츰차츰 오독에서 완전히 벗어나면 해탈의 완성이다. 그 깨끗한 마음의 작용은 불성에서 나온 것이므로, 모든 언행에 전도됨이 없기 때문에, 사물의 본성을 알고, 그렇게 고귀하게 가는 이는 뭇생명들이 존경하고 우러러 받들고 따르게 되어 있다.

따라서 이 장에서는 오독의 번뇌를 씻어내고, 또한 청정해진 마음을 번뇌에 오염되지 않게 하기 위한 방법들을 문답식으로 이어보았다.

1) 8만 4천 방편이 다 수행이라고 하는데, 무엇을 그 대상의 기준으로 삼아야 할까?

수행과 수행이 아닌 것의 경계는 번뇌의 치료제가 되면 수행이고, 치료제 역할을 하지 못하면 수행이 아니다. 번뇌가 있으면 과거에 쌓은 업이 비록 없더라도, 갑자기 번뇌로 새로운 업을 쌓아서 윤회의 몸으로 태어나게 된다. 그러므로 윤회의 뿌리는 번뇌이다. 업과 번뇌 등 태어날 원인이 없어지면, 니르바나의 대열에 오른 것이다.

2) 어떻게 해야 번뇌를 제거할 수 있을까?

먼저 번뇌가 왜 생기는가, 그 생기는 원인을 알고 원인을 없애면 번뇌의 결과로 이어지지 않는다. 모든 번뇌는 탐심·진심·치심·의심·자만 등 다섯 가지의 범위를 벗어나지 않는다. 그러므로 원인인 다섯 가지 독을 제거하는 길이 니르바나에 도착하는 길이다. 그리고 이 다섯 가지의 독으로부터 물들지 않는 것이 항상 열반의 경계인 '상락아정常樂我淨'의 상태이다.

● **탐욕의 치료**

정신적 암덩어리인 다섯 가지 독 중 먼저 탐심貪心은 '부정관不淨觀'으로 주로 치료하고 있다. 이 세상에 존재하는 것들 중 부정한 여러 대상이 있지만, 가장 많이 실행하고 있는 부정의 대상은 묘지명상이나 신체의 혐오스러운 32부위에 대한 명상이다.

먼저 묘지명상은 공동묘지에 버려진 시체가 하루 이틀, 날짜가 지나면서 부풀고 검푸러지고 썩어가는 것과 같이, 우리의 몸도 이와 마찬가지로 그것을 벗어나지 못한다는 것을 알아차리는 것이다.

> 공동묘지에 버려진 시체가 날짐승에 먹히고, 개·여우·늑대 등 다른 여러 가지 살아있는 것들에 의해 먹히는 것을 보고, (…) 공동묘지에 버려진 시체가 피와 살이 아직 있는 채로 힘줄에 묶여 해골로 변해 있음을 보고 (…) 뼈마디가 연결되지 않고 손뼈, 다리뼈, 두개골 등 사방팔방으로 흩어지고, 고동 색깔과 같이 백골로 변하고, 세월이 지나 뼈더미가 되어 있음을 보고 (…) 공동묘지에 버려진 시체가 뼈마저 썩어 문드러져 가루가 되어 있음을 보고, 이 몸을 관찰하되, '이 몸도 또한 이와 같은 현상[法]에 의해 이와 같이 되어서 그것을 벗어나지 못하리라'고 알아차린다.

이와 같이 혹은 안팎으로 몸에서는 몸을 관찰하면서 주하고, 몸에서 생겨나는 현상을 관찰하고, 또는 몸에서 멸해가는 현상을 관찰하다 보면, 어느 것 하나 '나의 몸'이라든가, '나의 것'이라고 할 만한 것이 없다. 끊임없이 변화하고 생기거나 또는 사라지는 것을 찬찬히 들여다 보고 있으면, 세상의 어느 것에도 집착하지 않게 된다.

다음으로 신체의 혐오스러운 32부위에 대한 명상은 가죽에 싸여 갖가지 부정한 것으로 가득 차 있는 이 몸 자체에 대해, 발바닥에서부터 위로 올라가며, 또 머리카락에서부터 아래로 내려가며 고찰한다.

이 몸에는 머리카락, 몸털, 손발톱, 이, 살갗, 살, 힘줄, 뼈, 골수, 콩팥, 심장, 간, 늑막, 지라, 허파, 큰창자, 작은창자, 위, 똥, 쓸개즙, 가래, 고름, 피, 땀, 비계, 눈물, 임파액, 침, 콧물, 관절액, 오줌, 그리고 해골 속의 뇌수가 있다.

고 관찰한다. 뼈와 힘줄이 얽히고, 엷은 막과 살로 발라져 가죽으로 가리어진 이 몸뚱이는 참모습 그대로 드러내지 않고 있는데, 오도된 어리석음의 탓으로 그것을 두고 아름답다 생각했던 것을 깨닫고, 세상의 어느 것에도 집착하지 않는다. 즉 몸에 대한 집착을 떠나라는 것이다. 그렇다고 몸을 학대하라는 것은 아니다. 모든 것은 '중도中道'를 벗어나지 않아야 한다.

특별한 몇 몇 귀한 존재들을 제외하고 욕심이 없는 사람은 거의 없다. 그러나 욕심은 모든 재앙을 가져오는 첫번째 원인이다. 욕심을 낸다 하여 원하는 만큼 채워지는 것이 아니다. 설령 원하는 것들이 이루어진다고 해도 욕망은 끝이 없어서 만족해 하는 것이 아니라 더 큰 욕심을 부리게 된다. 결국 스스로 무너지게 된다. 그러므로 스승님들은 나보다 못한 아래의 사람들을 늘 생각하면서 지금 현재의 삶에 감사하며 살라고 가르치고 있다.

● 화냄의 치료

　두 번째 성냄은, '인욕관상'과 자애심으로 치료한다. 상대방의 입장이 되어 역지사지로 사유해 본다거나, 다른 사람들에게서 좋은 면만 보려 하고, 남들이 잘 되는 쪽을 더 좋아하게 되는 등의 습관을 들이면, 자신의 마음이 먼저 정화가 되고 이는 타인에게도 금방 전달된다. 거꾸로 철봉에 매달려보라. 파란 하늘은 땅이 되고 노란 땅은 하늘이 된다. 미움은 사랑으로 증오는 용서로 한번쯤 입장을 바꿔 생각해 본다면 지금까지 당신을 조여왔던 모든 것들이 사르르 풀려나간다.

　또한 화내기 전과 화를 낼 때의 허물을 살피고, 이것을 막기 위해서는 화냄의 죄를 알아서 인욕을 수행해야 한다. 우리 모두를 고통에 빠지게 하고, 자기 목숨까지도 끊게 하는 것들은 모두 화냄의 허물이다. 원수를 모두 없애고 싶어서 없앤다고 해도 중생은 끝이 없기 때문에 원수도 끝을 낼 수가 없다. 그보다는 원인인 화내는 마음만 없애면 모든 원수를 없애는 것과 마찬가지가 된다.

　화의 원인은 그 뿌리가 탐심에서 시작된다. 하나하나 분석하며 들어가 보라. 내 마음대로 내가 원하는 대로 되지 않는 데서 화는 불처럼 일어난다.

　사람이 감정을 다스리지 못하면, 올바른 판단을 내릴 때 작용하는 두뇌의 가장 우수한 부분이 제대로 기능을 하지 못한다고 한다. 이때 치심이라고 하는 어리석음도 어느 새 마음 속에 장막을 치고 이내 자동으로 바보가 되어버린다. 그래서 탐·진·치는 동시에 작용을 한다.

● **어리석음과 의심의 치료**

치심癡心과 의심疑心의 치료제는 '연기법緣起法'과 '공성空性'에 대한 올바른 견해 등을 사유해야 된다.

성하, 달라이라마께서는 의식이 무엇인지 먼저 관찰하고 분석해야 한다고 말씀하셨다.

의식하고 있는 의식을 다시 한 번 들여다보라. 의식과 몸을 다스리는 '나'라는 주체가 있다. 내 몸이 무슨 행을 했을 때 행한 몸이 나의 것이라고 생각하고, 생각한 의식을 내가 한다고 생각하기 때문에 고통을 느끼게 된다. 심신의 고통과 행복을 나의 고통이라고 여기는데, 어느 것이 더 나에게 고통을 주고 유용한지 생각해 보아야 한다. 결국 심신의 고통은 탐진치에서 온다. 내 것이라는 생각이 삼독심을 일으킨다. 그렇게 고통의 원인을 분석해 반조해 가다보면 무자성을 알게 된다.

진실로 자성으로 존재하는 것은 없다. 자성으로 존재한다는 것은 다른 아무 것에도 의지하지 않고 홀로 존재한다는 의미이다.

자성으로 존재한다는 것은 다음의 세 가지로 존재할 수 있어야 한다. 첫 번째로 원인과 조건에 의지하지 않고 존재할 수 있어야 한다. 두 번째로는 어떠한 부분으로 의지하지 않고 존재해야 하며, 다음으로는 마음(의식)에 의지하지 않고 존재해야만 자성으로 존재한다고 할 수 있다.

그러나 원인과 조건에 의지하지 않는 것은 없고, 부분에 의지한 연기를 볼 때 부분에 의지하지 않는 자성은 없다. 또한 의식에 의지하지 않고 존재하지 않는 자성은 없다. 연기를 알고 모든 것이 이름 붙여진 것이라는 것을 거듭 생각하라. 공성空性을 깨쳐야만 습기를 제거할 수 있다

– 2006년 8월 한국인이 청한 법회에서.

공空은 아무것도 없음을 의미하는 것이 아니다. 공은 텅 빈 것이 아니라 가득 차 있다. 공은 중도이고 바꿔 말하면 연기이다. 다시 말해 연기한다는 것, 그것은 반드시 홀로가 아니고, 조건에 의해 함께 일어난다. 그 조건이 다하면 다시 공성, 즉 중도로서 존재하며, 순간 다시 조건을 만나 연기한다. 우주의 모든 것들은 이렇게 끊임없이 연기하고 조건이 다하면 본래로 갔다가 다시 만나 이름 붙여지고 순환의 고리를 되풀이한다.

우리가 공의 진리를 깨닫는 것, 공에 대한 앎을 터득한다는 것은 세상을 바라볼 수 있으며, 우리 자신의 삶을 바라보는 시각을 넓혀주고, 전체적인 시각을 갖는 데 큰 도움을 준다.

네 번째 번뇌의 원인인 의심은 바로 앞 치심에서 비롯된다. 그것은 지혜롭지 못한 주의를 자주 기울이는 것, 그것이 곧 아직 생겨나지 않은 의심을 생기도록 조장하며, 이미 생겨난 의심을 키우고 드세게 만드는 자양분이다. 이는 반대로 이로운 것과 해로운 것, 나무랄 데 없는 것과 나무라야 마땅한 것, 고상한 것과 천박한 것, 기타 흑백으로 상반되는 갖가지 것들이 있다. 거기에 시시로

지혜로운 주의를 기울이는 것이 의심을 치료할 수 있다. 즉, 알아차리는 마음, 이것만이 아직 생겨나지 않은 의심을 생기도록 조장하지 않고, 이미 생긴 의심을 키우거나 드세게 하지 않는다.

비유를 들어, 한 통의 흙탕물을 휘저어 어두운 곳에 두었다면, 정상적인 시력을 가진 사람이라도 거기에 비친 자기의 얼굴을 제대로 알아볼 수 없을 것이다. 마찬가지로 어떤 사람의 마음이 의심에 싸여 짓눌려 있을 때 그는 이미 일어난 의심으로 인하여 바른 판단을 할 수 없게 된다. 이리하여 그는 자신의 행복도, 남의 행복도 올바로 이해하지 못하고 보지 못한다.

오독 중 다섯 번째인 자만自慢의 치료제는 자기가 모르는 것을 살피는 것이다. 머리에서 발바닥까지 자기가 할 수 있는 것과 없는 것을 살펴서 교만을 줄여야 한다. 또한 병듦과 늙어감 등의 생로병사로 세속적인 행복이 자주 바뀐다는 것 즉, 무상無常을 관상해야 한다. 자신의 주의를 살펴보아 비웃음만 받고 사람들이 존경하지 않으며 멀리하는 '왕따형' 모델은 거의 자만심이 강한 데서 그 원인이 있다. 당신이 지금 있는 곳에서 모든 사람들과 어울리지 못하고 있다면 스스로 마음을 안으로 비춰 점검해 보라.

부처님께서 번뇌의 치료제로 8만 4천 가지를 설하셨을 지라도 이 모든 것들은 '알아차리는 마음(sati, 觀)'으로 요약된다. 그러므로 항상 마음을 들여다 보는 것을 게을리하지 않는다면 다섯 가지 독에 물들지 않고, 이와 같이 관찰하는 마음이 지속될 때 이 다섯 가지 독으로부터 해방된다.

3) 어떤 순서로 닦아 나아가야 할까?

번뇌 중에서 가장 강한 것부터 먼저 닦아가는데, 자신의 안을 들여다 보아서 어떤 것이 가장 강한지를 가려내고, 치료제로써 그것을 닦아야 한다.

모든 번뇌의 뿌리인 무지는 자신을 집착함에 의해서 탐·진·치·아만·의심 등이 생기게 되고, 그로 인해 업을 쌓게 되며, 그것이 윤회하는 원인이 된다. 이러한 오독을 완전히 없애기 위해서는 '아집의 무지함'에 대한 치료제인 '무아無我'를 깨닫는 지혜를 닦아야 한다.

그러므로 만병통치약은 '무아를 깨닫는 지혜'라고 한다.

4) 무아를 깨치고자 하려면 어떻게 해야 할까?

무아를 바르게 깨우치고자 할 때는 선정禪定을 이루는 것이 선결 과제이다. 산란함이 없이 선정이 깊어지는 방편으로는 계戒를 지키면서, 아집의 치료제인 공성을 깨달아 지혜를 갖추는데, 이를 깨닫기 위해서는 반드시 선정禪定을 닦아야 한다. 어떤 대상으로 명상을 하든 선정의 힘이 없이는 깊이 있는 체험이란 거의 불가능하다.

그러므로 선정에 잘 길들여져서 언제든지 선정에 자유자재로 드나들 수 있고 머물 수 있다면 깨달음을 이루는 일은 저절로 이루어지게 되어 있다.

부처님은 가장 높은 선정禪定의 경지를 얻으신 분이다. 그 높은 선정의 상태에서 연기緣起를 발견하여 사물의 본래 모습을 비추어보고, 다시 태어나는 조건들인 번뇌가 남김없이 제거(누진통漏盡通)된 후, 그 도道의 진리인 사성제와 8정도를 설하신 것이다.

명상을 함에 있어서 선정을 개발하지 못한다면, 평생 수행을 하였다 하여도 아득할 뿐 수행의 진보 없이 헛일이 되고 마는 것이므로, 선정력을 길러서 일상생활에서도 수행이 이어지도록 하는 일이 무엇보다도 가장 시급한 일이라고 할 수 있겠다.

부처님께서 모든 수행은 정定·혜慧의 병행이라고 말씀하셨다.

정(사마타)을 배제한 채 혜(위빠싸나)만을 강조하는 경우도 있는데, 이는 수행을 애써 해 보지 않은 사람들의 공허한 직관에 불과하다. 사마타(定)를 익히지도 않은 채 수행을 하면 마음이 제대로 훈련되지 않았기 때문에, 직관의 심오한 수준까지 도달하기 힘들어진다. 어떤 주제로 수행을 하든, 선정력이 없는 수행을 한다면 그저 거품처럼 부글거리는 생각의 단편만을 볼 수 있을 뿐이다.

정定은 외부 대상으로부터의 산란함을 가라앉히는 것이며, 항상 자연스럽게 수행의 대상을 향하여 환희와 경안을 지닌 마음에 머무르는 것을 말한다. 이 외에도 혼침과 도거로부터 자유로워져서 몸과 마음의 결점을 서서히 극복해 나가는 것이기도 한다. 혜慧는 정定에서 여여함을 올바르게 관찰하는 것을 말한다.

정定과 혜慧는 같이 작용한다. 마음은 수행의 대상에 집중함으로써 고요하게 된다. 명상을 하는 동안에는 매우 고요함을 느끼게 되는데, 이것을 정定이라고 한다. 결국 이 집중력은 대상을 끊임없이 관觀하는 것으로서 유지되며, 자동적으로 혜慧를 일어나게 하는 원인이 된다. 성성적적惺惺寂寂, 적적성성寂寂惺惺이 자연스럽게 순환한다.

    이렇게 길들여지면 몸이 항상 가볍기 때문에 사라진 듯하여 몸에 대한 집착이 차츰 없어진다. 몸에 대한 집착이 사라지면 몸에 의지하고 있던 병마도 함께 사라진다. 이는 앞서 '명상 중 바르도의 흐름'에서 뇌파의 실험으로도 설명한 바 있다. 이렇게 무아를 체험하고 알아차림이 이어질 때 집착은 사라지고 마음은 한없이 자비로 충만해진다.

    특별한 스님이나 수행자가 아닌 내가 아는 평범한 일반인들의 무아체험담은 참으로 많다. 그 중 한 도반을 소개할까 한다.

    도반인 김경자 님(1950년생)의 자비관 명상 중의 체험담이다.

    이 도반은 크리스천이며, 작가라는 직업의 영향으로 담배를 아주 많이 피운다.

    그런데 남편과 주변의 여러 일이 자신의 마음에 기대했던 것과 달리 빗나가게 되자, 마침내 우울증이 오더니 점점 심해져 자살을 하려 했다. 몇 번 자살을 시도하다 실패하기를 반복했으나, 그날은 마침내 너무도 고통스러운 금생을 마치려고 약을 막 마시려는 순간, 불교신자인 이웃 친구가 찾아왔다. 그 친구가 이 장면을 보고 깜짝 놀라더니, 그러지 말고 함께 절에 가서 자기가 아는 분께 자비의 에너지를 받아보자며 손을 끌어당겼다. 그런데 평소

이 도반은 종교도 달랐지만 불교를 공부하려 가끔 마음먹고 책을 보면 한문투성이로, 그 용어가 어려워서 덮어버리곤 하였던 사람이다. 뿐만 아니라 평소 이웃친구가 다니는 절에 함께 가서 자비명상을 하자고 해도 마음이 움직이질 않았다. 그런데 그날은 아이가 어머니를 따라가듯 손을 잡고 따라나섰다고 한다.

"그분을 보는 순간 나의 모든 경직된 마음이 동시에 다 녹아버렸다. 나는 계속 울기만 했다. 내가 울려고 한 게 아니라, 그냥 눈물이 나왔다. 그분은 스님이 아니라 재가신도로서 명상을 하며, 많은 사람들을 지도하고 있었다. 그 이미지는 친정아버지처럼 온화하고 자비롭고 친절했다. 그분은 나의 어둡고 힘든 삶의 얘기를 들어준 후, 그때 나에게 놓인 상황에서는 자비관 수행의 하나인 통-랜tong-len이라는 명상을 해 보라며 지도해 주셨다.

'통-랜'이란 자비로써 나와 주변의 아픈 사람, 그리고 내가 아는 모든 사람과 일체 중생들의 고통을 치유하는 것이다. 자신이 가장 편한 자리에 앉아서 자신이 지니고 있는 행복의 요소를 남에게 주고 다른 사람의 고통, 불행, 어려움 등을 떠안아 다시 내 몸 안에서 빛으로 용해되어지는 명상을 한다.

이 자비명상을 몇 번 하고 건강이 좋아지고 마음이 밝아지기 시작하였다. 행복감과 자신감이 일어나기 시작하면서, 그때부터는 나뿐만이 아니고, 나의 가족, 이웃의 모든 이들에게 이 행복을 나눠주고 싶은 자비심이 일어 올랐다. 그리고 조용히 앉았다.

'거친 호흡이 점점 깊고 가늘어 지면서 심신이 이완되었다.

머리에서부터 빗줄기가 내리듯 시원해지는가 싶더니 순간 온 몸으로 퍼졌다. 입안에는 단맛이 강한 침이 평소보다 몇 배 많은 양이 쏟아졌다. 내 몸 안에 모든 것들이 사라지고 황금 빛 맑고 찬란한 빛이 점점 확장되면서 몸 전체가 투명해지고 빛줄기로 가득 찼다. 몸이 빛과 하나가 되면서 확 열린 것 같은 기분이 들었다. 그때 몸은 사라지고 공간 속에 있는 나는 허공과 내가 하나가 된 것 같다는 생각이 들 정도였다. 몸은 사라지고 그런 상황들을 알아차리는 마음만 있을 뿐이었다. 그러면서 자비의 빛이 샘솟듯 하였다. 순간 자비관에 대한 움직일 수 없는 확신이 들었다.

그때부터 모든 중생들에게 자비의 빛을 방사하기 시작했다. 모든 인간, 산에 사는 짐승, 들짐승, 물에 사는 짐승, 날아다니는 새들, 뭇 생명들을 향해 끝없이 자비의 에너지를 보내고 또 보냈다. 그 과정에서 동물들과도 대화를 할 수가 있었다. 부처님이 설법을 하실 때 천상이고 동물이고, 이 우주에 존재하는 우리들의 눈에 보이기도 하고 보이지 않은 모든 유정·무정들이 언어를 초월하여 들을 수 있었다는 것을 알 수 있었다.'

그렇게 자비의 힘은 솟아나고 2시간 동안 명상은 이어졌다.

명상에서 깨어날 때쯤, 남편이 방문을 열었다. 남편은 '여보, 거울 앞에 가서 당신의 얼굴을 좀 보세요. 당신은 지금 부처가 돼 있어요. 부처와 똑같은 얼굴이라고요.' 하였다. 남편의 말대로 거울 앞에 선 내 얼굴은 2시간 전과 확연히 달랐다. 피부며, 인상이며, 내가 보기에도 너무 예뻤다. 나에게도 그런 얼굴이 숨겨져 있었는지, 내 마음에 있는 불성佛性이 표출된 거라는 생각에 그 기쁨과 행복은 온 우주를 꽉 채운 듯하였다. 명상을 하면 얼굴이 부처님과 같은 상호로 변해 간다는 것도, 그리고 그 어려웠던 불교의 용어들도 그냥 이해가 되어졌다. 동시에 그때까지 나를 짓눌렀던 모든 괴로움과 고통도 송두리째 사라졌다. 그 경험은 지워지지 않고, 지금의 내 삶을 지속하게 하는 힘이다. 그때부터 지금까지 나는 흔들림 없는 믿음으로 명상을 하고 있다. 명상은 따로 있는 것이 아니다. 삶 속에서 그렇게 해가는 것이다."

5) 어떻게 하면 선정의 힘이 향상될 수 있을까?

선정의 핵심은 집중력을 키울 수 있는 대상이면 된다. 그 중 명상을 하는 사람들이 가장 많이 하는 만트라(진언)의 주력으로 선정의 힘을 확대해 가는 것과 대상을 활용해 집중력을 키우고 상기되지 않는 방법에 대해 살펴보자.

깨달음을 완성한 우리의 스승들은 주력수행은 선정력을 기르는 데 가장 중요한 선·교방편(upāya-kusala)의 하나라고 그 가르침을 전해오고 있다. 그것은 주력수행이 갖는 다음과 같은 유익함 때문이다.

"주력呪力(혹은 만트라mantra)이란 신비한 힘을 가진 진언이나 다라니를 계속 지속적으로 믿음을 갖고 염송하면 모든 마장으로부터의 보호와 선정의 힘을 길러주는 힘이 있고, 독을 해독하는 해독제의 역할도 한다."고 전해지고 있다. 성하, 달라이라마께서는 다음과 같이 가르침을 펴시고 계신다.

'만트라'는 마음을 보호한다는 뜻으로, 우리의 마음을 용렬한 집착에서 벗어날 수 있도록 보호하는 것을 말한다. 만트라의 '만慢'이란 마음이라는 뜻인데, 여기서 안식眼識·이식耳識·비식鼻識·설식舌識·신식身識·의식意識의 육식六識을 가리킨다. 곧 하열하고 범속한 사람들의 마음을 보호하여 해탈에 이르게 하는 것이다.

또한 만트라Mantra의 '만'은 진여지眞如智요, '트라'는 트라야Traya에서 온 것으로, '중생들의 비심悲心을 보호한다'는 뜻이다. 즉 '공성을 증득하여 얻은 지혜와 대비심이 하나가 된 것'을 뜻한다.

혹은 '지혜와 방편이 하나인 것'을 뜻하기도 하는데, 이는 곧 지혜가 방편을 버리지 않고, 방편 또한 지혜를 저버리지 않음을 가리킨다.

(…) 만트라를 처음 할 때에는 각 구절을 번갈아 주의를 집중하면서, 자신의 귀에 들릴 정도의 소리로 빠르고 느리지 않은 똑같은 속도로 한다. 만트라를 하는 동안 혼침이 온다고 느껴질 때는 소리를 관觀하기 시작하는데, 소리를 내지 말고 다른 사람이 염송하는 소리를 듣는 듯이 관상한다. 그렇게 해 가다가 집중이 되면 오로지 고요한 가운데 만트라의 소리를 사유하면서 삼매를 닦는다. 마음과 만트라의 소리까지도 다 잊은 상태에서 몸과 마음이 편안하고 고요한 지관止觀삼매에

들게 된다. 삼매의 힘은 소리를 이용한 선정상태에서 증장되지만, 소리가 다 섭수된 후에 갖게 되는 상태에서 지관쌍운止觀雙運의 삼매를 성취하게 되는 것이다

-『달라이 라마의 밀교란 무엇인가』, 효림

    다시 말해 다라니의 한 구절마다 계속 끊이지 않고 지속적으로 관하다 보면, 마치 재봉틀 바늘이 천을 일정한 속도로 박으며 지나가듯 하다가, 차츰 다라니와 관하는 마음이 회오리바람이 돌아 뭉치듯 하나로 합쳐지면서부터 점점 몰입하게 되고, 이 상태에서는 망상이 거의 들어오지 않는다(사람에 따라 다른 양상으로 몰입하기도 한다). 이렇게 노력을 해 가면 다라니가 몸에 달라붙게 되면서, 걸어다닐 때나 앉아있을 때 등 행주좌와行住坐臥 마음은 여전히 고요하고, 꿈속에서도 이어지면서 그 고요함과 밝음을 연속하여 유지하는 힘이 증장되어 진다. 이때부터 몸이 가벼워지고 머리가 아주 맑아짐을 알 수 있으며, 수면의 양이 현저히 줄어들게 된다.
    정定과 혜慧가 별개의 것으로 보일 수도 있으나, 어떤 주제로 수행을 하든, 같이 작용한다는 것은 체험을 해 보면 알 수 있다. 이렇게 하여 마음이 고요해 지면 감각기관으로부터 들어오는 정확한 정보를 받아들이게 된다. 바람에 출렁거리던 바닷물이 바람이 멎고 잠잠해지면서 모든 티끌까지도 다 가라앉아 마침내는 바다 밑이 훤히 보이는 것과도 같다. 선정禪定의 힘이 없이는 이런 효과를 쉽게 발휘하지 못한다.

다음은 대상을 활용하여 집중력을 키우고 상기되지 않는 방편이다. 이 명상법은 마음을 대상에 가볍게 의존하는 것이다.

모든 중생들의 의사인 부처님께서도 제자들을 가르치실 때, 그 사람의 근기와 전생의 인연에 따라, 응병여약應病與藥 식으로 수행의 대상을 달리 주어 마음을 닦도록 하셨다. 연꽃이나 보석, 흙 등 영감을 불러일으킬 만한 대상을 각자에게 이용토록 하였던 것이다.

또한 부처님이나 아미타불, 관세음보살이나 특히 진리를 체현한 자기 스승의 모습을 대상으로 이용하는 것은 더욱 효과적이다. 스승은 우리들과 진리를 이어주는 살아있는 연결고리이기 때문이다. 또한 스승은 개인적인 관계를 맺고 있는 까닭에, 그의 얼굴을 보는 것만으로도 영감이 떠오르거나 스승의 에너지와 연결시킬 수 있다.

만트라를 할 때도 예를 들어 관세음보살의 '옴마니반메훔' 만트라를 한다면, 관세음보살을 관상하면서 해야 한다. 그렇게 불보살님을 관함으로써 분별망상의 생각들을 수승한 경계로 바꿀 수 있으며, 눈앞에 나타나는 모든 색상들을 다 '관세음보살'의 화신으로 볼 수 있게 되고, 귀에 닿는 소리들이 모두 관세음보살의 만트라 '옴마니반메훔'으로 들리게 되는 것이다.

신라시대 원효 스님의 수행기록에도 "머리에 항상 관세음보살을 이고 다니면서(…)."라는 대목들이 있다.

관세음보살의 형상이 분명히 눈앞에 나타날 때까지 끊임없이 수행해야 한다. 마치 눈으로 보고 손으로 만질 수 있을 만큼,

또한 상황에 따라서는 다른 대상에게 자신의 본존불과 똑같은 모습으로 보일 수 있어야 비로소 원만히 성취가 되는 것이다.

그리고 만트라를 할 때는 그 고유 만트라의 음율에 맞추어 하면 수행의 대상과 빠른 시간 안에 일치시킬 수 있다. 앞서 '『티벳 사자의 서』 혈맥'에서 보았듯이 만트라를 음율에 맞추어 한다는 것은 원하는 대상과 진동의 법칙에 맞추는 것과 같다.

세상 만물은 분자, 원자, 전자, 아원자 입자들의 끊임없는 움직임일 뿐이다. 우리들 눈에 보이는 물질은 특정한 범위의 주파수를 가진 에너지 진동이고, 생각은 물질보다 높은 주파수를 진동한다. 그래서 부정적이든 긍정적이든 같은 진동주파수와 공명한다. 우리가 긍정적인 생각을 해야 하는 이유가 여기에 있다. 때문에 자신이 맞추고자 하는 대상의 주파수와 일치시키는 데는 일념一念의 상태일 때 일치할 수 있다는 것이다.

그래서 고대의 선조들은 자연을 거스르지 않고 주변에 놓여진 환경과 주파수를 맞추며, 거기에 순응하고 공생하여 왔다. 자연의 신령스런 에너지인 정령들에게 예배하고 목숨 있는 일체의 유정들을 사랑하면서, 무엇이든 측정할 수 있는 기계가 없어도, 자연의 생성원리와 흐름을 알고 여기서 나타나는 여러 현상들을 운용하며 살았다. 영혼이 혼탁해질 이유가 없는 것이다.

그러나 언젠가부터 사람들은 도전과 극복이라는 미명하에 자연의 흐름에 거스르고 욕망은 점점 확장되면서 짐승들보다 후퇴해 버렸다. 인간이 본래 가지고 있는 순순한 지혜의 에너지는 카르마의 에너지로 채워지고 과학의 눈으로 세상을 잣대질하고 있다. 우리는 지금 눈앞에서 수없이 펼쳐지고 있는 이런 현상들을 목격하거나 당하고 있다.

　예를 들어, 실질적으로 2008년 5월 지진이 중국의 쓰촨(四川)성을 뒤흔들기 사흘 전 진앙 인근에서 두꺼비가 거리로 쏟아져 나와 떼를 지어 이동했다. 이러한 사실은 과거에도 수차례 발생했다. 하늘을 나는 짐승이나 땅 위의 짐승들, 땅 속에 사는 짐승들과 물 속에 사는 동물들은 수소원자의 반지름에 해당하는 진동까지도 느낀다고 한다.

　인간을 포함한 모든 동물들은 지층균열로 생긴 전자기(電磁氣) 변화를 감지하지만, 인간은 이미 이런 감지 능력이 무뎌졌다. 암반이 갈라지면서 나오는 기체가 동물의 신경호르몬을 자극하지만, 사람들은 카르마의 에너지에 덮여 감지하지 못하고 짐승들만 감지하고 있다. 때문에 지진이 잦은 일본은 바다 밑 진동을 감지하는 심해어의 능력을 초음파로 활용한다고 한다. 동물들을 지진예보수단으로 활용하고 있는 것이다. 과학이 만들어 낸 땅의 움직임을 감지해내는 레이저 장치도 동물들의 감지능력에는 미치지 못하고 있기 때문이다.

　동물들의 신비로움 앞에 인간은 왜 이렇게 왜소할까?

　사람이 이런 기미를 미리 알고 예언하면 그 사람은 '초능력자, 신통한 자'라고 불린다. 참으로 아이러니컬하다. '옴마니반메훔'의 만트라를 하면 관세음보살과 진동의 주파수가 일치되어 그분의 가피를 순간 느끼게 된다는 이 사실을 그래도 믿지 않는다면 우리는 미물만도 못한 무지한 쪽에 들게 될 것이다.

지금부터라도 이런 원리를 알게 된 이상 우리들은 인간 본래 모습으로 돌아가기 위한 노력의 끈을 놓지 말아야 한다. 그것이 유일한 환경복원이고 생태복원이며, 나아가 지구와 우주의 질서를 회복하는 길이다.

그러면 스승의 모습을 관상하면서 음율에 맞춰 만트라를 한 사례와 '관음주'로 대상을 활용하여 상기된 에너지를 진정시키고, 빛 속으로 무아의 경지를 체험한 두 사람의 경험담을 보자. 이들의 체험 속에서 대상을 활용하면서 명상을 하는 방법은 저절로 정리된다.

"나는 파드마삼바바에게 영감을 얻어 그의 탱화를 모셔놓고 기도한다.

먼저 공성을 관하고, 구루 린포체를 떠올린다. 린포체께서 감로를 내리시고, 나는 그 감로로 심신을 정화시킨다. 그러면 몸은 가볍고 마음은 평화로움과 환희 그 자체다.

내가 존경하는 모든 스승님들, 부처님과 부처님 당시부터 깨달음을 성취한 모든 분들이 구루 린포체를 통해 나의 정수리로 연결되면서 동시에 마음은 린포체와 합일된다. 그리고 그 에너지를 다시 가족과 주변사람들에게 방사하고, 마침내 모든 중생에게로 회향을 한다. 이렇게 린포체를 흠모하고, 그분의 가르침을 이어 공부하다가, 2005년 늦여름 나는 그분의 흔적을 따라 더듬었다.

성하, 달라이라마가 주석하고 계시는 달람살라에서 히말라야 산을 굽이굽이 돌고 또 돌아 다섯 시간쯤 가다보면, 파드마삼바바의 제자 만다라바의 왕국이었던 고도의 아름다운 도시 만디가 시선을 사로잡는다. 이곳에서 아름다운 강가 카페에서 인도 특유의 차 짜이를 마신 후, 자동차로 두 시간여 더 지나가면 초뻬마라는 지역이 있다. 티벳 말로 초는 호수이고, 뻬마는 연꽃을 말한다. 이곳이 바로 파드마삼바바와 만다라의 설화가 깃든 곳으로 아직도 그 흔적들이 남아 있어 순례객들에게는 신심이 많이 나는 곳 중의 하나이기도 하다.

산 정상에는 바위틈 굴 속에 77명의 비구니스님들이 수행을 하고 있다. 그러나 겉에서 보기에는 그냥 바위와 듬성듬성 나무만 보일 뿐, 그저 산과 바위가 우뚝 솟아있다. 산과 바위인 줄 알고 우리들이 딛고 다니는 그 발 아래 일흔 일곱 개의 암자가 있고, 그 속에서는 정진이 끊이지 않는다. 자연을 훼손하지 않고 자연과 하나가 되어, 바위 틈 사이 겨우 몸을 하나 맡길 수 있을 정도의 공간이다. 진짜 토굴은 이를 두고 한 말일 것이다(초뻬마 사진 1 - 2 참조).

높고 깊은 산골짜기는 밤이면 별들이 너무 많아 별자리를 찾기가 힘이 들 정도로 수많은 별들이 밝고 크게 그리고 가까이 반짝인다. 맑은 공기와 아름다운 호수, 겹겹이 연꽃처럼 둘러싸인 히말라야의 봉우리들 (…) 그러나 무엇보다도 우리 자신의 내면을 다시 들여다보게 하는 것은, 그 호수를 중심으로 오체투지를 하는 순례자들이다. 이들을 보면 자연히 숙연해지고, 순간 자신을 점검하지 않을 수 없게 된다(사진 4-1 참조).

우리를 안내한 스님은 딴뜨라 불교의 수행을 하려면 파드마

〔4-1〕 오체투지를 하고 있는 모습

삼바바의 허락이 있어야 한다고 자지 말고 열심히 기도를 하라고 하였다.

초뻬마로 출발하기 전 이미 캄트롤 린포체께 관정을 받고, 까르마파 린포체와 그곳 스님들께 많은 축복을 받은 후였다. 좋은 환경과 축복받은 땅이라서인지 그곳의 에너지는, 정신이 맑고 몸이 가벼워 졸리지도 않고 쉼없이 정진을 할 수 있었다.

나는 밤새 파드마삼바바의 만트라 '옴 아 훔 벤자 구루 빼마 싯디 훔'을 음율에 맞춰 암송했다. 새벽 2시쯤 되었다. 드디어 구루 린포체 파드마삼바바께서 나타나셨다.

"파드마삼바바께서는 가운데 연꽃으로 장식된 법좌에 앉아

계시고, 그 좌우로 비서처럼 보이는 제자들 겸 수호신들이 서 있었다. 린포체께서는 그 비서들이 올린 서류를 보고 수행을 할 수 있는 적격자인지 허락을 하셨다.

여러 사람의 서류가 심사되는 동안 합격자가 나오지 않았고, 이윽고 나에 관한 서류를 한 비서가 올렸다. 책 몇 권 분량의 두꺼운 서류에는 내가 살아오면서 지은 모든 행위, 즉 선·악의 기록들이 빠짐없이 적혀 있었다. 린포체께서 그 서류를 순식간에 다 검토하신 후, 내 얼굴을 한번 쳐다보시더니 도장을 찍어주시는데, 나의 이름 석 자 옆에 도장을 찍어주셨다.

'쾅' 하는 소리가 온 세상으로 다 울려 퍼지듯 린포체께서는 도장을 힘껏 찍어주셨다. 너무 기쁜 마음에 도장을 확인해보니 전날 낮에 봤던 산 정상 바위벽에 린포체께서 남겨놓은 법인과 똑같았다."

이후 어려운 위기를 맞을 때마다 나는 구루 린포체를 찾는다. 그의 축복과 권능은 결코 나를 실망시킨 적이 없다. 언제나 그 이상의 가피가 있을 뿐이었다. 계속해서 구루 린포체의 만트라를 하고 있는데, 만트라의 축복의 힘에 놀라는 때가 한두 번이 아니다.

또 하나의 대상을 활용한 명상법을 보자.
부처님께서 열반하신 후, 경전·불상·탑·염주 등이 시대와 지역의 환경과 문화에 맞게 생겨나면서, 신앙의 대상으로 활용되어오고 있다. 우리가 가장 많이 활용하는 것은 염주에서부터 금강저·목탁·단주 등이다.

수행의 대상물은 수행에 도움이 되는 신성한 대상을 사용하는 것이 훨씬 효과적이며, 집중의 대상을 바꾸는 것보다 하나의 대상을 계속 이용하는 것이 좋다. 이런 연속성은 수행의 보조역할을 해 준다. 육체의 외부에 있는 물질적인 대상에 초점을 맞추어 명상을 하면, 외부의 대상을 인식하는 동안에도 흔들리지 않는 힘을 키울 수 있게 되기 때문이다.

마음을 대상에 고정시키고 머물게 해야 한다. 때로 마음이 흐트러지면 부드럽게 다시 대상을 향하고, 그 대상에 주의를 집중하여 마음을 길들여가야 한다. 그런 노력을 기울이면 점점 깊은 삼매로 들어가면서 에너지가 평탄하고 부드럽게 느껴지고 삼매에 머무는 간격도 길어진다.

'관음주'는 이러한 도구와 의미들을 총체적으로 묶어 명상의 대상으로 활용하도록 만들어진 현시대에 맞는 또 하나의 방편이다.

다음은 '관음주'를 명상의 대상으로 활용하면서 만트라를 하는 평범한 주부의 체험담이다.

김인자 주부(1958년생)는 만트라를 하다가 상기되어 두통이 심하고 이상한 현상들이 눈앞에 나타났다 사라지고 하면서, 기운이 쇠퇴해지고 빈혈까지 겹쳤다. 그리고 기도 중에나 꿈속에서 가끔 영가들이 보이고, 자다가 가위눌리어 고함을 지르면, 가족들이 놀라 잠에서 깨곤 하였다. 그런 상황을 도반에게 의논했더니, 도반은 '관음주'를 주면서 그 관음주에 의식을 두고 만트라를 해보라고 하였다.

"편하게 앉아서 단전 바로 아래에서 관음주를 양 손으로 가볍게 쥐고, 그 구슬에 마음을 집중하면서 '옴 마니반메 훔' 만트라를 하기 시작했다.

도반은 '의식이 있는 곳에 마음이 집중되고 에너지가 모이기 때문에 기운이 아래로 내려가면서 상기된 것을 막을 수 있다. 몸에 있는 모든 병이 그 구슬 속으로 들어가면, 그 속에서 병이 녹아들어가서 다시 황금빛으로 변하여 그 빛이 순간 온 몸으로 전달되는 관상을 계속 하라. 그래서 그 빛이 당신의 몸을 다 채우면, 그때부터 당신이 기도하고 있는 방안, 집안, 가족, 지인들의 순서로 그 에너지를 확대해 보라.'고 하였다. 그의 안내대로 명상을 시작하였다. 사흘째 되는 날부터 도반의 가르침이 체현되기 시작했다.

손에 놓인 구슬에 마음을 집중하니, 몇 달을 짓누르던 두통의 고통이 사라지고 토끼 눈처럼 빨갛게 충혈된 눈동자도 맑아졌다. 나의 병뿐만이 아니라, 눈앞에서나 꿈속에서 보였던 허깨비와 영가들의 모습도 그 안에다 다 담았다. 떠오르는 영상이나 망상까지 무엇이든 모두 일어나고 생기는 대로 집어넣고 또 집어넣기를 반복하였다. 그리고 집어넣은 그 모든 것들은 빛 속에 용해된 뒤 다시 빛으로 발산하여 퍼져 나아가는 관상명상을 계속 이어갔다. 생기는 대로 그 안에 집어넣었더니, 만트라만 하면 만트라 따로 망상 따로이던 게 갑자기 망상이 없어진 듯하였다.

그리고 관음주에서 따뜻하고 기분이 상쾌한 에너지의 느낌이 흘러나와 그쪽을 관찰하였더니, 황금색의 빛이 내 몸 속을 채워가고 있었다. 순간 나의 몸은 무게가 느껴지지 않을 만큼 가볍고, 세상이 막힌 것이 하나 없듯 시야가 확 트이는가 하면, 눈에 보이는 것은 모두 빛을 발산하고 있었다. 나는 도반이 안내한 대로 보이는 것들을 향해 빛의 텔레파시를 보냈다. 순간 모든 것들은 아름다운 빛을 발산하고 내 마음은 온통 기쁨과 행복으로 표현할 수 없을 정도였다. 기쁨과 환희, 행복 그 자체였다.

이후 몸의 병도 씻은 듯 나았고, 만트라를 해도 예전처럼 망상에 사로잡히지 않는다. 뿐만 아니라, 눈앞에 나타났던 허깨비의 형상들이 사라지고 잠만 자면 줄지어 나타나던 영가들도 나타나지 않으며, 따라서 그때마다 가위눌렸던 소름끼치고 끔찍했던 지난 경험들이 더이상 나에게 일어나지 않는다."

6) 긴 다라니 수행을 어떻게 해야 삼매에 들 수 있을까?

다라니를 다 외웠다면 하루에 7독을 일주일 간, 그 다음은 21독을 일주일간, 그 다음은 … 100독을 100일간, 이렇게 본인의 형편과 체력에 맞게 횟수를 늘려 나아가야 한다.

마음이 수행의 대상에 자연스럽게 관심을 갖게 하려면 처음 시작할 때에는 시간을 짧게 해야 한다. 짧은 시간이라면, 어떤 것을 하든 즐겁게 느낄 것이다. 시간이 지나치게 길어지면 지치게 된다. 그렇게 하면서 매일매일 몇 독을 하였는지 기록하고, 또한 스스로 정한 횟수가 일찍 끝나면 계속 횟수를 늘려가면서, 속도를 점점 빠르게 하는 훈련을 해 가다 보면, 숙련이 되어 망상이 들어 올 틈이 차츰 줄어들게 된다.

시끄러운 곳에서나 집중이 잘 안 되는 곳에서는 소리를 내어서 하면서 그 소리를 마음으로 들어가며 하여야 한다. 다라니를 외는 소리를 들으면서(이근원통耳根圓通) 하거나 큰소리로 더욱 빠르게 하면, 다른 데 관심이 없어지면서 생각이 들어 올 틈이 없어지게 되어 있다. 다라니를 하면서는 구절구절 주의 깊게 들으려고 노력해야 한다. 그 소리를 주의 깊게 관觀하다 보면 무념에 들게 되며, 무념에 드는 열쇠는 이근원통에 있다.

소리가 없어지고 아는 마음까지 없어져서 무념처無念處에 들게 될 때까지 규칙적으로 노력해야 한다.

이렇게 노력해 가다 보면 다라니를 하는 횟수가 하루하루 빠른 속도로 늘어나게 되고, 나중에는 입으로 소리를 내어 할 수 없을 정도로 속도가 빨라지게 된다. 그러다가 더욱 빨라지면 몸의 어느 한 곳에서 자리를 잡고 전광석화電光石火처럼 빠른 속도로 그냥 자동으로 돌아간다.

이쯤 되면 애써 하지 않고 지켜만 보고 있게 되는데, 마치 축음기의 판이 자동으로 돌아가듯 그렇게 흐르는 것처럼 계속 이어진다. 무엇을 하든 자리를 잡은 다라니는 계속 돌아가고 다라니가 몸을 끌고 다니며 일하고, 다라니가 주체가 되어 음식을 먹고, 행주좌와 중中에도, 꿈속에서도 계속 끊어지지 않는다.

이 주력의 힘(선정력)은 이후 화두를 드나 관觀을 하나 무슨 대상으로 명상을 하든, 망상이 거의 없이 자기에게 주어진 명상의 주제를 끌고 갈 힘이 생기게 하고, 이후에도 어떤 수행을 하더라도 쉽게 오매일여가 되어, 짧은 기간 동안에 각성覺性이 일어나게 된다. 또한 무슨 일을 하든 그 힘의 밑천으로 세상을 자신감과 포용으로 대하며 살아가는 에너지가 스스로 끊임없이 생겨남을 알 수 있게 될 것이다. 무엇이든 다 녹여버릴 수 있는 용해제와 같은 자비심이 저절로 방사되어 짐에 환희와 행복감은 날로 확장되어 진다.

7) 명상을 계속 생활화해 가는 도중, 직장에서 혹은 주변에서 모임 등에 참석할 때는 어떻게 해야 할까?

스스로 이런 모임에서 모처럼 실천하고 유지해 온 자기의 마음을 단속함으로써 지켜가야 한다. 소중한 시간을 빼앗기고 또한 다시 흐트러질 염려를 한다면 어찌 마음이 편안하겠는가. 또한 마음의 여유 없이 억지로 그 자리에 참석하려 하면 경직될 것이고, 그곳에서 마음이 풀어지면 애써 쌓았던 공덕도 사라질 것이다.

그것이 일상적인 즐거움을 위한 것이든 남을 위한 것이든, 필요한 분위기를 해치지 않으면서 자신의 마음도 잃지 않도록 애를 써야 한다.

한번 무엇인가를 심사숙고하여 시작했으면 다른 것은 생각도 말고 혼신의 힘을 다해 집중해야 한다. 그래야 원하는 것을 단기간에 이룰 수 있기 때문이다. 그리고 이 힘은 평생을 살아가는

데 원동력이 되고, 죽음 앞에서는 최고로 발휘되면서 승화된다.

하지만 집중해서 하지 않고 대충 건성으로만 하면, 어느 것 하나도 제대로 이루기가 힘들다. 후자는 죽음 앞에서부터 사후까지 온갖 어지럽고 두려운 환영에 사로잡혀 방황하다가, 어디론가 좋지 않은 세계에 다시 태어나거나 계속 방황할 것이다.

8) 명상을 얼마나 해야 익숙해질 수 있을까?

끝없는 일상적인 활동 속에 자신의 삶을 탕진하지 말고 참 자아를 찾는 데 익숙해지도록 노력해야 한다. 한 작가가 자연스럽게 표현하는 법을 배우기 위해서는 몇 년에 걸친 문학 수업이 필요하고, 무용수가 우아한 동작을 얻기 위해서는 오랜 기간에 걸친 고통스러운 노력이 필요하다. 명상이 당신의 삶을 어떻게 이끄는지 이해하기 시작할 때, 당신은 명상수행이 당신의 삶에서 가장 많은 노력을 필요로 하는 것으로, 가장 깊은 인내와 열정과 지성과 훈육을 요청하는 것으로 받아들이게 될 것이다.

세계적인 영화 스타이면서 티벳 망명정부의 최대 후원자이자, 전 세계 에이즈 예방 및 퇴치운동에 앞장서고 있는 리처드 기어(1949년 생)는, 아무리 바빠도 하루 한 시간 이상 수행을 한다고 한다. 결혼을 하고 아이들이 생겨났을 때 이제는 다 끝났다고 생각했지만, 좋은 아빠, 좋은 남편이 되는 것 역시 중요한 수행이었고, 수행을 할 더 많은 시간이 생겼다는 것이다.

그는 이 모든 것을 불법佛法으로 바꾸는 방법을 몰랐다면 자신은 이미 미쳤을 것이라고 했다. 그가 하루 한 시간이라고 했지만, 그의 삶을 들여다보면 종일 깊은 사유 속에서 흐르고 있다는 것을 알 수 있다. 이것이 바로 명상을 통해 내면에 길러진 힘이 아니고 무엇이겠는가?

그는 20대에 독서를 통해 불교를 접한 후 1980년 달라이라마와 인연을 맺고, 불교수행을 통해 마음이 어떻게 움직이고, 몸이 어떻게 기능하는지 이해했고, 자신의 마음을 바라보는 나날의 리듬이 생기게 되었다고 했다.

"그런 관조는 극히 고통스러웠지만 수행습관을 만들어 줬다."라며, 그는 매일 가장 먼저 수행을 하면서 어떤 일을 할 동기를 강화한다고 했다.

"'나는 모든 중생의 고통을 덜어주기 위해 여기 있다.'는 마음이 일어나면 그 즉시 모든 성현들의 손길을 어깨와 머리에 느낄 수 있다. 그런 거대한 긍정적 에너지와 연결되면 하루 종일 힘이 생긴다. 아무리 작은 자비심을 일으키려 해도 어느 정도는 '나'가 없는 '무아無我'의 경지에 있어야 한다. 남의 문제를 내 문제로 느끼려면 어떻게든 자기 문제를 잊어야 한다."

그는 동기가 중요하다면서 무엇보다 그 서원을 말하라고 성하, 달라이라마께서 가르침을 주셨다고 한다.

"그냥 말하다 보면 결국 당신의 마음이 그 생각으로 꽉 차게 될 것이다. 피아노를 치는 것과 같다. 처음부터 모차르트를 연주할 수는 없다. 그냥 치기 시작하면 서서히 감이 온다. 타고난 재

능이 있기 때문이다. 우리 모두는 불성佛性을 가지고 있다. 어떤 스승은 사람들이 TV나 영화를 봐야 자극을 받는다는 사실에 놀란다. '자신의 마음을 바라보는 것이 가장 멋진 영화, 가장 변화무쌍한 TV를 보는 것'이다."

9) 명상을 시작하게 되면 특별히 음식 등을 가려 먹어야 할까?

물론 건강을 유지하기 위해 음식조절을 해야 한다. 하루 중 음식의 양을 많이 섭취했을 때와 소식을 했을 때, 육식을 했을 때와 채식을 하고 난 뒤의 변화, 또한 거칠고 딱딱한 음식과 부드러우며 달콤한 음식, 신 음식·짠 음식·매운 음식 등을 먹고 명상했을 때의 차이를 기록해 가면서 해 본다. 그리고 차를 마시는 데 있어서 녹차와 커피를 마신 후와 기호음료나 술 등을 마신 후를 경험한 대로 옮겨 쓴다.

    밥을 먹은 양이 많으면 위에서 소화시키는 시간이 많아서 명상하는 시간이 줄어들고 자꾸 졸음이 오게 되어 있다. 녹차나 발효차를 마시고 수행을 하면 정신이 맑고 안정되어 쉽게 삼매에 들고, 커피나 맵고 자극이 강한 것들을 섭취했을 때는, 몸에서 뜨거운 기운이 계속 감돌면서 흥분되고 산만하며, 불쾌한 기운이 계속 몸을 휘감음을 알 수 있다. 딱딱하고 거친 음식을 먹으면 위에 계속 부담이 가서 또한 집중이 잘 되지 않음을 스스로 알게 되기 때문에, 자연스럽게 음식의 양과 종류를 알아서 먹게 된다. 이렇게 체크하다 보면 스스로 필요한 계戒를 지키게 되어 있다.

　음식의 조절뿐만 아니라, 환경을 비롯해서 오랫동안 정진할 수 있는 강인한 체력을 위해 보조 수단으로 몸을 호흡에 잘 맞추어 절을 한다거나, 복식호흡과 선체조를 필히 곁들여 가면서 몸을 이완시킨 다음 정진을 하여야 된다. 몸은 내팽개치고 무작정 밀어 붙이기 식으로 정진만 하겠다는 것은 얼마 지나지 않아 수행을 포기하겠다는 징조이고, 결국 선정력이 길러지는 게 아니라, 수행을 잘못하여 상기上氣되거나, 갖가지 병(골병)만 남게 되는 경우를 많이 보아왔다. 너무 신경을 곤두세워 조급증을 내면서 하다 보면, 오히려 들뜨는 도거와 같은 현상이 와서, 수행을 금방 포기하게 되거나 근根이 응어리져서 빙의현상이나 정신분열증이 일어나게 된다.

　이러한 노력을 기울이면서 명상을 하다 보면 자신의 체험이 스스로에게 참고가 되고, 다음은 마음이 알아서 저절로 방향을 제시해 주게 되어 있다.

　우리는 흔히 헌신한다는 이름으로 자신을 내팽개치고 살아가는 경우가 많다. 특히 우리 한국 사람에게는 더욱 그러한 경향이 많은 것 같다. 그것은 자신을 학대하는 행위이며, 자신을 학대한다는 것은 곧 밖으로도 사람과 동·식물 그리고 환경에까지 그 학대의 악영향을 끼치게 되어 있다. 자기 자신을 존중하는 사람은 남을 존중한다. 자신을 아는 만큼 남을 알고 세상을 안다. 진정한 자기 자신의 내면으로 향한 자비와 존경심이 진지할 때, 타인에게 그 자비스러움이 방사되어 퍼져 갈 수 있게 될 것이다.

또한 경계에 끌려다니지 않도록 각별히 주의해야 한다. 어떤 대상과 부딪치더라도 그것이 안으로 해석되어지거나 좀처럼 흔들리지 않는 훈련이 될 때까지는 주의하고 삼가지 않으면 퇴보하거나 스스로 좌절하게 된다. 이 모든 것들을 반드시 기록하고 참회할 때 언행의 변화와 수행의 진보라는 유익함이 함께한다. 우리가 '삶이 수행이다'고 말들을 하지만 멋스럽게 들릴지라도 말처럼 그렇게 쉬운 것이 아니다. 앞서 강조한 말들을 실천으로 옮기고 어느 기간 동안 혼신의 힘을 다했을 때 유연하게 삶과 수행이 연결되는 것이다.

부처님이 계셨던 2,500년 전은 모든 환경이 성숙되어 있었던 시기였지만, 지금은 세상이 너무도 어지럽고 복잡하며 오염된 환경이다. 그런데 이런 조건들을 무시하고 마냥 앉아서 면벽하고 화두를 챙긴다든가, 그 외의 명상을 한다는 것은, 아득하고 공허한 시간 낭비일 뿐이다.

몇 번을 강조하지만 선정禪定에 들어가야만 공空을 체험하게 된다. 공성空性을 체험하지 않은 자가 오독五毒을 없애기란 매우 힘이 든다. 공성을 자꾸 체험하고 올바로 이해함으로써 아집은 자비로 승화되어 언행이 바뀌고 우리의 모든 삶은 저절로 변화하게 된다. 무엇보다도 가장 큰 수확은 사물의 본성을 그대로 볼 수 있기 때문에 이 세상에 의해 더럽혀지지 않는 것이라 할 수 있을 것이다.

명상이 어느 정도 자신의 삶에서 자리를 차지하고 몸에도 익숙해 질 때쯤 지난 삶을 되돌아보라. 분명 당신은 스스로 놀랄 만큼 변화와 자신의 발전, 창조적 삶 등에 스스로 감탄하고 기뻐할 것이며, 더 한층 정진을 가할 수 있는 힘과 용기가 생길 것이다.

만약 마음이 자연스럽게 저절로 자리 잡을 수만 있다면, 또 영감을 받아 그 순수하게 깨어있음 가운데에서 쉴 수만 있다면, 그때는 어떤 명상법도 필요하지 않다. 마음이 제멋대로이고 여기 저기 흩어져 있는 까닭에 마음을 일깨우는 능숙한 방법이 필요하다. 여기에서 '능숙한'이란 마음의 본성에 대한 이해, 변화무쌍한 기분들에 대한 알아차림, 수행을 통해 계발한 통찰을 순간순간마다 자신의 삶에 응용할 수 있는 지혜를 뜻한다. 말 그대로 삶이 수행이다.

쉴새없이 흔들리는 마음의 움직임을 변화시키기 위해 이것들을 하나로 합치시킴으로써 특정한 상황이나 문제에 적합한 방법을 응용하는 기법이 생기게 된다. 지혜의 에너지로 채워지고 있는 것이다. 이 모든 것들은 자신이 하는 명상방법에 따라 계속 수행할 때, 서서히 자발적으로 샘솟는 것이다.

10) 명상을 하다가 귀신이 보이거나 빙의 현상이 느껴질 때 어떻게 해야 할까?

귀신에 대해서 우리의 눈에 보인다고 인정하고, 눈에 보이지 않는다고 인정하지 않으면 안 된다고 부처님께서는 말씀하셨다.

흔히 수행을 하다가 귀신이나 잡신에게 흐림을 당하거나 유혹되거나 반하여서 정신을 못 차리는 경우가 있다. 다시 말해 마음의 주파수가 귀신과 맞추어 있는 것이다. 특히 동굴 같은 곳은 귀신들이 머무르기 좋은 환경인데, 그곳에 들어가 수행하면 귀신들이 공간을 빼앗기게 되므로, 다른 사람이 내 집에 쳐들어오면 싸움을 하듯, 해코지를 해 온다. 그러므로 힘센 귀신들이 살지 않는 곳을 택해야 한다.

이럴 때는 자비를 베풀어서 스스로 이겨내던가 의식을 통해서 해결해야 한다. 무서워하면 당하게 되어있다. 귀신이 보이는 것을 알아차리고 사람을 보듯 하나의 대상으로 담담히 대해야 한다. 왜냐하면 더 강한 대상에 빨려 들어가게 되어 있기 때문이다.

이런 현상들은 업력과 원력으로 보이는데, 어떤 주파수에 맞추어 보는가에 달려 있다. 또 한 경우는 번뇌가 강해서 귀신이 나타난 것으로 착각한다. 지止·관觀이 평행을 유지하지 못하고 균형이 깨졌을 때 이런 현상이 나타나기 때문이다. 이러한 원인과 해결방법들은 '삶 그리고 죽음 2의 1) 빙의'에서 설명한 바 있다.

다음은 남방의 유명한 선사로 만트라를 하면서 위빠싸나를 이룬 아짠 선사의 경험담을 옮겨 독자의 이해를 돕고자 한다.

"…아짠 문이 동굴에 들어가 수행을 하려 하자, 그 마을 사람들이 그 동굴에는 엄청난 거인 귀신이 살고 있어서, 그 동굴에 가는 사람은 누구든 죽거나 기절하거나 정신이 이상하게 되어서 나온다면서 말렸지만, 아짠은 오히려 지혜를 계발할 수 있는 좋은 기회로 여기고, 동굴에 들어가 삼매를 닦았다.

어느 날, 눈앞에 키가 10미터 정도나 되는 검은 피부의 거인이 나타났다. 그 거인은 몽둥이를 들고 아짠에게 다가와, '나는 오래 전부터 이 산을 지킬 권한을 부여받아 왔으며 감히 내게 도전해서 나를 이기려는 자는 용서할 수 없다. 이 동굴을 당장 떠나지 않으면 몽둥이로 박살내겠다'고 하였다.

아짠은 그 귀신과 텔레파시(정신 감응)로 교신을 하면서 '나는 아무에게도 도전하지 않았으며 누군가를 이기려고도 하지 않았다. 내가 여기에 온 것은 인간의 마음을 지배하는 번뇌에 도전하여 그걸 벗어나기 위해서이다. 그대가 삼계[欲界·色界·無色界]를 자비의 힘으로 감화시키는 붓다의 제자인 나를 해치고자 한다면 매우 어리석은 일이다. 그대가 자랑하는 것처럼 정말로 능수능란한 힘을 소유했다면 세 영역[三界]의 모든 존재들을 지배하는 위대한 법인 카르마와 다르마(법法)를 능가하는 힘을 가지고 있는가?'라고 묻자 귀신이 '아니다'고 대답했다.

아짠은 계속해서 물었다.

'붓다는 남을 지배하고 해치려는 욕망을 제거하는 힘을 지니고 있다. 그대는 그런 힘을 가지고 있는가?'

'아니다' 귀신은 스스로의 한계를 인정했다.

아짠은 그가 지닌 힘은 야만적이어서 자신에게 해가 될 뿐임을 지적하며 귀신을 훈계하기 시작했다.

'그대의 힘은 자신을 태워버리는 불과 같은 결과만을 가져온다. 왜냐하면 그대는 다른 사람들을 파괴하는 행위가 바로 그대 자신을 파괴시킨다는 사실을 깨닫지 못하고 있기 때문이다. 바로 그 점이 정말 몸에 해로운 카르마인 것이다. 나는 올바른 길인 8정도를 따라가는 한 사람의 스님이다. 나 자신뿐만 아니라 다른 사람의 이익을 위해 이 길을 가는 것이다. 이것은 나의 진심에서 우러나온 소망이다. 그대는 지금 자신을 해칠 어떤 사악한 생각도 하지 않는 나를 해치려고 한다. 일단 행동을 멈추고 자신이 행하려는 악업의 결과에 대항할 수 있는 어떤 힘이 존재하는지를 한번 생각해 보라(…). (…) 그대가 나를 죽이려고 애쓰지 않아도 때가 되면 죽게 될 테니 난 죽음이 두렵지 않다. 힘에 대한 집착이 현혹된 그대를 포함하여 이 세상의 모든 것은 결국 다 죽게 마련이다.'

이렇게 아짠이 계속 훈계하자 귀신은 얼어붙은 듯 꼼짝도 못한 채 아무 말도 하지 못했다. 그는 패배를 몹시 두려워하며 수치스러워했다. 결국 사신은 주문에 걸린 듯 아짠의 훈계가 끝날 즈음에 몽둥이를 내려놓고 굴복하였다.

그리고 스님의 강력한 자비의 빛에 오히려 충격을 받았다면서, 자신의 위협은 가장된 것이었음을 인정하고, 어느새 신심 깊은 신자가 되어, 아짠에게 그곳에서 계속 머물러 줄 것을 요청하면서, 자신은 아짠의 수호신으로 수행하는 데 방해가 되지 않도록 지켜주겠다고 약속하였다."

- 『위빠싸나 성자 아짠 문』, 불광출판사

11) 평소에는 모르겠는데, 명상만 하면 미운 사람, 싫은 일, 과거의 일들이 스크린이 지나가듯 계속 나타난다. 왜 그럴까?

마음속이 심한 산란심으로 괴로울 때는 수행을 하기 전에 멋대로 방일하면서 살았던 결과들이라는 것을 기억해서, 그로 인해 윤회의 고통에서 벗어나지 못한 것을 떠올려야 하며 그 흐름을 멈추도록 바로 지금 정복해야 한다.

또한 명상 중에는 진전의 여러 가지 표시가 나타난다. 집중의 힘이 생기고 수행의 시간이 길어지며, 이상한 느낌이 들고, 여러 특이한 시각적 현상이 나타나기도 한다. 마음이 벌이는 이상한 일들도 보게 되는데, 이런 체험들은 집중이 개발되는 자연스런 과정들이다. 이는 사후 과정과도 흡사하다. 명상을 하여 이런 현상들이 차츰차츰 사라지고 명료하게 될 때, 깊은 삼매에 머물게 된다.

우리가 정신없이 헤매고 다닐 때도 망상이 무수히 일어났다가 사라지고, 다시 생겼다 없어지고 하는데, 단지 더 거친 경계에 가려 감지하지 못할 뿐이다. 수행을 하면 점점 깊은 단계에 들어, 거친 수위의 마음이 제거되면서, 이러한 현상들은 자연스럽게 드러난다.

『구사론俱舍論』에서는 우리의 지각으로 느낄 수 있는 시간의 최소 단위가, 한 찰나는 1/75초로 환산하는데, 이는 다시 말해 1초에 75회의 생멸生滅이 있지만, 우리가 바깥의 강한 경계에 휘말려 그것을 감지하지 못할 뿐이라는 것이다. 그러다가 고요히 앉아서 수행하면 떠오르게 되어 있으므로, 좌선만 하면 망상이 일어나는 것으로 착각하는 현상이다.

　이때는 망상을 해석하려 하지 말고 자기에게 주어진 주제의 수행을 열심히 관觀하고 또 관하면서 수행하다 보면, 이러한 것들은 사라지게 되어있다. 그래도 같은 망상이 계속되면 위의 각 처방을 사용하면서 꾸준히 하다보면, 선정의 힘이 길러지면서 이런 현상들은 구름이 걷히듯 사라진다.

12) 혼침이나 도거가 올 때 어떻게 해야 할까?

부처님께서는 비파 줄을 너무 조이거나 너무 느슨하게 하면 소리가 나지 않으니, 적당하게 조여야 제대로 소리가 난다고 하시면서 중도를 말씀하셨다. 어떤 사람은 중도를 적당히 하는 것으로 착각할 수도 있다. 이는 잘못된 사고로, 여기서 중도란 정·혜의 균등을 말한다. 그리고 몸을 가혹하게 다루지 말고 잘 보호하면서 공부하고 생활하는 데 부족함이 없도록 하는 것이다.

　혼침은 수면을 제대로 취하지 않았거나 마음이 너무 가라앉거나 풀어질 때 온다. 이때는 잠시 정진을 멈추고 포행하거나 가라앉은 마음은 환희심을 낼 때 사라진다. 이때 마음을 너무 조이면 도거가 생길 수 있으므로, 어느 정도 여유를 두고 적당하게 조여야 한다. 그러다가 혼침이 생기겠다 싶은 마음이 들면 조금 더 조여 준다.

　예를 들어 만트라를 하다가 졸리면 소리를 조금 더 크게 하다가 혼침이 사라지면 다시 본래의 소리로 한다든가, 더욱 빠르게 하거나 조금 느리게 하다 보면 혼침이 사라지고 다시 밝고 명료해 진다.

그래도 없어지지 않으면 호흡을 한다든지, 찬물로 세수 등을 하거나 시원한 장소 등으로 옮긴다. 수행의 대상에 명료하게 머물지 못하도록 방해하는 것은 산란과 도거와 혼침이다. 섭취한 음식의 영양상태와 명상 전 무엇을 했는가에 따라 영향을 받게 된다. 그러므로 이런 허물을 알아 언제든지 정념과 정지의 자리로 돌아갈 수 있도록 매사에 점검에 점검을 유지해 나아가야 한다. 들뜨는 도거와 정신이 흐릿하거나 졸리는 혼침과 집중력을 방해하는 산란심은 선정의 힘이 길러지면 저절로 사라진다.

13) 명상 중 마음은 어떻게 해야 할까?

명상 중에 마음속으로 무엇을 해야겠다고 하면 안 된다. 그것은 망상을 또 하나 보태는 것이다. 단지 있는 그대로 내버려두고 지켜보아야 한다. 일어나고 스쳐가는 것들을 해석하면 금방 확대되어 망상은 끊임없이 꼬리를 물게 된다. 고요한 연못에 돌을 던지면 순식간에 온 연못으로 물결이 퍼져 나아가는 것처럼, 있는 그대로 두기만 하면 명료함으로 충만한 자신의 참된 본성을 발견하게 된다. 모든 것을 내려놓고 있는 그대로 내버려두면서 단지 그 흐름을 알아차리면 된다.

14) 얼마나 해야 깨칠 수 있는가?

우리나라 사람들이 가장 많이 하는 질문이다. 외국의 수행자들은 대부분 오직 스승이 시킨 대로 할 뿐이다. 우리나라 사람들이 다른 민족에 비해 성격이 급한 탓도 있겠지만, 또 하나 이런 조급증은 간화선 문화에서 화두를 빨리 깨쳐야 한다는 생각, 그리고 화두를 타파하면 마치 수행을 완성한 양 하는 일부의 그릇된 인식에서 비롯된 부분이 많다.

    명상을 하고자 하는 환희로운 마음으로, 수행에 입문한 때로부터 완전하게 깨달을 때까지 항상 정진에 의지해야만 가능한 일이다. 노력은 하지 않고 앞서 가는 사람만 쳐다보면서 조급증만 내는 것은, 욕심을 하나 더 보태는 격이 되고, 무리하게 하다가 상기되거나 건강을 해쳐서 수행을 하지 못하는 경우가 있다.

    모든 공부가 정진에 달려 있다고 할 수 있다. 꾸준한 자기점검과 끊임없이 노력을 해야만 진보가 있다.

    많은 사람들 속에 있을 때에 자신의 입을 살피고, 혼자 있을 때는 마음을 살펴 단속하면서 자신이 하고 있는 수행의 주제를 놓치지 않도록 늘 점검에 점검을 계속해 나아가야 한다.

15) 어떻게 해야 화두의 의심이 끊이지 않을까?

조계종 종정이셨던 서암 스님께 공부를 여쭈었다. 스님은 언제나

처럼 내 얼굴로 공부의 진척도를 점검하셨다. 그리고 눈을 한참 주시하며 쳐다보시다가, 그만 아이들처럼 웃으신다. 오봉산 석굴암에서 중앙일보 기자는 취재하고, 스님은 내게 이렇게 가르침을 주셨다.

"지금은 신본이 아닌 인본시대이다. 세계의 문화인들은 신의 노예에서 벗어난 지 오래다. 과학적으로도 모든 것은 입자, 전자, 원자로 돌아가서 무에서 유를, 그리고 또다시 유에서 무를 끝없이 탄생시킨다고 증명하고 있다. (…) 이 나라도 정신문화가 바로 서야 한다. 그래야 한국의 두뇌가 머지않아 세계를 앞지를 수 있을 것이다."라고 말씀하시었다.

나는 스님께 그동안 공부의 과정을 쭉 말씀드렸다.

"며칠 전부터는 마치 화두가 단전에 걸려 있는 듯 의심의 무게 같은 것이 느껴졌습니다. 아랫배에 저울 추 같은 것을 달아 놓은 듯 자리를 잡은 화두의 무게는 풍선이 점점 크게 불어나듯, 그렇게 의심이 크게 자리를 잡아가고 있습니다. 다른 생각이 일어나다가도 금방 의심이 제 자리를 찾듯, 그렇게 화두의 의심을 챙기는 시간이 점점 길어지고 있습니다."

스님께서는 더 간절히 의심을 가지라고 하셨다.

"오직 모를 뿐이야. 의심이 간절하면 99% 자기를 모르는 거야. 의단독로疑團獨露가 되면 오직 모를 뿐이지. 오직 그 모르는 놈이 답답하고 꽉 맥힐 때 의단이 타파되는 거야." 하시면서, 오직 모르는 그것을 여러 번 강조하셨다. 그리고는 "요즘 애 많이 쓰고 있구나." 하시고는 이내 기쁜 표정을 감추지 않으셨다.

어떠한 알음알이도 하지 말고 오직 화두의 의심만을 강조하신 가르침이 아닐 수 없다. 스님의 말씀대로 의심을 더욱 힘차게 끌고 갔다. 망상이 일어나는 사이의 간격이 점점 길어졌다. 어쩌다 망상이 생기면 그것들은 모두 화두의 공안인 '무' 자 속으로 녹아들어 버렸다. '무'는 마치 용광로가 되어 생긴 대로 녹이고 그럴수록 의심의 폭이 점점 넓고 힘있게 자리를 차지해 갔다. 그렇게 일주일쯤 지났다.

선원에서 대중들과 함께 좌선을 하고 집에 돌아오는 길이었다. 그런데 밖을 나와 보니 건물 앞 도로에는 차들이 다니고 거리에는 사람들이 지나치고, 앞에 보이는 모든 대상들이 그냥 눈앞에 스쳐지나갈 뿐이었다. 이전처럼 어떤 것도 해석되어지거나 눈에 들어오지가 않았다. 온 세상이 그저 화두의 의심으로 꽉 차 있었다. 길을 걸어도 집에 돌아와 집안일을 해도 화두가 나를 끌고 다니고 화두가 밥을 먹고 화두가 주체가 되어버렸다.

다시 사방을 둘러봐도 온 우주는 의심으로 팽팽하게 꽉 찼다. 잠도 오지 않았다. 그래도 졸리거나 피곤하지가 않고, 오히려 몸의 무게를 느낄 수 없을 만큼 가볍고 눈은 점점 시원해지고 정신도 더욱 맑아졌다. 그렇게 삼일 째 되던 날이었다. 책장에 책을 꽂으려는 순간, 책의 제목이 보이면서 동시에 온몸이 벼락이라도 맞은 듯하였다. "팍!" 하고 뭔가 터진 듯하였다. 순간 몸이 박하사탕 같았다. 창문을 열고 밖을 보니, 하늘 땅, 그리고 만물의 색상이 너무도 선명하게 빛나고 있었다. 여지껏 느껴보지 못한 맑고 행복한 마음은 무어라 형언할 수가 없었다.

"사방 어디에도 걸림이 없었다."

니르바나의 경지를 체득한 부처님께서는 제자들에게 이렇게 설하셨다.

"제자들이여, 흙·물·불·바람이 없는 세계가 있다. 그곳은 끝없는 공간도 아니요, 끝없는 생각도 아니요, 무도 아니요, 생각과 생각 아님(想非想)도 아니다. 그곳은 이 세계도 아니요, 저 세계도 아니다. 그곳은 오는 것도 없고 가는 것도 없고 머무름도 없으며, 죽음도 없고 태어남도 없다. 그곳은 슬픔의 끝이니라.

어떤 상에 달라붙으면 떨어짐이 있지만, 대상에 집착하지 않으면 떨어짐이 없다. 떨어짐이 없는 곳에 휴식이 있고, 휴식이 있는 곳에 욕망이 없다. 욕망이 없으면 가고 옴이 없고, 가고 옴이 없으면 죽음과 태어남이 없다. 죽음과 태어남이 없으면 이 세상과 저 세상 또는 그 사이(바르도)가 없나니, 이때 모든 슬픔은 끝나느니라.

제자들이여, 변화하지 않고 태어나지 않고 만들어지지 않고 형상을 갖지 않은 세계가 있느니라. 만일 이런 불변, 불생, 부조不造, 무형의 세계가 없다면, 변화하고 태어나고 만들어 지고 형상 가진 세계로부터 벗어날 방법이 없느니라. 그러나 불변, 불생, 부조, 무형의 세계가 있기 때문에, 변화하고 태어나고 만들어지고 형상을 가진 세계로부터의 벗어남이 있느니라."

-『우다나와르가Udānavarga』

2. 평온하게 죽음을 맞이한 사람들

"아무리 잘 살았다고 해도 죽을 때 보면 안다."는 말을 우리는 많이 쓴다. 그래서 요즘은 어떻게 잘 살아야 하는가(웰빙Well-being)의 고민과, 어떻게 품위 있게 죽음을 맞이할 수 있는가(웰다잉Well-dying)가 현대사회의 화두로 대두되고 있다. 웰빙만 강조하던 시대를 넘어 웰다잉까지 사유할 수 있다는 것은 사회적으로 긍정적인 변화를 가져올 수 있는 고무적인 사건이기도 하다. 왜냐하면 어떻게 잘 죽을 것인가의 답은 어떻게 사느냐의 결과물이기 때문이다.

우리는 죽음 앞에서 다음과 같은 공통과정을 거친다. '누구나 죽고, 언제든지 죽을 수 있고, 어디서든 죽을 수 있으며, 누가 언제 어디서 어떻게 죽을 지는 아직 정해져 있지 않다'는 사실이다.

불의의 사고와 같은 갑작스런 죽음을 제외하고 거의 대부분의 사람들은 아파서든 명이 다했든 죽음이 다가오면 두려움과 절망 등 부정한 생각으로 모두와 멀어진 것 같은 느낌이 든다고 한다. 그래서 마음을 닫고 주변사람들에게 괜히 배신감이 들어 화가 불끈 치솟고 서운해하며 몇 날을 보내다가 시간이 흐르면서 스스로 마음을 가다듬는다. 그리고 마지못해 죽음을 수용하는 성숙하지 못한 죽음을 맞이한다. '죽음=끝'이라는 부정적인 사고로 간주하고 살아온 습성 때문이다. 하지만 기왕 맞는 죽음이라면 이제부터라도 우리가 사고思考의 발상을 전환해 보는 것은 어떨까? 죽음을 삶의 과정으로 자연스럽게 수용하고 윤회의 고통에서 벗어날 수 있는 희망의 기회로, 게다가 살아남은 사람들이 혼돈스럽지 않도록 갈무리하는 여유를 가질 수 있다면 우리의 영혼은 죽음을 맞이하여 니르바나로 승화될 것이다.

요즘 우리나라 성인의 사망원인 중 가장 많은 숫자를 차지하는 암환자의 얘기를 전할까 한다.

위암 말기 환자 이병국 씨의 이야기이다. 많은 사람들의 임종과정을 지켜보면 환자에 따라 그 차이가 뚜렷한데, 하나는 환자 스스로의 성숙된 마음가짐이고, 다른 하나는 환자에게 성숙한 마음가짐을 제공하는 주변의 안내에 따라 큰 차이가 있다. 이병국 씨는 위암 말기 판정을 받고 식음을 전폐하고 모든 사람과 단절했다. 가족 누구와도 대화를 거부했다. 답답한 부인이 필자에게 도움을 요청해 가보았더니 외로움과 두려움 속에 떨고 있었다. 그런데 이런 경우 환자를 방치하면 충격에 빠져 우울증과 동시에 바로 죽는 경우도 있다. 그러므로 가족들의 따뜻한 보살핌과 주의 깊은 배려가 무엇보다 중요하다. 우선 마음의 부정적인 요소들을 긍정적으로 전환시키는 것부터 안내했다. 그러기 위해 환자가 지금까지 살아오면서 해온 선행과 즐겁고 행복했던 경험들을 상기시키도록 했다(자세한 방법은 '삶, 그리고 죽음 1의 1)임종 참조).

"가르침대로 먼저 남편이 살아오면서 선행을 한 일들을 하나하나 떠올려 줌으로써 마음을 긍정적으로 전환시킬 수 있었다. 그리고 지난 삶 동안 즐겁고 행복한 순간들을 연상할 수 있도록 계속 떠올렸다. 위암 말기라 참을 수 없는 통증 때문에 고함을 지르고 화를 내는 등 주변을 힘들게 했던 성격은 사라지고 남편의 얼굴이 편안해 지고 따라서 통증의 고통도 거의 사라졌다.

마치 태풍이 불다가 잠잠해 진 것처럼. 그렇게 삼일이 지나고 남편이 집으로 가고 싶다하여 퇴원을 했는데, 남편은 환자의 모습은 없고 점점 기분 좋은 아이처럼 바뀌었다. 남편이 퇴원하자 가까운 친척과 가족들이 모두 모였다. 남편은 유언을 하고 주변사람들에게 고맙다는 말을 몇 번씩이나 되풀이했다.

우리 모두는 남편이 환자라는 걸 잊어버리고 예전의 모습과 같은 남편과 즐겁게 보냈다. 다음날 아침 남편은 내 손을 꼭 잡더니 '오늘은 당신과 작별해야 될 것 같구려. 당신과 살아온 35년 동안 참으로 행복했소. 나를 버리지 않고 이렇게 편하게 떠날 수 있게 끝까지 살펴주어 무어라 감사해야 할지 모르겠소. 정신을 똑바로 차리고 오로지 스님과 당신의 말에만 귀를 기울일 테니 내가 완전히 숨이 멎을 때까지 함께 염불하며, 내가 정신을 놓지 않도록 마지막으로 부탁하오. 나는 이제 마음 편히 가리다. 모두에게 감사합니다. 나무아미타불!(…)'

남편은 편안한 모습으로 우리들과 작별했다."

다음은 먼 설산의 땅 이야기가 아니고 우리 주변에서도 무지개의 몸을 성취하여 빛으로 떠난 죽음과, 평소 닦은 염불수행으로 평온하게 밝은 모습으로 몸을 바꾼 고무적인 이야기를 전한다. 이 분들은 스스로 죽음을 잘 준비하고 가셨다.

심귀례 님의 외할머니는 전남 남원에 사시면서 평소 화엄사를 다녔다고 한다. 항상 염불을 하면서 살아오셨으며, 크고 작은 불사 등에 보시를 많이 하였고 주변 사람들에게는 덕을 베풀었다.

"외할머니는 돌아가시는 날, 죽음을 스스로 준비했는데, 아침에 일어나 목욕을 하고, 옷을 모두 갈아 입으셨다. 아랫사람들을 시켜 아들과 출가한 딸에게도 연락을 보내 임종을 지켜 볼 수 있도록 하였다. 그런 다음에 당신이 평소에 기도하시던 자리에 정안수를 떠올려 놓고 촛불을 켜 놓으시고는 앉아서 계속 염불을 하시었다. '나무 아미타불….' 외할머니가 기도를 시작하자, 대낮에 갑자기 사방이 캄캄해지고 뇌성이 '꽝꽝' 쳤다. 캄캄한 대낮에 아들이 호롱불을 켜고 임종을 앞둔 어머니 방에 들어왔다.

한편 곡성에 사는 큰딸에게도 급히 사람을 보내어 당신의 임종을 알리도록 했는데, 이때 딸은 아이를 낳고 있었다. 그런데 갑자기 방안까지 불칼이 들어와 산모를 휘저어 겁이 나서 이불을 뒤집어쓰고 무슨 일인가 무서워 밖을 나갈 수가 없었다고 한다.

아들과 사위 등 가족들이 모이자, 할머니의 몸 위로 쌍무지개가 떴다. 너무나 진기한 장면에 주변의 사람들이 입을 다물지 못하고 눈이 휘둥그레졌다.

'오느라 고생들 많았다. 행복하게 잘들 살아라. 이제 나는 간다' 고 할머니가 말씀하시자, 무지개가 하늘로 올라가고 할머니의 염불소리가 점점 작아지면서 그대로 좌탈입망하셨다. 그러자 머리가 뜨거울 정도로 햇빛이 다시 활짝 밝아졌다."

심귀례 님의 친정어머니도 평소 "관세음보살"을 한결같이 염송하곤 했는데, 어머니는 염불을 하시면 바깥의 소리도 들리지 않고 그대로 염불삼매에 드시곤 했다고 한다. 심귀례 님의 친정어머니도 가시던 날, 손수 목욕을 하고 옷을 말끔히 갈아입으신 뒤, 염주를 돌리시며 염불을 하다가 그대로 앉아 죽음을 맞이하셨다.

다음은 참으로 품위있고 평온하게 잘 가신 필자의 어머니 홍동님 씨의 이야기다.

시골에 사시는 친정어머니가 서울에 올라오셨다고 연락이 왔다. 오빠 집에 어머니를 뵈러 갔더니, 우리 집으로 가시겠다고 가방을 챙기며 서두르셨다. 모시고 온 날 저녁, 어머니는 목욕을 하시고 옷을 모두 갈아 입으셨다. 그리고 밤새 주무시지를 않고, 평소 당신 손으로 가장 많이 키우신 외손자를 얼굴이며 다리 등을 쓸어 만지시다가, 내가 눈을 뜨면 주무시는 척하셨다.

다음날, 오전 일찍 언니가 고기와 과일 등을 가져왔다. 그런데 어머니는 우리 자매를 불러, 당신 앞에 앉힌 다음 "나는 오늘 간다. 내가 이상하더라도 병원에 가서 산소마스크 씌우고 그런 것 하지 마라. 너희들한테도 좋은 일이 못 된다." 하시며, 계속 언니와 나에게 또 가족들에게 필요한 유언을 하셨다.

그래서 나는 어머니께 농담을 하였다.

"엄마가 저승에 한두 번 왕래하셨소?"

어머니는 가끔 저승을 구경하고 온 얘기를 들려 주셨다. 그때마다 나는 믿기도 그렇고 아니 믿자니 꾸며낸 이야기는 아닌 것 같았다. 어머니는 꾸며서 얘기를 할 줄 모르시기 때문이다. 그런 이야기를 해 주시면 항상 그렇게 들었다. 그래서 그 날도 나는 농담을 하였다. 그랬더니 어머니는 아니라고 하시며 예전과 다른 말씀을 많이 하셨다. 그리고는 문을 열어보라며, 밖에 사람이 오고 있다는 것이었다. 언니가 현관문을 열자, 발자국 소리가 조금씩 가깝게 들려왔다. 당신께서 가장 소중하게 아끼던 친손자가 계단을 올라오는 것이었다. 조카는 할머니가 빠뜨리고 가신 게 있어서 가지고 왔다면서, 어머니가 서울에 올라오시면서 가지고 온 굴비를 가지고 왔다. 나는 순간 여러 생각이 교차했다. 어머니가 이미 이 세상 사람이 아닌가 싶기도 하고, 그러자니 믿기지 않고(…).

아침 일찍부터 능엄다라니 테이프를 틀어 놓았다. 어머니가 능엄주에 대해서 물으셨다.

"엄마, 능엄주는 부처님의 정수리광명이 모여서 된…."

아는 바대로 열심히 설명해 드렸다. 어머니는 고개를 끄덕이셨다. 우리는 아무 일도 없을 양으로, 다시 갈비를 양념하고 점심 준비를 열심히 하였다. 간장이 조금밖에 없어서 조카에게 간장을 사 오라고 시켰다. 그런데 어머니가 조카를 심부름 보내지 말라고 하셨다. 내가 왜 그러시냐고 물었더니, 손자가 심부름을 가면 이제 못 본다는 것이었다.

"엄마 5분도 안 걸려." 하고 웃었더니 어머니는 그때서야 안심하는 얼굴로 그러면 다녀오라고 하셨다.

나는 그때도 어머니를 놀리듯이 "엄마, 진짜 오늘 갈 거요. 가시려면 오후에 스님이 서울에 오시니까 만나보고, 스님 염불

속에 가시유." 하고 또 농담조로 말을 하였다. 어머니는 고개를 저으시며, 어려울 것 같다고 하셨다.

그러고 있는 사이 조카가 왔다. 어머니는 다시 손자를 부르셨다. 그리고 당신 주변에 방석이며, 베개며, 모든 것을 치우셨다.

순간 나는 머리끝이 쭈뼛해졌다. 서둘러서 "엄마 누구 돈 빌려준 거 있어? 있으면 다 전생에 진 빚이니 잊어버려. 엄마 지금부터 나 따라 해봐. 나무 불, 나무 불, 나무 불(…)."

어머니는 나를 따라서 열심히 부처님을 부르셨다. 모든 것을 다 포기하시는 얼굴이었고, 당신에게는 남겨둘 만한 걱정거리가 없어서인지 편안한 얼굴로 앉아서 나를 따라 "나무 불, 나무 불, 나무 불…."을 하시더니 숨 한 번 크게 몰아쉬고 앉은 채로 금생의 인연을 마치셨다.

무인년 11월 18일 오시에 73세로 금생의 인연을 마치고, 육신의 옷을 그렇게 벗으셨다. 모두가 믿기지 않은 장례식을 서울에서 하고, 고향 선산으로 모시고 갔다. 그런데 더 놀라운 것은, 어머니가 서울 오시기 전, 이웃의 친구들과 조카며느리를 고향집에 불러 놓고 장독을 열어 보이며, "내가 이제 서울 가면 다시 살아서 못 오니, 장례식 날 이 김치는 익었으니 돼지고기에 먹고, 된장은 어디에 있고…." 하시고는 고향 산천을 언덕에 서서 한 번 둘러보시더라는 거였다. 그러나 사람들은 아무도 이 말을 믿지 않았다고 한다. 사실 어머니는 1년 전부터 가끔 자식들이 모일 때면 당신은 1년 후에 가신다고 말씀을 하여 왔다.

어머니는 평생을 정직하고, 욕심 없이 비단결 같은 마음씨로 사셨다. 그리고 의지하고 찾는 것은 오직 "관세음보살님"이셨다. 나를 낳아주신 어머니여서가 아니라, 모든 사람들이 그렇게 말들을 하여 왔다. 인간에게 가장 큰 욕심이자 희망이 오래 살고 싶은 것인데, 병원에도 옮기지 말라고까지 미리 당부를 하셨으니, 어디에 욕심이 남아 있다고 할 수 있을 것인가.

사실 내가 수행에 더욱 매진할 수 있었던 것은, 어머니가 죽음을 미리 알고 당신의 삶을 갈무리하는 과정을 보고 정신이 번쩍 들었기 때문이다. 자신의 한 생을 저토록 맑고 생생하게 마칠 수 있을까. 내 자신은 금생을 어떻게 회향할 것인지에 대한 의문과 모든 것을 내려 놓고서 이런저런 핑계로 미루고 미루어왔던 수행을 하지 않을 수 없을 만큼 한없이 부끄러웠다.

나와 인연 있는 세상의 모든 일들을 내가 처리해야만 하는 줄로 생각하고, 온갖 갖가지의 일에 해결사로 자칭하고 나섰는가 하면, 음식에서부터 옷 입는 일, 생활하는 모든 것들에서 지나친 소비 등으로 그 욕망은 끝없이 점점 확대되어 가고 있었다.

그러다 보니 항상 심신이 지쳐서 건강이 극도로 악화되어 악성빈혈과 위궤양, 골다공증 등 걸어다니는 종합병원이라고 할 만큼 건강이 나빠졌다. 또한 의협심이 강하여 잘못되었다고 생각되는 일에는 참지 못하고 관여하기도 했다. 그러나 좋은 결과도 나쁜 결과도 결국 중생의 잣대로 재는 일들은 그릇된 결과를 남겨서 세상이 다시 시끄러워질 뿐이었다. 이렇듯 자신이 어디로 가고 있는지조차도 모르고 헤매다가 어머니의 훌륭하신 임종 앞에서 내 자신은 너무나 작고 초라하였으며 부끄러움 그 자체였다.

우리들의 각각의 행위는 말이든 행동이든 생각이든 반드시 뒤에 업력을 남기게 되어 있다. 이 업력業力은 행위의 선善·악惡에 따라 개인의 대차대조표가 된다. 우리가 업력이라 부르는 보이지 않는 무엇은 각각의 행위가 관련된 마음의 산물이기에, 그것은 "콩 심은 데 콩 나고 팥 심은 데 팥 난다."는 말과 같다.

우주는 유정의 업력으로 충만해 있다. 삶의 귀납적 설명 이론은 이들 힘에 기원을 두고 있어, 끊임없이 자신의 행위의 힘을 흡수함과 동시에 행동·말·생각으로 새로운 힘을 방출하면서, 말하자면 삶의 상징으로서 진동, 파장, 리듬이 끊임없는 삶의 사슬을 창조하고 있다.

선행의 힘을 긍정적으로, 악행의 힘을 부정적으로 간주할 때, 우리는 긍정적인 반응과 부정적인 반응을 얻게 되는데 이것은 우주 모든 곳에서 언제나 일어나고 있다. 그것은 모든 유정과 무정, 우리 모두의 몸에서 모든 유기체의 몸에서도 일어나고 있다. 삶을 유지시키는 에너지의 근원이 되는 업을 끝없이 축적하여 이것 뒤에는 고통과 죽음이 따른다. 그러므로 모든 것은 업의 법칙을 따르고 있다고 보아야 할 것이다. 이 업이 끝없이 변하는 마음에서 나오므로 업의 결과도 반드시 변화무쌍하다는 것을 수행으로서 체험을 해 보면 쉽게 알 수 있다.

보통 사람들의 삶은 연기에 순응하면서 업業을 받으며 업業대로 살아가고 있다. 그러나 명상을 하면 업業을 제도하면서 살기 때문에 운명을 개척하고 심신을 정화하여 건강한 삶을 살 수가 있다. 업을 제도하면서 산다는 것은 바꾸어 말하면 세상에 속박

당하는 것이 아니라, 세상을 제도하면서 해방감 속에서 살게 되므로, 모든 고통, 불안, 우울증 등에서 벗어나 밝고 여유로움 속에서 행복한 나날들을 보낼 수 있게 되는 것이다.

산을 오르면 산이 있고, 그 산을 넘으면 또한 더 높은 산이 있다. 산을 넘고 넘어 가장 높은 산을 오르면, 이후 다른 산은 이미 오르기도 전에 훤히 알 수 있으며, 힘이 들지도 않게 되는 것을 우리들은 이미 경험한 바가 있다.

부처님께서는 『마하파리닙바나경(大涅槃經)』 즉 '위대한 죽음의 경'에서

> 발자국 중에서 최고는 코끼리의 발자국이고, 모든 인식 중에서 최고는 무상과 죽음에 대한 인식이다. (…) 모든 것은 변하니 게으름에 빠지지 말고 부지런히 정진하라.

고 말씀하셨다.

부처님의 유언처럼 죽음을 생각하게 되면 '우리가 어떻게 살아야 하는가? 나는 지금 어디에 와 있는가, 그리고 지금 당장 죽더라도 두려움 없이 떠날 수 있는가?' 사유하지 않을 수 없고, 사유를 하고 나면 완벽한 수행을 할 수 있다.

참고문헌

전재성 역주, 『쌍윳따 니까야』, 『맛지마 니까야』, 『앙굿따라 니까야』
범라 스님 역주, (2,000)『위순디 막가(청정도론)』, 도서출판 회은각
『근본설일체유부비나야잡사』(2005), 동국역경원
楞嚴經(1995), 동국역경원 석인기(1972), 『大如來佛頂楞嚴呪』, 한국불교연구소
俱舍論(1988), 동국역경원
동봉 역(2007), 『밀린다왕문경』, 민족사
석설오 역(2002), 『달라이라마의 밀교란 무엇인가』, 도서출판 효림
석설오 역(2004), 『예세초겔』, 김영사
달라이라마(2004), 『용서』, 오래된 미래
황정연 옮김(2008), 『달라이 라마가 들려주는 티베트 이야기』, 웅진
혜거 스님(2004), 『참나』, 선문출판사
청전 스님(2005), 『깨달음에 이르는 길』, 지영사
청전 스님(2006), 『달라이 라마와 함께 지낸 20년』, 지영사
초펠 스님(2005), 『람림』, 하늘호수
박윤정 옮김(2007), 『바르도 가이드 북』
최로덴 역주(2006), 『입보리행론』, 하얀연꽃
최로덴 역주(2005), 『티벳 불교의 향기』, 대숲바람
이지수(2002), 『인도에 대하여』, 통나무
오진탁 역(1999), 『티베트의 지혜』, 민음사
유기천 역(2005), 『사진이 있는 티벳 사자의 서』, 정신세계사
류시화 옮김(2004), 『티벳 死者의 書』, 정신세계사
백봉초 역(1984), 『티베트 死者의 書』, 경서원

중암 스님(2007), 『티베트 死者의 書』, 경서원

중암 스님(2007), 『삼신의 성취원리』, 정우서적

도솔 옮김(2007), 『평화로운 죽음 기쁜 환생』, 도서출판 청년사

오형근 저(2005), 『유식학 입문』, 도서출판 大乘

이자랑 옮김(2007), 『인도불교의 변천』, 동국대학교출판부

서덕빈 옮김(2003), 『잠과 꿈의 명상』, 정신세계사

여동완 (2000), 『티벳 속으로』, 이레

김규현(2003), 『티벳 역사 산책』, 정신세계사

유기천 옮김(2000), 『티벳 解脫의 書』, 정신세계사

유기천 옮김(2001), 『티벳 밀교 요가』, 정신세계사

김열권 옮김(2000), 『위빠싸나 성자 아짠문』, 불광출판사

상장례, 삶과 죽음의 방정식 (2005), 국사편찬위원회

密教辭典(1998), 홍법원

佛教辭典(2002), 동국역경원

伽山佛教大辭林(1998), 가산불교문화연구원

티벳어 사전(1980), 芳村修基編

빠알리어 사전(1981), 水野弘元 著

국어사전, 민중서림

도움 주신 분들

*

알렉스, 쏘남, 에세초겔, 실크로드여행사, 이상덕, 정종수, 상경화
비엠산부인과, 티벳 친구들 모임, 동국대학교 의료봉사팀, 김규현, 조계사

후기

가끔 "내가 만약 수행을 하지 않았다면…" 하고 스스로에게 질문을 해 본다. 그럼 난 돈을 많이 번 사업가나 부동산 투기업자가 되어 있을지 모른다. 그러는 사이 수많은 고통들을 겪고도 그것이 고통인 줄 모르고 더욱 잘난 체하고 열 가지의 죄악[十惡]을 저지르면서도, 죄인 줄 모르고 더욱 과욕을 부렸을 거라고 고백하는 편이 더 솔직할 것 같다.

만약 수행을 하지 않았다면 지금과 같은 행복과 기쁨과 평화는 내게 없었을 것이다. 수행에 매진할수록 법열法悅을 함께 나눌 자가 없어 오히려 외로웠던 그런 순간들이 없었을 것이다. 움직임 속에서도 한가함과 바쁜 속에서도 여유와 희로애락 안에서도 평온함을 맛보지 못하였을 것이다. 무엇보다도 인연의 소중함을 느끼지 못했을 것이다.

내가 명상을 하지 않았더라면 세계 여러 곳에 사는 스승님들과 수행자들을 만나 살림살이를 서로 들여다 보고 배울 수 있는 기쁨을 누릴 수 없었을 것이다. 그리고 이런 여유롭고 자유스러운 인생의 여행을 할 수 없었을 것이다.

'붓다'라는 모델이 있어 그 모델과 같이 되고자 노력할 수 있어 지금 이 순간도 너무나 행복하다.

언젠가 조계종 종정이셨던 서암 스님께서 '상락아정常樂我淨'을 화선지에 써 주시면서 "선명화 보살은 한국불교뿐 아니라, 세계불교를 공부하고 그 가르침을 펼쳐 보일 게야."라고 말씀하셨다. 그땐 종정스님이 말씀하셨던 그 의미를 이해하지 못했다. 솔직히 평소 그분이 내게 그랬던 것처럼 사랑의 표현으로 여겼다. 그러나 날이 갈수록 마음은 더 넓고 깊은 세계로 방향을 잡아가고 '상락아정'이 생사를 벗어난 자리임을 알게 되었다.

'능엄다라니' 주력의 힘으로 의심이 저절로 자리 잡게 된 화두, 그리고 위빠싸나 수행은 뒤이어 나의 발걸음을 저절로 티벳불교로 향하게 하였고, 이 모든 것들은 그 밑천과 힘의 원동력이 되었다.

'능엄다라니'를 모체로 하고 본격적으로 연구하고 지니라는 덕산 스님의 가르침대로 공부하던 어느 날, 『티벳 사자의 서』를 문자로 표현해 놓은 것이 100字 만트라이고, 그 확장이 능엄다라니라는 것을 알게 된 순간 잠을 이룰 수 없었다. 이후 『티벳 사자의 서』에 대한 자료를 모으고, 달라이라마 존자와 티벳 스님들의 가르침, 그리고 그와 연관된 많은 분들의 도움을 얻을 수 있었다. 언제든지 모르는 것을 여쭙거나 자료가 필요할 때마다 기꺼이 도와주신 최종남 교수님, 독자의 입장에서 어려운 원고를 읽고 쉽게 풀어쓰도록 체크해 준 정훈, 진연이와 항상 뒤에서 묵묵히 힘을 실어준 남편 덕분에 이 원고를 더욱 쉽게 쓸 수 있었다.

'빙의'의 원인에 대해 애타게 고민하고 있을 때 혜거 큰스님께서 감로수를 내리시고 이 책이 현대사회에 전해야 할 메시지의 방향을 잡아주셨다.

늘 따스한 가르침과 격려로 힘을 실어주신 인환, 월타, 연호, 법수 큰스님을 만날 인연을 갖지 못했다면 나에게 이런 날은 없었을 것이다. 원고를 대강 정리해 놓고 강의자료로만 쓸까 하고 선뜻 내놓지 못하고 있을 때, 뒤에서 힘껏 밀어붙인 이재익 선생님은 늘 할로 영혼을 깨우쳐 주시고 아낌없이 사랑을 주셨다. 만남 그 자체만으로도 설레고 항상 존경스러운 강민구 고법부장판사와 박보영 부장판사, 그리고 바쁜 일정 속에서도 원고를 교정해 주신 이옥 검사께도 이 자리를 빌어 감사의 말씀을 드린다. 또 필요한 사진과 자료 등을 멀리서도 마다않고 보내준 알렉스와 에세돌마, 쏘남, 이상덕, 정종수 님, 그리고 실크로드 여행사와 비엠산부인과의 많은 은혜를 입었다. 이 외에도 참으로 많은 분들의 사랑과 도움을 받았다.

그리고 '참고문헌'에서 보다시피 기존의 한국에 번역된 『티벳 사자의 서』와 그와 관련된 많은 자료들을 참고하였음을 밝혀둔다.

『티벳 사자의 서』에 대한 이해는 명상의 체험에서, 또 도반들과 함께 수행을 하고 각자의 업에 따른 체험의 토론을 하며 더욱 깊어지게 되었다. 이렇게 바르도에 대해 한 단계씩 이해하게 되었고, 많은 사람들의 임종과 장례절차를 직접 경험하면서 또한 임사체험자들의 증언과, 호스피스들의 수없이 지켜본 죽음의 과정에 대한 보고서를 통해서, 그 단계를 더욱 가까이 접근할 수 있었다.

또한 무문 선생님을 모시고 빙의된 자들에 대한 영가천도를 하면서 영가의 속성과 빛의 세계에 대한 이해를 더욱 깊이 알 수 있었고, 이런 학습을 거듭할수록 무엇보다 통찰력이 깊어지면서 많은 영감을 얻게 되었음을 고백한다. 그 무엇보다도 어려움에 부딪혀 구루 린포체의 힘이 필요할 때마다 파드마삼바바는 아낌없는 가피를 주셨다. 너무나 구체적이고 자세하게 가르침을 주시고 기대 이상의 축복을 그때마다 주셨다. 물론 아직도 더욱 많은 노력이 필요하다. 때문에 많은 분들의 아낌없는 지적과 가르침을 조용히 기다리고 있다.

부처님과 구루 린포체의 가르침은 완벽하다. 단지 이 책에서 허물이 있다면 모두 내게 있을 뿐이다.

이 경전에 대한 이해가 깊어질수록 그리고 시간이 흐를수록 나의 영혼은 티벳인들과 다르지 않음을 확인하고 있다고 해야 할까? 특히 우리 민족의 장례문화와 사후에 대한 생각, 민담, 생활방식 등, 내가 어릴 적부터 경험했던 것들이 다 이 안에 있었다. 단지 눈에 보이는 차이는 물질적인 정도라는 느낌뿐이다.

성하, 달라이라마가 현존하는 인물 중 가장 영향력 있는 이유는 바로 티벳 사람들의 영혼이 가장 맑은 까닭이다. 그들 영혼의 밝은 지혜는 과학을 뛰어넘고 모든 것을 초월한다.

내가 항상 그들을 부러워하고 그리워 견디기 힘들 때마다 만남 그 자체만으로도 뭔가 말할 수 없는 것들이 사르르 녹아 영혼이 함께 맑아지는 이유다. 어쩌면 그들 때문에 아직도 살 만하고 희망이 있는 것인지 모른다. 어쨌든 이 대열의 한 틈새에 낄 수 있다는 것만으로도 너무나 행복하고 늘 감사하다.

모쪼록 많은 분들이 부처님과 지혜로운 옛 스승님들의 더없이 좋은 가르침들과 인연이 되어 영혼이 맑디 맑아지고 우리 사회에 잔잔한 변화의 바람과 함께 모두가 해탈의 기쁨을 누렸으면 하고 간절히 기원한다.

끝으로 필자의 졸고를 출판해 주신 불광출판사와 직원들께 감사의 말씀을 드린다.

일체 중생의 고통이 소멸하여지이다.
일체 중생의 모든 고통이 소멸하여 지이다.
일체 중생의 모든 고통이 남김없이 소멸하여 지이다.

2008년
善明華 강선희 합장